Coleção

TEMAS DE DIREITO ADMINISTRATIVO

A REVISÃO NA CONCESSÃO COMUM DE SERVIÇO PÚBLICO

Coleção
TEMAS DE DIREITO ADMINISTRATIVO

Publicada sob os auspícios do
INSTITUTO DE DIREITO ADMINISTRATIVO PAULISTA
e sob a Direção de
CELSO ANTÔNIO BANDEIRA DE MELLO

1. *Da Convalidação e da Invalidação dos Atos Administrativos* – WEIDA ZANCANER (3ª ed.)
2. *Concessão de Serviço Público no Regime da Lei 8.987/1995* – BENEDICTO PORTO NETO
3. *Obrigações do Estado Derivadas de Contratos Inválidos* – JACINTHO DE ARRUDA CÂMARA
4. *Sanções Administrativas* – DANIEL FERREIRA
5. *Revogação do Ato Administrativo* – DANIELE COUTINHO TALAMINI
6. *O Serviço Público e a Constituição Brasileira de 1988* – DINORÁ ADELAIDE MUSETTI GROTTI
7. *Terceiro Setor* – SÍLVIO LUÍS FERREIRA DA ROCHA (2ª ed.)
8. *A Sanção no Direito Administrativo* – HERALDO GARCIA VITTA
9. *Licitação na Modalidade de Pregão* – VERA SCARPINELLA (2ª ed.)
10. *O Processo Administrativo e a Invalidação de Atos Viciados* – MÔNICA MARTINS TOSCANO SIMÕES
11. *Remuneração dos Serviços Públicos* – JOANA PAULA BATISTA
12. *As Agências Reguladoras* – MARCELO FIGUEIREDO
13. *Agências Reguladoras* – ALEXANDRE MAZZA
14. *Função Social da Propriedade Pública* – SÍLVIO LUÍS FERREIRA DA ROCHA
15. *Desapropriação de Bens Públicos (À Luz do Princípio Federativo)* – LETÍCIA QUEIROZ DE ANDRADE
16. *Os Princípios da Razoabilidade e da Proporcionalidade no Direito Administrativo Brasileiro* – JOSÉ ROBERTO PIMENTA OLIVEIRA
17. *Princípios Constitucionais de Direito Administrativo Sancionador* – RAFAEL MUNHOZ DE MELLO
18. *Estrutura e Motivação do Ato Administrativo* – VLADIMIR DA ROCHA FRANÇA
19. *Efeitos dos Vícios do Ato Administrativo* – RICARDO MARCONDES MARTINS
20. *Manutenção e Retirada dos Contratos Administrativos Inválidos* – ANDRÉ LUIZ FREIRE
21. *Da Intervenção do Estado no Domínio Social* – CAROLINA ZANCANER ZOCKUN
22. *As Competências do Poder Legislativo e as Comissões Parlamentares* – GABRIELA ZANCANER
23. *O Princípio da Segurança Jurídica no Direito Administrativo Brasileiro* – RAFAEL VALIM
24. *Poder de Polícia* – HERALDO GARCIA VITTA
25. *Responsabilidade Patrimonial do Estado* – MAURÍCIO ZOCKUN
26. *Regime Jurídico dos Processos Administrativos Ampliativos e Restritivos de Direito* – ANGÉLICA PETIAN
27. *Atos Administrativos Ampliativos de Direitos – Revogação e Invalidação* – BRUNO AURÉLIO
28. *Soberania do Estado e Poder de Polícia* – HERALDO GARCIA VITTA
29. *Regulação Administrativa à Luz da Constituição Federal* – RICARDO MARCONDES MARTINS
30. *O Tombamento à Luz da Constituição Federal de 1988* – ADRIANA ZANDONADE
31. *A Revisão na Concessão Comum de Serviço Público* – KARINA HOUAT HARB
32. *Aspectos Fundamentais do Serviço Público no Direito Brasileiro* – AUGUSTO DAL POZZO

KARINA HOUAT HARB

A REVISÃO NA CONCESSÃO COMUM DE SERVIÇO PÚBLICO

A REVISÃO NA CONCESSÃO COMUM
DE SERVIÇO PÚBLICO
© Karina Houat Harb

ISBN: 978-85-392-0139-6

Direitos reservados desta edição por
MALHEIROS EDITORES LTDA.
Rua Paes de Araújo, 29, conjunto 171
CEP 04531-940 — São Paulo — SP
Tel.: (11) 3078-7205
Fax: (11) 3168-5495
URL: www.malheiroseditores.com.br
e-mail: malheiroseditores@terra.com.br

Composição
Acqua Estúdio Gráfico Ltda.

Capa
Criação: Nadia Basso
Arte: PC Editorial Ltda.

Impresso no Brasil
Printed in Brazil
06.2012

*Para minha mãe, KÁTIA, que me estimulou desde a infância à infindável trilha do saber, e para meu pai, ROMEO, por me mostrar que não importa o conhecimento sem os valores humanos, com amor.
Para os pequenos KARIME, MICHEL e MARCELLA, pela inspiração e alegria que derramam sobre minha vida.*

AGRADECIMENTOS

A Deus, por mais esta graça alcançada – e já são tantas, ao longo de minha vida abençoada.

Aos meus pais, Romeo e Kátia, por todo o amor, carinho, dedicação e valores semeados em nosso lar e pelo respeito e apoio vitais, que, mesmo à distância, nunca me faltaram. As palavras nunca serão suficientes para demonstrar o amor, carinho, admiração, respeito e a gratidão que sinto por vocês.

Aos meus irmãos, Jack, Michel e Marcell, meus grandes companheiros, e às minhas cunhadas, pelo carinho, torcida e apoio, sempre intensos.

A minhas avós, Amanda e Jacqueline, pelo imenso amor e carinho e por nunca duvidarem.

À professora Lúcia Valle Figueiredo, pela orientação que pacientemente me dispensou desde o Mestrado na Pontifícia Universidade Católica de São Paulo e que bravamente manteve em meu Doutorado, viabilizando a conclusão e o depósito desta tese mesmo diante de sérias adversidades que enfrentou e que culminaram na sua triste e sentida ausência, evidenciando a firmeza de caráter, a seriedade e a ética que a caracterizaram como modelo de cidadã, docente e magistrada.

Ao professor Sérgio Ferraz, jurista e cidadão de primeira grandeza, pela honra de aceitar compor a Banca de arguição desta tese, e cuja leitura, apoio e revisão foram decisivos à consecução desta publicação, mas sobretudo pela nobreza no tratamento que a todos dispensa, com gentileza singular; minha admiração, que já era imensa, aumentou nessa feliz oportunidade de convívio, cujas conversas sobre este estudo me deixaram saudades, compensadas pela amizade que se originou.

Ao professor Celso Antônio Bandeira de Mello, Mestre de todos nós, jurista cuja trajetória é marcada não só pela genialidade e profundidade de conhecimento, mas pela incansável batalha pelo Estado Democrático de Direito e em defesa da Constituição, com quem tive a honra de cursar as cadeiras de Direito Administrativo no Mestrado da PUC/SP.

À professora Dinorá Grotti, ser humano exemplar, a quem tanto devo, e docente de incansável dedicação, não só pela competência e conhecimentos apresentados, como pela gentileza e atenção com as quais habitualmente atende a todos os alunos, minha eterna gratidão pelo constante apoio e estímulo na minha vida acadêmica e profissional.

À professora Weida Zancaner, pela oportunidade, convívio e aprendizado na assistência da graduação do curso de Direito da PUC/SP e, sobretudo, pela amizade.

Aos professores Clóvis Beznos e Márcio Cammarosano, pelo convívio e oportunidade de lecionar na especialização em Direito Administrativo da PUC/SP (COGEAE), onde renovo o aprendizado, aperfeiçoando meus conhecimentos em Direito Público.

Ao professor José Roberto Pimenta, amigo querido e dedicado de todas as horas, pelo interesse, dedicação e paciência na elaboração deste trabalho, cujos debates calorosos e profícuos de ideias foram decisivos e vitais para o seu desenvolvimento.

Ao professor Antônio Carlos Cintra do Amaral, pela disponibilidade e pela atenção dispensada no curso do desenvolvimento deste estudo.

À professora Vera Pastoris, amiga querida, pela gentileza e apoio na elaboração deste estudo, em especial pela revisão para sua defesa.

Aos demais amigos queridos que, de uma forma ou de outra, me apoiaram nessa jornada, tornando-a mais suave e me motivando até o fim, especialmente Ana Paula Satcheki, Angélica Petian, Cristiane Freitas, Egle Monteiro, Felipe Estefam, Letícia Andrade, Lúcia Scherer, Mariana Mencio, Maurício Zockun, Nilma Abe, Patrícia Bordalo, Susana Hanaoka, Taiane Castro e Vânia Guerreiro.

Aos meus alunos, pela oportunidade de aprendizado que há mais de uma década me proporcionam.

PREFÁCIO

Karina Houat Harb vem de doutorar-se, na PUC de São Paulo, defendendo este excelente *A Revisão na Concessão Comum de Serviço Público*. E raras vezes a conquista do título de Doutor se vê etimologicamente tão adequada, quanto neste caso: de fato, *A Revisão na Concessão Comum de Serviço Público* é um trabalho douto, por uma douta autora.

Ademais disso, *A Revisão na Concessão Comum de Serviço Público* é uma *tese*, realmente: a autora parte do conhecimento assentado, reelabora-o, assume posições e as defende; e, por último, ousa inovar, formulando uma muito bem acabada teoria conceitual da expressão "por sua conta e risco", atinente ao regime jurídico dos encargos atribuídos ao delegatário, nas concessões comuns de serviço público. Nesse sentido, sustenta Karina que a expressão não deve ser tomada ao pé da letra, pois há riscos que competem ao concedente, o que autora muito bem dilucida, inclusive encartando sua tese na matriz constitucional pertinente.

Afora esta contribuição original, Karina percorre, no curso de seu trabalho, as temáticas da história da concessão de serviços públicos, do equilíbrio econômico-financeiro do contrato, da obrigatoriedade do planejamento público e da revisão tarifária. E o faz com profundidade e rica ilustração legislativa doutrinária, jurisprudencial e bibliográfica.

Para terminar: *A Revisão na Concessão Comum de Serviço Público* é trabalho maduro de consulta obrigatória pelos pesquisadores e pareceristas, mas também de grande utilidade prática para advogados e magistrados, à vista da farta compilação de julgados e autores sobre a matéria.

Há que se saudar, enfim, o surgimento de mais um expressivo nome, nas letras jurídicas nacionais.

Sérgio Ferraz

SUMÁRIO

Agradecimentos 7
Prefácio SÉRGIO FERRAZ 9
Introdução 15

**Capítulo 1 – Concessão de Serviço Público.
Elementos Conceituais**

1.1 Origem e evolução no Direito Brasileiro 19
1.2 Perfil constitucional 36
1.3 Conceito 39
1.4 Serviço público 41
*1.5 Espécies de concessão de serviço público previstas no
ordenamento jurídico brasileiro* 43

**Capítulo 2 – Regime Jurídico do Equilíbrio
Econômico-Financeiro nas Concessões
Comuns de Serviço Público**

2.1 Perfil constitucional e legal 53
2.2 Política tarifária 63
  2.2.1 Obrigações, ônus e deveres 69
  2.2.2 Remuneração 70
2.3 Tarifa 72
  2.3.1 Tarifa diferenciada 73
  2.3.2 Novos benefícios tarifários 78
2.4 Fontes alternativas 79

2.5 **Fontes complementares ou acessórias** 81
2.6 **Projetos associados** 82
2.7 **Subsídios** 83
2.8 **Prazo da concessão** 86

Capítulo 3 – O Planejamento da Atribuição dos Encargos do Concessionário

3.1 **Planejamento e sua relevância** 89
3.2 **Planejamento da política tarifária** 101
3.3 **Planejamento da "prestação adequada do serviço público"** 105
3.4 **Planejamento do prazo** 107
3.5 **Planejamento da equação econômico-financeira** 117

Capítulo 4 – Revisão na Concessão Comum de Serviço Público ... 121

4.1 **A singularidade da concessão dentro do panorama dos contratos administrativos** 123
4.2 **A revisão enquanto categoria jurídica no contexto da concessão comum de serviço público** 126
4.3 **A revisão na Constituição da República** 128
4.4 **A revisão na Lei nacional 8.987/1995**
   4.4.1 Disciplina legal das hipóteses de revisão 132
   4.4.2 Previsão legal do não cabimento do ato de revisão .. 133
   4.4.3 Disciplina da hipótese de omissão do dever de revisão contratual 133
4.5 **Classificação da revisão em conformidade com a Constituição da República e as normas nacionais: periódica ou ordinária e extraordinária** 134
4.6 **Crítica à definição legal de "concessão de serviço público"**
   4.6.1 A interpretação adequada da expressão "por sua conta e risco" (sentido e alcance) 138

4.6.1.1 *A divisão dos riscos ou áleas ordinárias e extraordinárias* 148

Capítulo 5 – **Revisão Periódica ou Ordinária**

5.1 Conceito 159
5.2 Prazo 171
5.3 Desequilíbrios contratuais a serem analisados 175
5.4 Consequências do processo de revisão periódica 187
5.5 Controle jurisdicional 189

Capítulo 6 – **Revisão Extraordinária** 193
6.1 Conceito 193
6.2 Oportunidade 195
6.3 Desequilíbrios contratuais a serem analisados 196
6.4 Consequências do processo de revisão 211
6.5 Controle judicial 217

Conclusões 223
Referências Bibliográficas 231

INTRODUÇÃO

Com o advento do regime jurídico de concessões e permissões de serviços públicos na década de 90 do século passado, pode-se afirmar a ocorrência de um novo ambiente – sem propriamente concordar que isto significou um novo modelo de Estado e de sua Administração Pública no Brasil, como tanto se propalou. Em realidade, trata-se de instituto de há muito existente entre nós e já adotado, outrora, como meio de prestação de serviços públicos, em escala significativa, antes da preferência e adoção do modelo de prestação de referidos serviços por empresas estatais (como ocorreu a partir da II Guerra Mundial). Mas o momento atual indica uma retomada da adoção das concessões, como importante instrumento de cumprimento do dever estatal de prestação de serviço público adequado.

Esta retomada se deu em razão da carência da ação estatal nesta seara, trazendo a oportunidade de reestruturação desta prestação, na sua forma indireta, com a captação dos investimentos necessários dos particulares, sem, contudo, deixar o Poder Público de planejá-la e de fiscalizá-la, adotando todas as medidas necessárias para sua consecução nos moldes constitucionalmente estabelecidos.

A suprarreferida mudança ou retomada de um modelo que já vigorara anteriormente no País, porém em moldes mais restritos, adveio da adesão pátria a uma nova ordem econômica mundial (também adotada em outros diversos Países) e implicou a retomada, em larga medida, da transferência a particulares de uma série de serviços públicos prestados, desde a segunda metade do século XX, pelo Estado, sob regime de monopólio.

No âmbito deste recente cenário, que retomou as atualmente denominadas *concessões comuns de serviços públicos* como significativo instrumento de prestação dos referidos serviços, apto ao não comprometimento da consecução deste dever estatal, ante a insuficiência orçamentária do Estado para investimentos nesse setor, surge, em 1995, nossa Lei Geral de Concessões de Serviço Público.

Elaborada no bojo do chamado *Programa Nacional de Privatizações*, iniciado na década de 90 do século passado, a chamada "Lei Geral de Concessões" (Lei nacional 8.987/1995) surge exatamente em razão da necessidade de um diploma legal que tratasse do tema, especialmente naquele momento histórico, em função da venda a particulares da ampla maioria das empresas estatais detentoras do monopólio de prestação de serviços públicos no âmbito das esferas federativas brasileiras, sendo certo que em muitos casos, juntamente com a compra e venda, também era repassada a concessão do serviço público ao particular adquirente, que, assim, se tornava concessionário.

Ao mesmo tempo, em paralelo a esses acontecimentos, por determinação legal,[1] a prestação de serviços públicos, em regra, deixou de se dar em caráter de exclusividade. O desenho desse novo cenário foi marcado, ainda, pela opção estatal por criar novas autarquias (denominadas *agências reguladoras*) para auxiliar o Estado nas atividades de planejamento, fiscalização e controle dos serviços públicos concedidos, por meio do repasse e compartilhamento de algumas atividades próprias do poder concedente, feitos por diversos diplomas normativos surgidos a partir de então – como, no âmbito da União, pelas Leis 9.427/1996, 9.472/1997 e 10.233/2001.

Nesse contexto, marcado pela retomada de larga utilização do instituto da concessão de serviços públicos no Brasil, ressurgem as questões decorrentes de sua faceta contratual encarnada no equilíbrio econômico-financeiro. Essa equação, por ser, aqui, mais complexa que nos demais contratos administrativos (em face dos riscos ou áleas que se apresentam como potenciais, em razão do seu longo prazo de duração, motivado, por sua vez, pelos vultosos investimentos que demanda tal atividade), demonstra a imperiosa necessidade de estudos mais aprofundados e detidos especificamente na revisão destes contratos.

---

1. "Art. 16. A outorga de concessão ou permissão não terá caráter de exclusividade, salvo no caso de inviabilidade técnica ou econômica justificada no ato a que se refere o art. 5º desta Lei" (Lei 8.987/1995).

Esta constatação e o apreço pelo tema nos motivaram à elaboração do presente estudo, que, partindo deste contexto fático, tem por objetivo analisar o regime jurídico das revisões destes contratos e sua necessária correlação com o princípio do planejamento.

Para tanto, partiremos, no Capítulo 1, da necessária contextualização do tema, desde sua origem e evolução histórica, passando pela tomada de alguns elementos conceituais como premissas ao seu desenvolvimento, até chegarmos ao atual panorama das concessões de serviço público no ordenamento jurídico brasileiro, no qual limitaremos nosso objeto de estudos à *concessão comum de serviço público*, assim legalmente denominada, aquela tratada na Lei 8.987/1995 (art. 3º, § 2º, da Lei 11.079/2004).

Em seguida, no Capítulo 2, faremos a necessária abordagem do regime jurídico pátrio do equilíbrio econômico-financeiro dos contratos de concessão comum de serviços públicos, quando analisaremos seus componentes, com destaque para o regime jurídico das tarifas, por serem estas, na generalidade desta espécie de contrato administrativo, detentoras do papel de principal elemento mantenedor do equilíbrio da equação econômico-financeira, por representarem, na maioria dos casos, a principal ou até mesmo a exclusiva forma de remuneração do concessionário.

Posteriormente, no Capítulo 3, explanaremos a aplicabilidade e a importância do princípio constitucional do planejamento às concessões de serviços públicos, com enfoque no seu caráter de essencialidade ao pleno êxito das mesmas, apontado sua correlação com os elementos necessários para tanto.

Após, nos Capítulos 4, 5 e 6, abordaremos a revisão dos denominados *contratos de concessão de serviços públicos* não somente em sua forma mais comumente analisada (que chamaremos de *revisão extraordinária*, por decorrer dos *riscos* ou *áleas extraordinárias*), como também naquela que chamaremos de *revisão periódica* ou *ordinária*. Esta última, embora seja juridicamente contemplada em nosso ordenamento como dever do Poder Público, conforme demonstraremos no presente trabalho, tem sido negligenciada ou relegada a plano inferior enquanto objeto de estudos maiores e mais aprofundados de nossa doutrina – motivo pelo qual lhe atribuiremos especial destaque enquanto parte integrante do tema objeto da presente tese.

Para estudarmos nosso objeto, faz-se imprescindível uma análise da expressão legal "por sua conta e risco" (contida nos incisos II e III do art. 2º da Lei federal 8.987/1995) no ordenamento jurídico pátrio, no intuito de, sem rechaçar a tradicional teoria das áleas, buscar, a partir dela, um avanço na referida sistematização doutrinária, em razão de os riscos peculiares a tais contratos serem, em larga escala, maiores em relação aos demais contratos administrativos, dada sua singularidade, reconhecida e expressa na própria Constituição.

Este avanço, que almejamos, traduz-se na busca e alcance de maior precisão, tanto quanto possível, no âmbito jurídico, da definição dos riscos de cada parte nesse tipo de prestação indireta de serviços públicos pelo Estado, partindo do fato de que a teoria clássica das áleas não permite sempre a identificação e a catalogação, de forma precisa, no caso concreto, dos riscos integrantes da álea ordinária e das consequências daí advindas em face do ordenamento jurídico.

Para tanto, essencial o planejamento prévio e suficiente da concessão, o qual não se dissocia da revisão – pelo contrário, com ela apresenta conexão simbiótica, em conformidade com os moldes constitucionalmente estabelecidos para a prestação de serviço público em nosso País. Daí a construção da tese que ora se apresenta, sob o tripé simetricamente angulado do dever estatal de *prestação de serviço adequado*, *planejamento de sua outorga* e *revisão de sua execução*.

Ressaltamos, contudo, que, embora o objeto de nossos estudos consista no regime jurídico da revisão dos contratos de concessão comum de serviço público, sobre ele nos debruçamos sem a pretensão de lhe conferir cabal delimitação, cientes que somos da diversidade de variáveis que, a pretexto, ainda poderiam ser levantadas no seu âmbito, razão pela qual não denominamos o resultado final, isto é, nossa tese, como tal.

Capítulo 1
CONCESSÃO DE SERVIÇO PÚBLICO. ELEMENTOS CONCEITUAIS

1.1 Origem e evolução no Direito Brasileiro. 1.2 Perfil constitucional. 1.3 Conceito. 1.4 Serviço público. 1.5 Espécies de concessão de serviço público previstas no ordenamento jurídico brasileiro.

1.1 Origem e evolução no Direito Brasileiro

Conquanto não se tenha a precisão da origem da concessão de serviço público – pois há registros da utilização de parcerias entre Poder Público e particulares desde a Antiguidade, especialmente quanto à concessão de obra pública, pela qual Grécia e Roma construíram alguns de seus portos[1] –, fato é que este instituto, com os contornos gizadores de sua concepção tida como clássica ou tradicional, ganha voga no Estado de Direito, no seu modelo de Estado Liberal, que vigorou desde o final do século XVIII até o século XIX.

Referido modelo caracterizava-se, quanto ao grau de intervencionismo, em um "Estado Mínimo", por só almejar a manutenção da segurança, além de garantir a liberdade e a propriedade privada, razão pela qual afigurava-se-lhe vantajosa a concessão de serviços públicos, pois estes eram prestados sem ônus financeiro e sem os riscos econômicos do empreendimento para o Estado, uma vez que os particulares (concessionários) arcavam com ambos ao executarem ditos serviços em seu próprio nome e por sua conta e risco, cabendo-lhe tão somente exercer a fiscalização e o controle sobre os mesmos.

---

1. Manuel María Diez, *Derecho Administrativo*, t. III, Buenos Aires, Editorial Bibliográfica Argentina, 1967, p. 126.

Destarte, nesse primeiro momento de voga da concessão de serviço público, com este formato,[2] delineou-se a concepção tradicional ou clássica do instituto, interpretada de maneira extremada quanto à assunção dos riscos pelo concessionário, por força do Estado de Direito Liberal, que se coadunava perfeitamente com esta modelagem, por lhe ser extremamente vantajosa.

Ocorre que, embora a doutrina do Liberalismo, em reação ao regime anterior do Absolutismo, se voltasse para a redução do papel do Estado a prestações mínimas – como a jurisdição e o exercício do dever-poder de polícia, a prestação de serviços públicos que tão somente assegurassem a existência, além da segurança e da ordem pública, de forma a garantir a liberdade e a propriedade, sem qualquer cogitação de intervenção na economia –, não restou esquecido o bem comum como premissa e fim da atuação estatal, por ser essencial à vida em sociedade. Daí a consequente evolução para a ampliação do rol de atividades a serem qualificadas pela ordem jurídica como serviços públicos, inclusive atividades econômicas marcadas por cunho de interesse geral, além de atividades privadas que, por força deste mesmo interesse, demandavam fiscalização e regulamentação pelo Estado.

Em suma, o Capitalismo incipiente dentro de um Estado Mínimo gerara, no âmbito da sociedade, demandas coletivas a que ela própria

---

2. Repise-se aqui, portanto, a adoção do Estado de Direito, sob o modelo inicial de Estado Liberal, como paradigma para o estudo da origem e evolução das concessões de serviços públicos, por nele se ter conformado pela primeira vez o instituto na forma como até hoje é concebido, em que pese a algumas adaptações verificadas ao longo do processo de evolução desenvolvido desde então, que deságua na atual discussão doutrinária acerca da mantença deste conceito clássico. O termo "concessão", enquanto fórmula genérica designadora da transferência de poderes ou direitos próprios de uma pessoa jurídica de direito público para outra pessoa, é utilizado de longa data. Tudo nos leva à conclusão de que, na origem, ainda que de forma rudimentar (isto é, sem os contornos definidos no Estado Liberal), a concessão remonta à Antiguidade, conforme já afirmado no corpo do trabalho, passando pela Idade Média, onde, por exemplo, os senhores feudais exploravam minas por meio de concessões. No período absolutista, canais e pontes se edificaram por meio da concessão a particulares, que se remuneravam cobrando diretamente dos usuários pela utilização destas obras. Daí se caminha até a concessão de serviço público – tudo conforme relatam Jean Marie Auby e Robert Ducos-Ader (*Droit Administratif*, 2ª ed., Paris, Librairie Dalloz, 1970, pp. 427-429) e Manuel María Diez (*Derecho Administrativo*, cit., t. III, pp. 125-127).

não conseguiria atender, ocasionando conflitos sociais ensejadores de um intervencionismo estatal maior. Sob esta ótica, surge um novo modelo de Estado de Direito, denominado Estado Social, no qual se transformam as concessões de serviços públicos tal qual originariamente concebidas para, então, posteriormente, culminar em seu declínio, conforme seguiremos em breve trecho explanando.

Com a evolução para o Estado Social, caracterizado pelo intervencionismo e pela consequente assunção de atividades sociais e econômicas pelo Poder Público, surgiu a necessidade de maximizar a prestação de serviços públicos, além da intervenção no domínio econômico com vistas ao desenvolvimento dessas duas searas existentes na sociedade.

Nesse novo papel estatal, contudo, não se sustentou a concepção clássica de concessão de serviço público tal como inicialmente delineada, pois, na medida em que se firmavam a imprescindibilidade das atividades qualificadas por lei como serviço público e o interesse geral que reveste sua execução, surgem princípios como o da continuidade do serviço público a clamar por maior intervenção do Estado nessas avenças, como forma de garantir os interesses da coletividade; o que, por sua vez, em contrapartida, levou ao surgimento da teoria do equilíbrio econômico-financeiro e à aplicação da teoria da imprevisão, mitigando, assim, o entendimento inicial acerca do instituto tal qual concebido no Estado Liberal (uma vez que o Estado, ao mesmo tempo em que passa a intervir mais, passa também a compartilhar os riscos e a assumir prejuízos decorrentes).

Este novo delineamento da concessão de serviço público acaba por tornar o instituto desinteressante tanto para particulares quanto para o Estado, que, ao ter que participar dos riscos do concessionário, se viu sem as vantagens anteriores que tornavam atraente esta forma de descentralização, sendo inevitável seu declínio. Outros fatores, como a crise econômica geral, desencadeada por duas Guerras Mundiais, provocaram a estatização e a nacionalização de atividades, bem como a necessidade de intervenção do Estado no domínio econômico para exercer atividades privadas.

Daí a adoção de um novo modelo de descentralização (que se firmou após a II Guerra Mundial), encarnado no Brasil nas *sociedades de economia mista* e *empresas públicas*. Estas, além de executarem as atividades de natureza privada necessárias ao interesse coletivo, acabaram por absorver parcela significativa das concessões anteriormente desempenhadas por particulares.

Nesse contexto histórico, em que motivos de cunho político e econômico levaram ao intervencionismo estatal não só na seara dos serviços públicos, mas também no domínio econômico e social, por meio de empresas estatais, novas vantagens se anunciavam. O Estado percebeu que, além da vantagem da descentralização, obtinha-se maior flexibilidade, em função da personalidade jurídica de direito privado, com a captação (no caso das sociedades de economia mista) de recursos financeiros junto aos particulares.

Vale ressaltar, nesse novo modelo, que desde o início do século XX já se percebera o principal aspecto negativo da sociedade de economia mista – qual seja, o conflito de interesses entre o Estado e o particular, na medida em que o primeiro, visando ao interesse geral, busca fixar preços mais baixos, enquanto o segundo objetiva o lucro e, por essa razão, quer os preços mais elevados. Daí o surgimento das *empresas públicas*, onde o capital é integralmente público.[3]

Foi nesse novo cenário de elevado grau de intervencionismo estatal que se reduziram, consideravelmente, as concessões de serviços públicos a particulares – que pelo mesmo motivo se desinteressaram pela parceria –, para repassá-las, por meio de lei, a empresas criadas pelo Estado. O Estado passaria, assim, praticamente, a assumir o risco do empreendimento. A isso se somou, aprofundando ainda mais o distanciamento da clássica noção de concessão, a assunção de outras atividades econômicas como serviços públicos, que não eram prestadas como tais: configurava-se, assim, a chamada primeira "crise da noção de serviço público".[4]

---

3. Maria Sylvia Zanella Di Pietro, *Parcerias na Administração Pública: Concessão, Permissão, Franquia, Terceirização, Parceria Público-Privada e Outras Formas*, 5ª ed., São Paulo, Atlas, 2005, p. 70.
4. "O tema da crise começou a se delinear com a alteração dos elementos integrantes da noção que originalmente se propôs do serviço público, destacados, respectivamente, nos conceitos subjetivo, material e formal, isto é, a pessoa que o presta, a atividade de interesse geral e o regime que o regula.

Ocorreu, contudo, que este novo modelo de Estado, ao primar por um grau exacerbado de intervencionismo na busca do bem-estar social, acabou por, muitas vezes, implementar serviços e políticas públicas sem se preocupar com o custeio, por vezes arcado – como no caso do nosso País e de outros em desenvolvimento – por endividamento externo, ante a insuficiência de fontes de recursos públicos para abarcar tudo o que se entendia necessário a ser satisfeito pelo Poder Públi-

"No período do Estado Liberal era válida a combinação desses três elementos para definir o serviço público. Todavia, pouco a pouco, a noção foi abalada, em face da dissociação de seus elementos, ocorrida por vários fatores.

"Em primeiro lugar, à medida que o Estado foi se afastando dos princípios do Liberalismo, em virtude de suas imperfeições no âmbito econômico e social, começou a ampliar suas intervenções e o rol de atividades próprias, definidas como serviços públicos, pois passou a assim considerar determinadas atividades comerciais e industriais que, antes, eram tradicionalmente reservadas à iniciativa privada.

"Passou-se de um Estado em que a iniciativa privada era a regra, e o serviço público a exceção, em que a boa Administração era a que administrava o menos, para um Estado no qual, depois da I Guerra Mundial, surgiam problemas novos cuja solução aparecia como de interesse geral, justificando a criação de uma nova geração de serviços públicos, cuja prestação, acreditava-se, dependia, até então, apenas, da iniciativa privada.

"Ao mesmo tempo, outro fenômeno se verificou: o Estado percebeu que não dispunha de organização adequada à realização desse tipo de atividade; em consequência, começou a haver a gestão de serviços públicos por particulares, por meio dos contratos de concessão de serviços públicos e, posteriormente, por meio de pessoas jurídicas de direito privado, criadas para esse fim, sob regime predominantemente privado. Cometeu a entes privados a gestão de serviços públicos sem concessão ou contrato. Admitiu que certas atividades de empresas particulares tinham o caráter de serviço público, seja pela própria natureza, seja pela repercussão que atingiam em virtude do âmbito de sua ação.

"(...).

" (...). A dissociação é também frequente entre os dois primeiros sentidos e o regime jurídico de serviço público. As nacionalizações, incrementadas na França depois de 1944, condensam de qualquer maneira a crise na noção de serviço público, sob os aspectos orgânico e formal.

"Ficou, desse modo, evidente uma desconformidade entre a realidade social e a noção tradicional de serviço público. A partir desse momento, o instrumento técnico tão fatigavelmente elaborado para determinar a competência contencioso-administrativa e inclusive os limites do regime administrativo restava inservível. Tornou-se comum, a partir da década de 50 do século XX, a doutrina falar em crise da noção de serviço público, que se supunha refletida nos três elementos que compõem o seu conceito tradicional" (Dinorá Adelaide Musetti Grotti, *O Serviço Público e a Constituição Brasileira de 1988*, São Paulo, Malheiros Editores, 2003, pp. 53-56).

co, gerando como consequência enormes déficits públicos, além de déficits de infraestrutura e seu consequente exaurimento.

A crise fiscal e financeira e o déficit de infraestrutura atingiram em cheio esse modelo de prestação de serviços públicos, agravado, ainda, pela incapacidade de agilidade e eficiência com a qual se prostrava o Estado ante as demandas da sociedade contemporânea, decorrentes das dinâmicas social e tecnológica próprias de seu tempo.

Nesse diapasão, ressurge, a partir dos anos 80 do século passado, o interesse pelo instituto da concessão de serviço público a particulares, motivado exatamente pelos fatores indicados (que culminaram no exaurimento do modelo de prestação por empresas estatais) e, especialmente, por ser instrumento viabilizador da prestação de serviços públicos, não somente da execução, mas também da infraestrutura, sem dispêndio financeiro para o Estado, porém em ambiente diverso do anterior, por agora se caracterizar pela competitividade nos setores.

Nesse contexto surge o chamado Estado Neoliberal, com a proposta de se fazer novamente um Estado Mínimo (que, embora, a nosso ver, até hoje não tenha dito exatamente mínimo em quê, parece-nos assim querer ser), em diversos Países ocidentais tendo levado a efeito programas de privatizações com a venda de empresas estatais a particulares, dentre elas as prestadoras de serviços públicos, passando aqueles a executar tais serviços em nome próprio, reduzindo o tamanho da Administração Pública, a pretexto, dentre outros, de torná-la mais ágil, célere e eficiente em relação aos seus desideratos de realização de outras atividades de interesse público.

Com a execução desses programas de privatização de empresas estatais ocorrida nas décadas de 80 e 90 do século passado, vimos a retomada da utilização da concessão de serviço público tal qual inicialmente concebida, isto é, outorgada a particulares. E daí vêm surgindo inúmeros debates na doutrina acerca de diversos outros institutos e temas que a permeiam, tais como o *serviço público* – sobre o qual parcela da doutrina passou a identificar uma segunda crise conceitual: O que se entende hoje por "serviço público"? Quem hoje pode prestá-lo? Como se pode prestar? E qual o regime de prestação? Surgindo até mesmo nova classificação no direito comunitário europeu.[5]

5. Segundo Marcos Augusto Perez, "há atualmente em curso um movimento, que podemos considerar global, de revisão institucional das atividades até há pouco tempo intituladas genericamente de serviço público", impulsionado pelo direito comunitário europeu, cujos glossários, divulgados por meio dos comunicados COM-96-443 e COM-2000-580, enunciam a existência de três expressões que concorrem teoricamente com o tradicional serviço público: "serviços de interesse geral" (atividades utilizadas pela generalidade dos cidadãos e que para eles se traduzem como imprescindíveis para a completa fruição da vida em sociedade); "serviços de interesse econômico geral" (atividades mercantis que se vinculam à satisfação das necessidades de natureza econômica, social e cultural básicas dos cidadãos); "serviços universais" (aqueles cujo acesso a todos os cidadãos deve ser proporcionado a preços razoáveis).
O autor explica, ainda, que "a extensa gama de atividades passíveis de qualificação como *serviços de interesse geral* é coincidente, em boa parte, com as atividades abrigadas outrora na definição corrente de serviço público"; e que os *serviços de interesse econômico geral* são espécie desse gênero por se distinguirem tão somente por serem "obrigatoriamente mercantis, isto é, são prestados por meio de empresas estatais ou privadas", enquanto os *serviços universais* tautologicamente compreendem obrigações ou garantias de universalização. Cita como exemplo, nas três modalidades, o serviço de telecomunicações, levando-nos, então, à conclusão de que não há nova crise da noção de serviço público, tampouco sua "morte", como autores chegaram a propalar; mas tão somente uma nova classificação pelo direito comunitário europeu, em consonância com as necessidades verificadas ante a unificação da Comunidade Europeia, que, ao agregar diversos Países e, portanto, diversos ordenamentos jurídicos, buscou alcançar um tratamento jurídico uniforme à prestação de serviços públicos, com a quebra da prestação dos mesmos por monopólio público e a abertura à competição, visando à eficiência e à universalização.
Assim, em que pese à nova classificação e à nova terminologia, percebemos que os serviços nela inseridos – isto é, seu conteúdo – em nada diferem daqueles abarcados pela denominada concepção tradicional do serviço público. E, por isso, no presente trabalho sobre ela não nos deteremos. Tanto assim que conclui o autor citado que "a própria orientação europeia (comunitária) reflete que, após uma tendência mais liberalizante, voltou-se a admitir de modo mais frequente casos orientados por um regime jurídico derrogatório daquele da livre competição no mercado, que se reaproxima da noção tradicional de serviço público" (Marcos Augusto Perez, *O Risco no Contrato de Concessão de Serviço Público*, Belo Horizonte, Fórum, 2006, pp. 31-35).
Pedro Gonçalves afirma que:
"Em termos muito gerais, pode dizer-se que, ao longo da sua vida, iniciada em 1873, com uma decisão do Tribunal de Conflitos francês ('decisão Blanco'), o serviço público sofreu duas crises graves: a primeira, limitada ao Direito Francês, verificada quando o serviço público deixou de ser o *critério do direito administrativo* por a Administração ter começado a usar instrumentos de direito privado na gestão de actividades públicas: quebrava-se a conexão *serviço público/regime de direito público* e, com isso, um dos interesses essenciais a que o conceito pretendia servir; a se-

Além disso, a noção de *contrato administrativo* também passa por questionamentos a partir do desejo de flexibilização do exercício da função administrativa, pela substituição da verticalidade das relações entre Poder Público e particulares por uma "Administração Pública consensual" – como teorizam alguns.[6]

gunda, que de certo modo estamos ainda a viver, é uma *crise institucional ou material*, que afecta todos os sistemas administrativos em que o conceito de serviço público se aplica (pelo menos também) às actividades administrativas económicas e empresariais ligadas à administração de prestações, pelo menos nos sectores das telecomunicações, da energia e dos transportes.

"Nesses sectores, o serviço público foi ou está sendo pura e simplesmente banido e substituído por conceitos mais ou menos próximos (*serviço universal, actividades privadas com obrigações de serviço público, actividades privadas de interesse público*), que, todavia, representam realidades muito distintas daquelas que estavam subjacentes à respectiva qualificação como actividades de serviço público" (*A Concessão de Serviços Públicos*, Coimbra, Livraria Almedina, 1999, pp. 26-27).

Em nosso modo de ver, não vislumbramos qualquer novidade ou crise no conceito de serviço público, embora admitamos não ser tarefa simples conceituá-lo. Não remanesce a nós qualquer dúvida de que, dentre os elementos clássicos de caracterização do serviço público como tal, são determinantes o *material* e o *formal*, ou seja, a prestação da atividade material em conformidade com o momento histórico e o lugar em que se situa dada sociedade, sob regime jurídico de direito público. Portanto, o que se tem hodiernamente é a necessidade de atualização do sentido e do alcance do conceito, em face das demandas atuais da sociedade, em decorrência da evolução histórica que altera o conteúdo do seu interesse público, provavelmente ampliando-o. Oportuna, aqui, a lição de Celso Antônio Bandeira de Mello, que, embora se refira à primeira "crise" do serviço público, parece-nos adequada para esclarecer a suposta crise atual: "A noção de serviço público que realmente entrou em crise (...) é uma noção metajurídica. Reporta-se sempre a uma determinada natureza identificável seja pelos traços que possui em si mesma, seja por sua derivação *a priori* da Administração Pública. Em qualquer hipótese é qualificada não em função de um regime jurídico, mas em função de uma qualidade 'substante', independente de um sistema normativo peculiar. Neste sentido, sua crise, de fato, é permanente. (...). Por conseguinte, é ilusório supor que alguma noção substancial possa manter perfeita correlação com um determinado regime jurídico. (...). Em suma, uma realidade jurídica só pode ser igual a si mesma. Portanto, serviço público, como conceito jurídico, só pode ser igual a um 'regime jurídico'. Neste sentido, nunca esteve em crise e nem jamais poderá estar. Haverá serviço público quando o legislador atribua um regime especial – o administrativo – a determinadas atividades" (*Natureza e Regime Jurídico das Autarquias*, São Paulo, Ed. RT, 1968, pp. 168-169).

6. Maria João Estorninho, *A Fuga para o Direito Privado*, Coimbra, Livraria Almedina, 1996, p. 44 – para quem há o aparecimento de uma nova mentalidade, em que o acordo vem a substituir os atos unilaterais, revelando o que se tem denominado de "Administração Pública consensual", onde, pelo movimento de contratualização, há a "passagem da Administração autoritária à Administração soberana consensual".

É nesse contexto de retomada pelo Poder Público das parcerias público-privadas[7] que ressurge a concessão de serviços públicos em nosso País, sendo certo que sua origem e sua evolução por aqui se deram – pontuadas sempre por um certo atraso – de forma similar à europeia, com a ressalva de que não podemos afirmar que por aqui tenha sido concebida tal qual na acepção inicial clássica do Estado Liberal, com os riscos assumidos em sua totalidade pelo concessionário, pois, conforme adiante sucintamente explanaremos, no Direito Brasileiro, desde que utilizado o instituto com as conotações tradicionais de sua caracterização, existiram garantias ao concessionário, como, por exemplo, as *garantias de juros* e a *cláusula-ouro*.

Por força disto, podemos afirmar que entre nós a concessão comum de serviço público, embora a muitos pareça novidade, dada a recente retomada em larga medida de sua utilização em nosso País, é instituto antigo e de há muito adotado pelo ordenamento jurídico brasileiro como forma de prestação de incumbência do Poder Público,

Acerca deste "movimento", concordamos com Maria Sylvia Zanella Di Pietro, que, ao tratar das parcerias na Administração Pública, observa que, por ideologia, pela mudança na forma de conceber o Estado e a Administração Pública, "quer-se a flexibilização dos rígidos modos de atuação da Administração Pública, para admitir maior eficiência" (*Parcerias na Administração Pública: Concessão, Permissão, Franquia, Terceirização, Parceria Público-Privada e Outras Formas*, cit., p. 20), e observa, ainda ao tratar das parcerias público-privadas, que um dos seus objetivos, "menos declarado, mas também verdadeiro, é o de privatizar a Administração Pública, transferindo para a iniciativa privada grande parte das funções administrativas do Estado, sejam ou não passíveis de cobrança de tarifa dos usuários"; objetivo, este, "inafastável de um outro presente em toda a reforma do aparelhamento administrativo do Estado, de fuga do direito administrativo, já que, sendo as atividades prestadas por empresas privadas, muitos dos institutos próprios desse ramo do Direito não precisarão ser utilizados, como a licitação, os concursos públicos para a seleção de pessoal, as regras constitucionais sobre servidores públicos e sobre finanças públicas"; porém, esse movimento de fuga do direito administrativo não será pleno, porque o próprio contrato de parceria público-privada terá sempre natureza pública e deverá ser precedido de licitação, sujeitando-se, sempre, aos controles da Administração Pública, especialmente o exercido pelo Tribunal de Contas (ob. cit., p. 159).

Sobre o tema, v., ainda: Fernando Dias Menezes de Almeida, "Mecanismos de consenso no direito administrativo", in Alexandre Santos de Aragão e Floriano de Azevedo Marques Neto (coords.), *Direito Administrativo e seus Novos Paradigmas*, Belo Horizonte, Fórum, 2008; Diogo de Figueiredo Moreira Neto, *Mutações do Direito Administrativo*, 2ª ed., Rio de Janeiro, Renovar, 2001.

7. A expressão é aqui utilizada em seu sentido comum, e não naquele que a Lei 11.079/2004 (denominada Lei das PPPs) lhe atribui, limitando-a.

tendo exercido papel de instrumento expressivo à estruturação de diversos setores, como por exemplo, o de energia elétrica.

Sua origem em nosso País remonta ao Império,[8] mas a primeira vez em que expressamente constou de texto constitucional foi na Constituição de 1934 – pois as Constituições de 1824 e 1891 não faziam menção expressa a serviços públicos –, provavelmente em razão da imensa importância que assumiu em fins do século XIX e começo do século passado, como fator inicial de desenvolvimento de atividades de caráter industrial e econômico, tais como a criação e a expansão da rede de estradas de ferro, de portos, de energia elétrica, de serviços de transporte coletivo.

Segundo Caio Tácito, nossa história econômica está pontilhada de nomes ilustres que se ocuparam dessas atividades, mobilizando recursos em empreendimentos dessa natureza, como Mauá (no setor de ferrovias) e Teófilo Ottoni (que tentou, sem sucesso, por meio de empresa concessionária, abrir caminho marítimo para Minas Gerais pelo Vale do Mucuri, no Espírito Santo). Ainda, o grande desenvolvimento do Sudeste/Sul, em especial São Paulo, deveu-se em grande parte à existência de suficiente potencial elétrico fornecido por empresa concessionária.[9]

Vale ressaltar que no período do Império a legislação calcava-se em um sistema que conferia certas vantagens financeiras ao concessionário, traduzidas, basicamente, na cláusula-ouro e na de garantia de juros, extintas em 1934 (a primeira pelo Governo Provisório e a segunda pela Constituição de 1934, que em seu art. 142 determinou que "a União, os Estados e os Municípios não poderão dar garantia de juros a empresas concessionárias de serviços públicos").

Ambas tinham como finalidade assegurar a estabilidade financeira dos concessionários, com a participação do Estado nos riscos de exploração do serviço, sendo certo que *a garantia de juros correspon-*

---

8. Como exemplo podemos citar a Lei estadual 451/1849, da então Província de Minas Gerais, pela qual se autorizou a contratação, com Francisco José Bernardes e Irmão, da construção de uma ponte sobre o rio São Francisco, no lugar denominado Porto do Escorropicho, bem como o conserto "e reparo da estrada de um e outro lado da ponte para facilitar o trânsito com o público".

9. Caio Tácito, "Reforma do estatuto de concessões de serviço público", in *Temas de Direito Público*, vol. I, Rio de Janeiro, Renovar, 1997, p. 754.

dia a uma subvenção ou empréstimo, com participação do Estado nos lucros,[10] e era prevista nas concessões ferroviárias, inicialmente na taxa de 5% (Lei 641, de 26.6.1852), posteriormente elevada a 7% (Lei 2.450, de 24.9.1873), tendo sido extinta pela Constituição de 1934, conforme acima expresso.[11]

Já, pelas chamadas *cláusulas-ouro*, a estipulação das tarifas era feita, no todo ou em parte, com referência à moeda-ouro, de modo a conservar a estabilidade de investimentos em moeda estrangeira, sendo certo que tais cláusulas restaram extintas por força do Decreto 23.501, de 27.11.1933, que declarou nulas as estipulações em ouro ou em determinada moeda. As tarifas dos serviços públicos concedidos foram ajustadas ao novo critério legal, alterando-se, desse modo, a equação financeira dos contratos existentes, como, por exemplo, no reajustamento compulsório verificado no Decreto 23.703, de 5.1.1934.[12]

E foi a Constituição republicana de 1934, como afirmado *supra*, a primeira a consignar expressamente, em seu texto, a concessão de serviço público, no seu art. 136, abaixo transcrito:

> Art. 136. As empresas concessionárias ou os contratantes, sob qualquer título, de serviços públicos federais, estaduais ou municipais deverão: a) constituir as suas Administrações com maioria de diretores brasileiros, residentes no Brasil, ou delegar poderes de gerência exclusivamente a brasileiros; b) conferir, quando estrangeiros, poderes de representação a brasileiros em maioria, com faculdade de substabelecimento exclusivamente a nacionais.

E, ainda, no seu art. 137, que assim dispunha:

> Art. 137. A lei federal regulará a fiscalização e a revisão das tarifas dos serviços explorados por concessão, ou delegação, para que, no interesse coletivo, os lucros dos concessionários, ou delegados, não excedam a justa retribuição do capital, que lhes permita atender normalmente às necessidades públicas de expansão e melhoramento desses serviços.

10. Themístocles Cavalcanti, *Tratado de Direito Administrativo*, 5ª ed., vol. II, Rio de Janeiro, Livraria Freitas Bastos, 1964, pp. 446-447.
11. Caio Tácito, "O equilíbrio financeiro na concessão de serviço público", in *Temas de Direito Público*, vol. I, Rio de Janeiro, Renovar, 1997, p. 234.
12. Idem, p. 235.

Observamos, na dicção dos dispositivos acima transcritos, a preocupação com a gestão da empresa concessionária por brasileiros e a afirmação do atributo da *justa remuneração* enquanto elemento a ser considerado no regime tarifário das concessões, a ser estabelecido por lei federal – o que se mantém na Constituição de 1937, cujos arts. 146 e 147 assim dispunham:

> Art. 146. As empresas concessionárias de serviços públicos federais, estaduais ou municipais deverão constituir com maioria de brasileiros a sua administração, ou delegar a brasileiros todos os poderes de gerência.
>
> Art. 147. A lei federal regulará a fiscalização e revisão das tarifas dos serviços públicos explorados por concessão para que, no interesse coletivo, delas retire o capital uma retribuição justa ou adequada e sejam atendidas convenientemente as exigências de expansão e melhoramento dos serviços.
>
> A lei se aplicará às concessões feitas no regime anterior de tarifas contratualmente estipuladas para todo o tempo de duração do contrato.

Inferimos, ainda, dos textos dos dispositivos constitucionais acima transcritos o entendimento pela dupla função das tarifas: retribuir o capital já investido e propiciar recursos para expansão e melhoramento do serviço[13] – o que demonstra a garantia, no plano constitucional, do equilíbrio econômico-financeiro às concessões de serviços públicos, que se verificou, ainda, nas Constituições de 1946 e de 1967, nos seus arts. 151 e 160,[14] respectivamente:

> Art. 151. A lei disporá sobre o regime das empresas concessionárias de serviços públicos federais, estaduais e municipais.
>
> Parágrafo único. Será determinada a fiscalização e a revisão das tarifas dos serviços explorados por concessão, a fim de que os lucros dos concessionários, não excedendo a justa remuneração do capital, lhes permitam atender às necessidades de melhoramentos e expansão desses

---

13. Idem, p. 251.
14. Com a Emenda Constitucional 1/1969 esta mesma redação passou a constar no art. 167, que ora transcrevemos: "Art. 167. A lei disporá sobre o regime das empresas concessionárias de serviços públicos federais, estaduais e municipais, estabelecendo: I – obrigação de manter serviço adequado; II – tarifas que permitam a justa remuneração do capital, o melhoramento e a expansão dos serviços e assegurem o equilíbrio econômico e financeiro do contrato; e III – fiscalização permanente e revisão periódica das tarifas, ainda que estipuladas em contrato anterior".

serviços. Aplicar-se-á a lei às concessões feitas no regime anterior, de tarifas estipuladas para todo o tempo de duração do contrato.

Art. 160. A lei disporá sobre o regime das empresas concessionárias de serviços públicos federais, estaduais e municipais, estabelecendo: I – obrigação de manter serviço adequado; II – tarifas que permitam a justa remuneração do capital, o melhoramento e a expansão dos serviços e assegurem o equilíbrio econômico e financeiro do contrato; III – fiscalização permanente e revisão periódica das tarifas, ainda que estipuladas em contrato anterior.

Muito embora percebamos desde a primeira previsão expressa do instituto da concessão de serviço público no plano constitucional, com a Carta de 1934, a determinação de que lei federal regularia a fiscalização e a revisão das tarifas dos serviços explorados por concessão ou delegação, repetida na de 1937 e, ainda, nas Constituições de 1946 e 1967, com redação mais ampla (ao prever que "a lei disporá sobre o regime das empresas concessionárias de serviços públicos federais, estaduais e municipais"), fato é que esta lei geral só adveio no bojo da denominada "Reforma do Estado", ocorrida na década de 90 do século passado – portanto, após a Constituição de 1988, que, a propósito, assim tratou o tema:

Art. 175. Incumbe ao Poder Público, na forma da lei, diretamente ou sob regime de concessão ou permissão, sempre através de licitação, a prestação de serviços públicos.

Parágrafo único. A lei disporá sobre: I – o regime das empresas concessionárias e permissionárias de serviços públicos, o caráter especial de seu contrato e de sua prorrogação, bem como as condições de caducidade, fiscalização e rescisão da concessão ou permissão; II – os direitos dos usuários; III – política tarifária; IV – a obrigação de manter serviço adequado.

Referido fato, a nosso ver, teve como um de seus prováveis motivos o declínio da utilização do instituto, em razão da esmagadora preferência em nosso País, em meados do século passado, pela delegação de serviços públicos a sociedades de economia mista e empresas públicas, na esteira do elevado grau de intervencionismo estatal levado a efeito na Europa após as duas grandes Guerras Mundiais, conforme podemos verificar com exemplos pontuais que abaixo brevemente explanaremos.

O primeiro deles, a energia elétrica, que até meados do século passado teve quase todos os seus investimentos efetuados pela iniciativa privada; ela acabou se afastando desse modelo à medida que o Poder Público foi aumentando de forma significativa os controles sobre esta atividade, colocando em prática, inclusive, políticas de contenção tarifária – o que levou a um novo modelo estatal articulado em dois níveis: de um lado a União, criando grandes empresas geradoras; e, de outro lado, os governos estaduais, criando empresas distribuidoras. Este novo modelo foi ainda complementado pela criação da ELETROBRÁS, cuja autorização se deu em 1961, e predominou até o processo de privatização destas empresas, iniciado em 1995.[15]

Desta forma, antes da privatização praticamente todos os segmentos do setor de energia elétrica no Brasil eram públicos, havia uma ínfima parcela dos ativos de geração e/ou distribuição explorada por pequenas empresas privadas no âmbito municipal. Este modelo funcionou muito bem até que, ao longo da década de 80 do século passado, começou a apresentar sinais de fadiga, especialmente por ter sido estruturado sob forte dependência de recursos subsidiados e/ou vinculados e de recursos a fundo perdido, levando à concepção e à implantação de um novo modelo jurídico pela execução do Projeto de Reestruturação do Setor Elétrico Nacional, conhecido como Projeto RE-SEB.[16]

Outro setor que podemos mencionar como exemplo a demonstrar o processo suprarreferido em nosso País é o de telecomunicações. O Código Brasileiro de Telecomunicações, em 1962, criou o Sistema Nacional de Telecomunicações para prestar, de forma integrada e sob jurisdição da União, os serviços de radiocomunicações, de telegrafia e de telefonia entre Estados. Adicionalmente, possibilitou a criação da EMBRATEL, em 1965, uma empresa pública que interligou todas as Capitais e as principais cidades do País e que assumiu a prestação dos serviços internacionais à medida que expiraram os prazos de concessão das empresas estrangeiras que até esse momento os prestavam.[17]

---

15. David Waltenberg, "O direito da energia elétrica e a ANEEL", in Carlos Ari Sundfeld (coord.), *Direito Administrativo Econômico*, 1ª ed., 3ª tir., São Paulo, Malheiros Editores, 2006, pp. 355-356.

16. Idem, 353.

17. Alejandra Herrera, *Introdução ao Estudo da Lei Geral de Telecomunicações do Brasil*, São Paulo, Singular, 2001, p. 35.

Ainda nesse modelo de prestação descentralizada por meio de estatais, em 1972, por meio da Lei 5.792, foi criada a TELEBRÁS, que iniciou o processo de aquisição e absorção das numerosas operadoras que prestavam serviços telefônicos no Brasil, consolidando-as como empresas de âmbito estatal, ao mesmo tempo em que esta mesma lei permitiu a transformação da EMBRATEL em sociedade de economia mista subsidiária da TELEBRÁS, que em 1974 foi designada como concessionária geral para a exploração dos serviços de telecomunicações em todo o território nacional.[18]

Em 1976 o Decreto-lei 162 concentrou nas mãos da União o poder de conceder licenças para a prestação de serviços. Posteriormente, em 1988 a Constituição da República determinou que somente a União poderia explorar os serviços de telecomunicações, diretamente ou por meio de concessões dadas a empresas sob controle acionário estatal.[19]

Com a Emenda Constitucional 8/1995 esta dicção constitucional viria a ser alterada,[20] a fim de possibilitar, ante também sinais de fadiga do modelo acima exposto, a retomada de concessões dos serviços de telecomunicações a particulares. Passava-se por um contexto de crise fiscal, financeira e de infraestrutura para a prestação dos serviços públicos, que se repetiria em diversos outros setores destas atividades assim qualificadas pelo ordenamento, tudo isso culminando em um processo de privatização, em todos os âmbitos federativos, de diversas empresas estatais prestadoras de serviços públicos, resultando na retomada, com fôlego, da concessão de serviços públicos a particulares, sobre a qual sucintamente seguiremos discorrendo.

A partir da década de 90 do século passado os governos federais foram eleitos com programas de governo que contemplavam um processo de privatizações de empresas estatais, a pretexto de reduzir significativamente o intervencionismo estatal, especialmente quanto à prestação de serviços públicos, produção e protecionismo.

18. Idem, ibidem.
19. Idem, pp. 35-36.
20. O art. 21, XI, passou a conter a seguinte redação: "Art. 21. Compete à União: (...) XI – explorar, diretamente ou mediante autorização, concessão ou permissão, os serviços de telecomunicações, nos termos da lei, que disporá sobre a organização dos serviços, a criação de um órgão regulador e outros aspectos institucionais; (...)".

Uma vez executado o Programa Nacional de Privatizações,[21] no qual a venda das empresas estatais prestadoras de serviços públicos implicava o repasse da prestação desses serviços aos particulares adquirentes, ressurge, com força, a utilização do instituto da concessão de serviço público em nosso País com os propósitos de outrora – quais sejam: outorga do serviço a particulares, de modo a que seja prestado sem ônus financeiro para o Poder Público.

Essa forte retomada da opção pelo instituto em nosso País foi também reforçada pela outorga aos particulares de outros serviços públicos até então prestados diretamente pelo Estado, tendo como regra, diversamente do período anterior, o regime de competição ou o caráter de não exclusividade na prestação.

Destarte, somente com a retomada de sua larga utilização a partir dos anos 90 do século passado é que, finalmente, advieram a Lei Geral de Concessões, que é a Lei nacional 8.987/1995, e, ainda, a Lei 9.074/1995, alterada por diversos outros diplomas normativos,[22] que traçam o regime jurídico geral do instituto.

Em que pese ao fato de os diplomas legais *supra* conterem uma série de falhas ou impropriedades técnicas – das quais trataremos no curso deste trabalho –, não há que se negar sua importância, pois cumprem preceito constitucional, além de conferirem ao instituto da concessão de serviço público uma sistematização que há muito merecia.

Vale ressaltar, ainda, que posteriormente à edição da legislação geral sobre concessão e permissão de serviços públicos foram elaboradas em nosso País leis setoriais que especificamente regulam certos serviços públicos – como, por exemplo, a Lei 9.427/1996, que disciplina o regime das concessões de serviços públicos de energia elétrica, e a Lei 9.472/1997, que dispõe sobre a organização dos serviços de telecomunicações, dentre outras.

Em conformidade com a evolução histórica do instituto, acima exposta sucintamente, verificamos que, ao contrário do que tanto se propala, a retomada da opção, em larga medida, pela prestação de serviços públicos por meio de concessão comum em nosso País nada tem de novidade, configurando, assim, tão somente a retomada de institu-

---

21. Lei 9.491/1997 (revogou a Lei 8.031/1990).
22. Leis 9.432/1997; 9.648/1998; 10.684/2003; 10.848/2004; 11.192/2006; 11.488/2007; 11.668/2008; 11.943/2009; 12.111/2009.

to preexistente, antigo e até já amplamente utilizado outrora em nosso País, em outro momento histórico.

Assim, sem embargo das causas históricas, políticas, econômicas e ideológicas que levaram à retomada da utilização da concessão de serviço público em larga medida na atualidade, partiremos deste fato como premissa, sem adentrar as discussões daquelas causas mencionadas, para demonstrarmos que, ao contrário do que em sede doutrinária se tem debatido, mais recentemente, sobre a necessidade de reinventar o referido instituto, especialmente quanto aos seus riscos e modalidades, há que se buscar dentro do ordenamento jurídico, a partir da Constituição da República, firmar-lhe os contornos jurídicos em consonância com a atual realidade e as demandas sociais.

E tudo isto porque, pensamos, nada de novo há, é o velho instituto novamente em voga, por contingências supracitadas. Daí que não é a concessão que mudou ou que precisa mudar, tampouco a noção de serviço público, que, seguramente, em nova crise também não está. Há tão somente, na evolução da prestação de serviços públicos, uma retomada – que se iniciou há duas décadas e permanece na atualidade – de opção pela prestação referida, em significativos patamares, por meio de concessão a particulares, como forma de suprir o déficit de infraestrutura e a ausência de recursos para atendimento dos necessários investimentos para sua adequada prestação.

Sendo assim, mudaram as demandas na sociedade, especialmente pela prestação de serviços públicos, não só as demandas de universalidade decorrentes de crescimento populacional, mas as demandas pela atualidade, que levaram não à necessidade de novas modalidades ou de reinvenção da concessão de serviços públicos, mas a um repensar da forma de prestação destes serviços.

Fato é que, ao reocuparem esse papel de destaque, merecem as concessões de serviço público, a nosso ver, maior atenção doutrinária, no intuito de lhes delinear o perfil constitucional e legal que nosso ordenamento lhes confere, por meio da interpretação sistemática, a fim de que lhes sejam estatuídos os lindes e se avance quanto à colmatação de lacunas aparentes e à solução de conflitos que vêm surgindo a partir da ampla retomada desta forma de parceria público-privada e, sobretudo, a nosso ver, para que se firme a importância do planejamento enquanto instrumento essencial ao êxito de toda e qualquer concessão de serviço público. Tudo isto tomando por objeto de nosso trabalho o enfoque em aspectos do regime jurídico da revisão dos contratos de concessão de serviço público, cuja falta de tratamento doutrinário específico sobressai em nosso País.

1.2 Perfil constitucional

O fundamento constitucional pátrio da concessão de serviço público é o art. 175 da nossa Lei Maior, que, ao dispor sobre a prestação de serviços públicos, atribui tal incumbência ao Estado, permitindo, contudo, que cumpra tal dever por meio de interposta pessoa, como na concessão, à qual se refere qualificando-a como um contrato no inciso I do parágrafo único do referido dispositivo.

Entendemos que a referida qualificação constitucional, que tornou assente em nosso ordenamento jurídico o entendimento da concessão de serviço público como contrato, refere-se ao equilíbrio econômico-financeiro, por ser esta a parte pactuável nesta espécie de ato administrativo, que se reveste de natureza jurídica complexa, por conter, ainda, outra parte, mutável unilateralmente pela Administração Pública, qual seja, a parte *regulamentar*, que dispõe sobre o serviço público concedido.

Esta natureza mista justifica-se pelo próprio texto constitucional, que confere e mantém, sob quaisquer das formas de prestação previstas, a titularidade do serviço público com o Estado, de modo que cumpre a ele dispor sobre sua prestação.

A doutrina muito já tratou da discussão da natureza jurídica da concessão, apontando diversas teorias,[23] dentre as quais destacamos a

---

23. Caio Tácito, em tese oferecida, em 1960, ao concurso para Professor Catedrático na Faculdade de Direito da Universidade do Rio de Janeiro, intitulada "O equilíbrio financeiro na concessão de serviço público", ao tratar da *natureza jurídica da concessão* no Direito Francês, já afirmava que "a dupla natureza da concessão é unanimemente admitida, na atualidade, segundo o parecer de Laubadère, consistindo em que certas cláusulas do ato são regulamentares e outras contratuais" (in *Temas de Direito Público*, cit., vol. I, p. 205).

De fato, André de Laubadère, ao tratar das intervenções da Administração na concessão de serviço público, parte da premissa de sua singularidade, que chama de "particularismo da concessão de serviço público", radicada em três caracteres originais que a marcam distintamente dos demais contratos administrativos, dentre os quais a do professor Oswaldo Aranha Bandeira de Mello,[24] em cuja conclusão nos embasamos, no sentido de que:

(...) o ato jurídico instituidor da concessão não é nem ato unilateral, nem um contrato, e sim ato-união pelo qual se acorda a instituição de um serviço público, que será explorado nos termos regulamentares prescritos por ato unilateral do concedente, garantida ao concessionário a estabilidade econômico-financeira da empresa, nos moldes fixados pelo contrato complementar ao ato de concessão.

(...).

Embora materialmente a concessão pressuponha vários atos jurídicos, nada impede que, formalmente, eles se enfeixem em um único documento, compreendendo o acordo havido para a execução do serviço público e os princípios em que se acordou essa execução. O documento escrito pelo qual se exterioriza um ato jurídico não tem a faculdade de modificar a natureza dos elementos que o integram.

Assim, a natureza contratual a que alude a Constituição da República reside de fato no que concerne ao equilíbrio econômico-financeiro da concessão de serviço público, pois os demais aspectos são regulamentares, isto é, podem ser alterados pelo poder concedente independentemente da concordância do concessionário, desde que res-

---

natureza jurídica da concessão, sobre a qual assim se manifestou: "Nous avons admis que la concession, en raison précisément de son objet, ne constitue pas intégralement un contrat mais un acte mixte, comprenant des clauses contractuelles mais aussi des clauses réglementaires, et que la partie réglementaire de l'acte de concession est constituée par les dispositions qui concernent l'organisation du service et, intéressant directment les usagers, forment la 'loi du service' alors que la partie contractuelle comprend tout le régime des avantages qui ont été consentis au concessionnaire, l'ont decide à traiter et intéressent ainsi spécialement les rapports entre le concédant et le concessionaire: durée de la concession, avantages financiers (avances, garanties d´intérêts), privilège d'exclusivité qui peut résulter de l'engagement pris par le concédant de ne pás accorder à l'avenir de concessions ou autorisations concurrentes. Cette nature réglementaire des dispositions concernant le fonctionnement du service donne naturellement au régime des interventions de l'Administration à leur égard un fondement particulier" (*Traité Théorique et Pratique des Contrats Administratifs*, t. II, Paris, Librairie Générale de Droit et de Jurisprudence/LGDJ, 1956, pp. 341-342).
V. também Mário Mazagão, "Subsídios para o estudo da teoria da concessão de serviços públicos", in *Estudos de Direito Administrativo*, Lisboa, Ática, 1974.
24. Oswaldo Aranha Bandeira de Mello, "Natureza jurídica da concessão de serviço público", *Revista da Faculdade de Direito de Porto Alegre* II/895-896, Ano III, 1951.

peitada aquela garantia constitucional. O Estado, enquanto titular do serviço, tem o dever de sua boa prestação, direta ou indiretamente; donde lhe competirá sempre a disponibilidade sobre o mesmo, a ser validamente exercida em consonância com os ditames do interesse público.

Esta é a parte mutável da concessão, ou seu aspecto *regulamentar*, que engloba tudo aquilo que diz respeito ao modo de prestação do serviço e fruição pelos usuários, como as disposições relativas à sua *organização*, *funcionamento*, ao *prazo* da concessão e às *tarifas* que serão cobradas.[25] Em contrapartida, há a parte imutável, consistente na equação econômico-financeira fixada no momento da celebração do ato concessivo, cuja manutenção é constitucionalmente garantida, por isso constitui seu aspecto contratual.

Outro aspecto que se destaca do texto constitucional é o de que, apesar de a Constituição trazer alguns caracteres acerca da concessão de serviço público, como os supracitados, certo é que não trouxe expressamente definição do instituto, deixando à legislação infraconstitucional tal tarefa. A nosso ver – e ao de boa parcela da doutrina –, a definição legal não abrangeu elementos essenciais à caracterização do instituto, ao mesmo tempo em que contemplou outros inúteis para tanto, como a obrigatoriedade de ser a concessão de serviço público precedida de licitação. Confira-se:

> Art. 2º. Para os fins do disposto nesta Lei, considera-se: (...) II – concessão de serviço público: a delegação de sua prestação, feita pelo poder concedente, mediante licitação, na modalidade de concorrência, à pessoa jurídica ou consórcio de empresas que demonstre capacidade para seu desempenho, por sua conta e risco e por prazo determinado; III – concessão de serviço público precedida da execução de obra pública: a construção, total ou parcial, conservação, reforma, ampliação ou melhoramento de quaisquer obras de interesse público, delegada pelo poder concedente, mediante licitação, na modalidade de concorrência, à pessoa jurídica ou consórcio de empresas que demonstre capacidade para a sua realização, por sua conta e risco, de forma que o investimento da concessionária seja remunerado e amortizado mediante a exploração do serviço ou da obra por prazo determinado; (...).

---

25. Celso Antônio Bandeira de Mello, *Curso de Direito Administrativo*, 29ª ed., São Paulo, Malheiros Editores, 2012, p. 729.

Ante o perfil constitucional traçado, pensamos que, de fato, a definição clássica de concessão de serviço público é que realmente ainda elucida o conteúdo do referido instituto, com algum aperfeiçoamento quanto aos riscos envolvidos – necessário, a nosso ver, em função da sua própria evolução, demonstrada no item anterior, e da qual trataremos em item de capítulo abaixo.

1.3 Conceito

Partindo do perfil acima traçado, entendemos a concessão de serviço público que, por determinação legal, se denominou de "comum" como *o instituto pelo qual o Poder Público transfere a outra pessoa a prestação de um serviço público para que o exerça em nome próprio, por sua conta e sob a obrigatória indicação contratual específica e detalhada da matriz de riscos que deverá assumir, em conformidade com as condições constitucionalmente estabelecidas, remunerando-se exclusiva ou predominantemente pela exploração do serviço, sob a garantia contratual da manutenção do equilíbrio econômico-financeiro.*

O conceito acima compreende os caracteres que reputamos indispensáveis à identificação de uma concessão de serviço público, porque são elementos seus, ou seja, são requisitos sem os quais não existe concessão de serviço público – tais como: transferência de um serviço público pelo Poder Público, que o titulariza a outrem para que o preste em seu nome e por sua conta; riscos definidos em áleas ordinária e extraordinária, em conformidade com a Constituição da República, constando no contrato os riscos ordinários específicos ou próprios à prestação concedida, a serem suportados pelo concessionário; remuneração obtida pela exploração do serviço.

Aos caracteres acima resumidos – sobre os quais não discorreremos neste item de capítulo, por consistirem, todos, em itens componentes de nossa tese, razão pela qual serão objeto de análise detida e aprofundada em itens dos capítulos subsequentes – podemos acrescer outros que constituem pressupostos de validade de uma concessão de serviço público em face do ordenamento jurídico brasileiro, dentre os quais se destaca um de suma importância para seu êxito e que, por isso, elegemos como pedra de toque de nossa tese: o *planejamento*.

Ressaltamos que não acrescemos os pressupostos de validade na conceituação do instituto por absolutamente inúteis para sua caracterização, que se perfaz, em nosso modo de entender, com os elementos supramencionados, que são os mesmos classicamente utilizados para tanto. Com isto, buscaremos demonstrar nosso entendimento contrário ao que muito se tem propalado desde a retomada da utilização das concessões de serviços públicos em patamares expressivos nas décadas recentes, que é o da desnecessidade de um novo conceito de concessão.

Defendemos, sim, a necessidade de burilar o conceito clássico, a fim de aprimorá-lo, para melhor compreensão do instituto, como parte do seu processo evolutivo no tempo – o que enseja um pequeno reparo para o sentido e o alcance da expressão "por conta e risco" do concessionário (contida nos incisos II e III do art. 2º da Lei federal 8.987/1995), a fim de lhe atribuir maior precisão, cuja utilidade se faz imperativa, pela retomada de sua utilização, como temos presenciado desde o fim do século passado.

Esta necessária adaptação conceitual, para melhor precisar a expressão supracitada, já a fizemos expressamente em nosso conceito aqui apresentado, quando nele dissemos ser a concessão de serviço público desempenhada por pessoa *sob a obrigatória indicação contratual específica e detalhada da matriz de riscos que deverá assumir, em conformidade com as condições constitucionalmente estabelecidas*. A justificativa desta adaptação se dará não neste item – como já assinalamos quanto aos seus demais caracteres também –, mas ao longo de todo o presente trabalho, especialmente no *Capítulo 4*, onde será especificamente tratada, dada sua relevância para nossa tese, que se constrói em torno dela.

Por ora, apenas esclarecemos que, ao elaborarmos nosso conceito de concessão, entendemos necessário o desdobramento da expressão "por conta e risco" do concessionário para "sob a obrigatória indicação contratual específica e detalhada da matriz de riscos que deverá assumir", para com esta expressão – que consideramos de maior precisão – aclararmos que aquela primeira não significa a abrangência de todo e qualquer risco pelo concessionário, mas tão somente os ordinários, sendo certo que os extraordinários, em conformidade com a nossa Constituição, competem ao Poder Público.

1.4 Serviço público

Desnecessário explanar acerca da fundamental importância, para o desenvolvimento do presente trabalho, do tema "serviço público", uma vez que se trata do objeto ou do fim para o qual a concessão funciona, como um significativo instrumento de alcance ou realização, motivo pelo qual se faz necessária brevíssima e pontual exposição de nossos entendimentos acerca deste tema.

Anote-se sua monumental envergadura para o direito administrativo e para a coletividade – em nosso pensar, a forma mais expressiva, dentre todas, dos interesses que podem ser abarcados na noção de interesse público, por constituir "o patrimônio daqueles que não têm patrimônio"[26] –, inclusive pelas constantes "crises" por que periodicamente tem passado, segundo apontam alguns.

Por isso, o tema em questão tem sido objeto de estudos de diversos juristas, dentre os quais destacamos aquele apresentado por Dinorá Adelaide Musetti Grotti,[27] para quem:

Cada povo diz o que é serviço público em seu sistema jurídico.

A qualificação de uma dada atividade como serviço público remete ao plano da concepção sobre o Estado e seu papel. É o plano da escolha política, que pode estar fixada na Constituição do País, na lei, na jurisprudência e nos costumes vigentes em um dado momento histórico.

Nessa mesma linha, entendemos, para os fins deste estudo, enquanto objeto de concessões comuns, consistir o *serviço público* em *determinadas atividades materiais de atendimento a necessidades coletivas, individualmente usufruídas, qualificadas pela Constituição ou por lei como tais e prestadas direta ou indiretamente pelo Estado, sob a égide de um regime jurídico de direito público.*

Não significa com isto dizer que pode o legislador qualificar qualquer atividade como serviço público, sujeitando-a, assim, ao regime de direito público, pois para tanto entendemos fazer-se necessário que, de fato, considerados o momento histórico e o local, referida

---

26. Ignace Ramonet, *apud* Carolina Zancaner Zockun, *Da Intervenção do Estado no Domínio Social*, São Paulo, Malheiros Editores, 2009, p. 6.

27. Dinorá Adelaide Musetti Grotti, *O Serviço Público e a Constituição Brasileira de 1988*, cit., p. 87.

atividade seja entendida como necessidade coletiva, ao mesmo tempo em que seja assim declarada pelo ordenamento jurídico.

Ao assim proceder, o legislador retirará do domínio econômico – fundado, no caso de nossa República, por força constitucional, na valorização do trabalho humano e na livre iniciativa (art. 170 da CF) – tal atividade, que, ao ser qualificada como *serviço público*, deixa de poder ser livremente exercida, por passar a ser – também por força de disposição constitucional – de titularidade do Poder Público, que a exercerá diretamente ou por meio de concessão ou permissão, sempre sob regime de direito público. Há, portanto, limites para a qualificação de atividades como serviços públicos, sob pena de se resvalar na inconstitucionalidade.

A referida qualificação consiste, então, em uma concepção política de cada Estado, enquanto sociedade juridicamente organizada, e em consonância com o momento histórico vivido e os ditames constitucionais vigentes. Em nossa Constituição atual destacamos os arts. 170, 173 e 175, que balizam as opções feitas pelo Poder Público quanto ao tema, ao assim disporem:

> Art. 170. A ordem econômica, fundada na valorização do trabalho humano e na livre iniciativa, tem por fim assegurar a todos existência digna, conforme os ditames da justiça social, observados os seguintes princípios: I – soberania nacional; II – propriedade privada; III – função social da propriedade; IV – livre concorrência; V – defesa do consumidor; VI – defesa do meio ambiente, inclusive mediante tratamento diferenciado conforme o impacto ambiental dos produtos e serviços e de seus processos de elaboração e prestação; VII – redução das desigualdades regionais e sociais; VIII – busca do pleno emprego; IX – tratamento favorecido para as empresas de pequeno porte constituídas sob as leis brasileiras e que tenham sua sede e administração no País.
>
> Parágrafo único. É assegurado a todos o livre exercício de qualquer atividade econômica, independentemente de autorização de órgãos públicos, salvo nos casos previstos em lei.
>
> Art. 173. Ressalvados os casos previstos nesta Constituição, a exploração direta de atividade econômica pelo Estado só será permitida quando necessária aos imperativos da segurança nacional ou a relevante interesse coletivo, conforme definidos em lei.

Art. 175. Incumbe ao Poder Público, na forma da lei, diretamente ou sob regime de concessão ou permissão, sempre através de licitação, a prestação de serviços públicos.

Parágrafo único. A lei disporá sobre: I – o regime das empresas concessionárias e permissionárias de serviços públicos, o caráter especial de seu contrato e de sua prorrogação, bem como as condições de caducidade, fiscalização e rescisão da concessão ou permissão; II – os direitos dos usuários; III – política tarifária; IV – a obrigação de manter serviço adequado.

Do quanto expresso nos dispositivos acima, inferimos que os serviços públicos são de titularidade do Estado, que poderá executá-los diretamente, por entidades administrativas por ele criadas para tanto, ou por meio de concessão ou permissão a particulares. Já, as atividades econômicas são, em regra, exploradas por particulares, livremente, porque assim assegurado pela Lei Maior, ressalvadas as exceções, também constitucionais, de exploração direta pelo Estado, se imperativos da segurança nacional ou relevante interesse coletivo, definidos em lei, assim o exigirem.

1.5 Espécies de concessão de serviço público previstas no ordenamento jurídico brasileiro

A Lei 8.987/1995 trouxe o conceito de concessão de serviço público, dividindo-a em duas espécies: *concessão de serviço público* e *concessão de serviço público precedida da execução de obra pública*.[28] Nesta última houve, por parte do legislador, confusão entre os institutos da *concessão de serviço público* e da *concessão de obra*

---

28. "Art. 2º. Para os fins do disposto nesta Lei, considera-se: (...) II – concessão de serviço público: a delegação de sua prestação, feita pelo poder concedente, mediante licitação, na modalidade de concorrência, à pessoa jurídica ou consórcio de empresas que demonstre capacidade para seu desempenho, por sua conta e risco e por prazo determinado; III – concessão de serviço público precedida da execução de obra pública: a construção, total ou parcial, conservação, reforma, ampliação ou melhoramento de quaisquer obras de interesse público, delegada pelo poder concedente, mediante licitação, na modalidade de concorrência, à pessoa jurídica ou consórcio de empresas que demonstre capacidade para a sua realização, por sua conta e risco, de forma que o investimento da concessionária seja remunerado e amortizado mediante a exploração do serviço ou da obra por prazo determinado; (...)."

pública (distinção há muito sedimentada na doutrina[29]), ao contemplar, impropriamente, ambas, quando afirma, na parte final do inciso III do art. 2º, que "o investimento da concessionária seja remunerado e amortizado mediante exploração do serviço ou da obra por prazo determinado".

Nas duas modalidades legalmente previstas o que há é, nuclearmente, concessão de serviço público, pois mesmo quando se denomina *concessão de serviço público precedida de obra pública* a execução da obra pública só se justifica, enquanto objeto de concessão de serviço público, se configurar condição necessária à prestação de determinado serviço público, cuja posterior exploração não só o custeará, como também a necessária obra pública que o precedeu. Esta é a adequada interpretação do art. 2º, III, da Lei 8.987/1995.

Há, pois, aqui, uma combinação entre obra e serviço público. Se o objeto da avença fosse apenas a *obra pública*, não estaríamos no campo do contrato de concessão, mas, sim, do contrato administrativo cujo objeto consistisse na execução de obra pública; ou, ainda, na hipótese de mera exploração de obra pública decorrente de sua concessão, teríamos pura e simplesmente a denominada *concessão de obra pública*.

Já, na concessão de serviço público, em sentido estrito, a eventual necessidade de realização de obra pelo concessionário, no bojo da concepção do serviço público a ser prestado, integra-o, não configurando etapa anterior, específica e divisível da concessão. A execução de uma obra, nesse caso, não se desapega do próprio conceito havido na base da concessão do serviço público a ser prestado, diferentemente da hipótese em que a execução de uma obra é etapa divisível do objeto contratado, no qual se inclui a concessão do serviço público, cuja prestação depende da execução daquela, que, embora pudesse ser

---

29. Hely Lopes Meirelles já definia *concessão de serviço público* como o contrato que "tem por objeto a transferência da execução de um serviço do Poder Público ao particular, que se remunerará dos gastos com o empreendimento, aí incluídos os ganhos normais do negócio, através de uma *tarifa* cobrada aos usuários"; e *concessão de obra pública* como "o ajuste administrativo que tem por objeto a delegação a um particular da execução e exploração de uma obra pública ou de interesse público, para uso da coletividade, mediante remuneração ao concessionário, por *tarifa*" (*Direito Administrativo Brasileiro*, 38ª ed., São Paulo, Malheiros Editores, 2012, pp. 274 e 275).

objeto de contrato administrativo por si só, passa a compor o contrato no qual se formaliza a outorga da prestação do serviço.[30-31]
Com o advento da Lei 11.079/2004, as concessões acima citadas – isto é, tratadas na Lei 8.987/1995 – passaram a ser denominadas de "comuns", porque não recebem contraprestação pecuniária do Poder Público.[32] E as ditas "concessões de serviço público", trazidas e trata-

30. Carmen Lúcia Antunes Rocha, *Estudo sobre Concessão e Permissão de Serviço Público no Direito Brasileiro*, São Paulo, Saraiva, 1996, p. 44.
31. Acerca da distinção entre *serviço público* e *obra pública*, oportunas as considerações de Celso Antônio Bandeira de Mello: "(a) a obra é, em si mesma, um produto estático; o serviço é uma atividade, algo dinâmico; (b) a obra é uma coisa: o produto concretizado de uma operação humana; o serviço é a própria operação ensejadora do desfrute; (c) a fruição da obra, uma vez realizada, indepe de uma prestação, é captada diretamente, salvo quando é apenas o suporte material para a prestação de um serviço; a fruição do serviço é a fruição da própria prestação, assim depende sempre integralmente dela; (d) a obra, para ser executada, não presume a prévia existência de um serviço; o serviço público, normalmente, para ser prestado, pressupõe uma obra que lhe constitui o suporte material" ("Serviço público e poder de polícia: concessão e delegação", *RTDP* 20/21, São Paulo, Malheiros Editores, 1997).
32. Ressaltamos que não entendemos como contraprestação pecuniária do poder concedente eventuais subsídios que são repassados ao concessionário nas concessões de serviço público tratadas na Lei nacional 8.987/1995, com supedâneo no seu art. 17, por serem de natureza diversa daquela que consiste numa efetiva remuneração, pelo Poder Público, do serviço contratado e prestado, em sua totalidade ou na quase totalidade, como de antemão já se firma neste tipo de contratação, de modo que o particular não se remunerará pela exploração do serviço – o que, de per si, descaracteriza um contrato como de concessão de serviço público, por ser, este elemento, condição essencial de sua existência e que, especificamente, a distingue do mero contrato administrativo de prestação de serviços.
A própria previsão de patamares elevadíssimos de contraprestação pecuniária pelo Poder Público, como se infere do § 3º do art. 10 da Lei 11.079/2004 – ou seja, maior que o obtido com a cobrança de tarifas dos usuários –, também serve para distingui-la do subsídio, que pode ou não existir na concessão comum de serviço público, ao passo que na denominada *patrocinada* a referida contraprestação pecuniária pelo Poder Público necessariamente integrará o contrato, o que, por sua vez, configura outro diferenciador, qual seja, a natureza contratual desta última, que, inclusive, impõe à Administração efetiva aferição da prestação do serviço, além da fiscalização, enquanto o *subsídio* tem caráter legal.
Ademais, de um modo geral, não se confundem *contraprestação pecuniária* e *subsídio estatal*, porque aquela pressupõe uma contratação, pagamento de um valor devido por uma aquisição, serviço, obra ou qualquer outro objeto contratado por quem o executou, enquanto este é feito em relação às pessoas que dele se beneficiam (no caso da concessão, em relação aos usuários), não como pagamento por alguma prestação, mas como auxílio concedido com base em lei, sem a obrigatoriedade de contrapartida do beneficiado.

das no diploma legal citado, foram nele classificadas como "parcerias público-privadas", conforme preconizam os §§ de seu art. 2º, abaixo colacionados:

Art. 2º. Parceria público-privada é o contrato administrativo de concessão, na modalidade patrocinada ou administrativa.

§ 1º. Concessão patrocinada é a concessão de serviços públicos ou de obras públicas de que trata a Lei n. 8.987, de 13 de fevereiro de 1995, quando envolver, adicionalmente à tarifa cobrada dos usuários, contraprestação pecuniária do parceiro público ao parceiro privado.

§ 2º. Concessão administrativa é o contrato de prestação de serviços de que a Administração Pública seja a usuária direta ou indireta, ainda que envolva execução de obra ou fornecimento e instalação de bens.

§ 3º. Não constitui parceria público-privada a concessão comum, assim entendida a concessão de serviços públicos ou de obras públicas de que trata a Lei n. 8.987, de 13 de fevereiro de 1995, quando não envolver contraprestação pecuniária do parceiro público ao parceiro privado.

Entendemos, contudo, que as formas de concessão previstas e definidas na Lei das PPPs se atritam com o conceito de concessão de serviço público sedimentado na doutrina,[33] gerando desnecessárias con-

---

33. Acerca dos conceitos jurídicos, Celso Antônio Bandeira de Mello, subsidiado nas lições de Genaro Carrió e Agustín Gordillo – aos quais faz remissão ao discorrer sobre o tema –, explana:
"Os conceitos jurídicos, em geral, (...) não são mais que termos relacionadores de normas, pontos de aglutinação de efeitos de direito. Não passam, então, de sistematizações, de classificações. Como o Direito resume-se a 'imputar certas consequências a determinados antecedentes', o trabalho do jurista consiste em conhecer a *disciplina aplicável a certas situações*. Ora, o procedimento lógico requerido para organizar tal conhecimento e torná-lo produtivo, eficiente, supõe a identificação das situações aparentadas entre si quanto ao regime a que se submetem.
"Cada bloco ou grupo de situações *parificadas pela unidade de tratamento legal* recebe – para fins de organização do pensamento – um nome, que é a rotulação de um conceito; (...)".
Para, em seguida, concluir que o conceito jurídico:
"(...) nada mais é que a *sistematização*, a organização, a classificação, pois, mediante a qual foram agrupados mentalmente, em um todo unitário, determinados acontecimentos qualificados pelo Direito.
"Em suma: cada conceito é um conjunto. O critério de inclusão ou de exclusão de alguma realidade para formar o conjunto (o conceito) muitas vezes é, de antemão, construído pelo direito positivo, ao passo que outras vezes não há esta prévia aglutinação de componentes. (...)" (*Curso de Direito Administrativo*, cit., 29ª ed., pp. 380-381).

fusões. Tais conceitos são, a nosso ver, equivocados e decorrentes de falta de técnica legislativa, especialmente quanto à falta de remuneração pela exploração do serviço e sua contraprestação pelo Poder Público (na totalidade, na concessão administrativa; e em patamares elevados demais para configurar uma concessão de serviço público, na denominada concessão patrocinada, caracterizando a primeira como verdadeiro contrato de prestação de serviço e descaracterizando a última como concessão).

Se pensarmos que a Constituição da República, ao permitir a prestação de serviços públicos por meio de concessão, no seu art. 175, previu este instituto com o conteúdo ou caracteres que clássica ou tradicionalmente o definem – como a remuneração, exclusiva ou preponderantemente, pela exploração do serviço –, poder-se-ia afirmar a inconstitucionalidade de ditas modalidades.

Ainda que alguns cogitem não ser possível afirmar categoricamente que a Constituição da República adotou a definição doutrinária tradicional de concessão de serviço público ao contemplá-la como forma de prestação desta atividade, para se admitir a validade jurídica das concessões *patrocinada* e *administrativa* – sobre as quais não nos deteremos neste trabalho –, imprescindíveis duas meditações: primeira, para serem válidas devem sofrer interpretação conforme à Constituição, pois existem diversos dispositivos na lei que as regula que, em sua literalidade, se apresentam eivados de inconstitucionalidade;[34] e, segunda, nem mesmo assim configuram tais espécies *concessão de serviço público*, mas meros contratos administrativos, ressalvada a exceção que vislumbramos em esforço de interpretação abaixo.

A exceção reside na hipótese de contratação para a modalidade denominada *concessão patrocinada*, por consistir esta, segundo a Lei 11.079/2004 (art. 2º, § 1º), na "concessão de serviços públicos ou de obras públicas de que trata a Lei n. 8.987, de 13 de fevereiro de 1995, quando envolver, adicionalmente à tarifa cobrada dos usuários, contraprestação pecuniária do parceiro público ao parceiro privado", porém desde que referida contraprestação se dê em patamares razoáveis, pois em uma concessão de serviço público há que se remunerar o concessionário, ainda que não necessária e exclusivamente, pela ex-

---

34. A título exemplificativo: art. 8º, I e II, e art. 16.

ploração daquela atividade preponderantemente, sob pena de descaracterizá-la enquanto tal (como acontece na Lei das PPPs quando inferimos de seu art. 10, § 3º,[35] a permissão de contraprestação pecuniária pelo Poder Público em percentual superior a 70% da remuneração e sem limite máximo, ao que parece).

Ora, nestes patamares de contraprestação admitidos pela Lei 11.079/2004 para a concessão patrocinada sequer poderíamos cogitar, em tais hipóteses, tratar-se de mero contrato administrativo comum de prestação de serviços – como na modalidade *concessão administrativa*, a ser abordada abaixo –, pois, como referida lei define seu objeto como as concessões da Lei 8.987/1995, não se afigura juridicamente possível sua execução senão pelos contratos de concessão de serviço público, pois só por meio destes, aliados à permissão e autorização de serviço público, autorizou nossa Lei Maior sua outorga a particulares.

Já, na modalidade de parceria denominada *concessão administrativa* há verdadeiro contrato de prestação de serviços como a própria lei define, porém "inovando" dito contrato ao prever a Administração Pública como sua *usuária direta ou indireta* – o que importa a remuneração totalmente arcada pelo Poder Público, o que, por sua vez, configura mera remuneração contratual em contrato de prestação de serviços, como outro qualquer regido pela Lei 8.666/1993, razão pela qual não caracteriza, a nosso ver, contrato juridicamente hábil a versar sobre concessão de serviço público, ainda que pareça ser esta a intenção do legislador quando usou o artifício de prever a Administração como *usuária indireta*, sendo os usuários diretos os administrados.

Isto porque, ao prever genericamente esta modalidade como *o contrato de prestação de serviços de que a Administração Pública seja a usuária direta ou indireta* – diferente da concessão patrocinada, que se refere à outorga de serviços públicos –, apenas excluindo atividades exclusivas do Estado, como as de regulação, jurisdicional, do exercício do poder de polícia (art. 4º, III), parece-nos que o legislador

---

35. "Art. 10. A contratação de parceria público-privada será precedida de licitação na modalidade de concorrência, estando a abertura do processo licitatório condicionada a: (...).

"(...).

"§ 3º. As concessões patrocinadas em que mais de 70% (setenta por cento) da remuneração do parceiro privado for paga pela Administração Pública dependerão de autorização legislativa específica."

contemplou na *concessão administrativa* não somente a prestação de serviços públicos (quando admite a prestação indireta de serviços à Administração, o que implica sejam diretamente prestados aos usuários, o que seria o caso destes serviços) como também a prestação dos demais serviços de terceiros, onde figura como "usuária" direta.

Destarte, a qualificação legal desses contratos, enquanto nova modalidade de concessão, demonstra o objetivo de sujeição destes a regime jurídico diverso do da Lei 8.666/1993, assim resvalando, por vezes, em inconstitucionalidades, como já o dissemos anteriormente.

A par disso, vislumbramos outra impropriedade na Lei 11.079/2004 ao excluir do rol das parcerias público-privadas as concessões que denominou "comuns de serviço público", sendo certo que estas são, sim, por excelência, verdadeiras parcerias público-privadas, por consistirem em colaboração entre Poder Público e particulares.

Nesse sentido, entendemos inútil a classificação feita pelo referido diploma normativo de que são parcerias público-privadas a concessão patrocinada e a concessão administrativa, ainda que parte da doutrina justifique tratar-se de um *sentido estrito* adotado pela lei, tendo em vista que a referida expressão seria empregada com diferentes significados nos âmbitos econômico, político e jurídico.[36]

---

36. Nesse sentido Benedicto Pereira Porto Neto e Pedro Paulo de Rezende Porto Filho, que, ao tratarem do tema, afirmam que:
"Tendo em vista que as inovações trazidas pela Lei 11.079/2004 alcançam apenas os contratos por ela classificados como parcerias público-privadas, é importante fixar o conceito desse instituto jurídico. (...).
"Do ponto de vista do Direito, a expressão pode ser empregada em sentido amplo, intermediário ou restrito.
"Em sentido amplo, parceria público-privada designa toda colaboração espontânea do particular com a Administração Pública. Nessa acepção larga encaixam-se até mesmo os tradicionais contratos de execução de obras e de prestação de serviços para a Administração submetidos ao regime da Lei 8.666/1993.
"Em sentido intermediário, menos abrangente que o anterior e mais amplo do que o que será apontado em seguida, o termo 'parceria público-privada' indica a relação jurídica em que particular desempenha atividade estatal em seu próprio nome, de caráter continuado, com responsabilidade pelos investimentos e riscos correspondentes. Trata-se, portanto, de uma *específica forma* de colaboração de particulares com a Administração Pública, aquela em que eles assumem a gestão de atividades estatais, com sua exploração econômica. As parcerias público-privadas, nesse sentido intermediário, não são novidade. Há tempos o ordenamento jurídico consagrava relações jurídicas com esse perfil. Bom exemplo são as tradicionais concessões de serviços públi-

Assim, parece-nos que a classificação feita pelo legislador pátrio na Lei 11.079/2004 para trazer ares de novidade no âmbito da colaboração ou cooperação entre Poder Público e particulares – que de novo nada tem, sendo anterior até mesmo à existência do direito administrativo enquanto ramo jurídico autônomo – atribuiu à expressão "parceria público-privada" conteúdo reduzido, evidenciando infeliz opção ao assim denominar as novas modalidades de parceria que buscou criar como concessão, pois, em vez de aclarar ou de simplificar, acabou por confundir-lhe o sentido.

"Como as palavras são meros rótulos que sobrepomos às coisas",[37] temos que não são modalidades de concessão de serviço público – salvo aquela excepcional hipótese, decorrente de esforço de interpretação, de concessão patrocinada – aquelas previstas na Lei 11.079/2004, pelos motivos acima expostos, que se resumem na ausência dos elementos, isto é, dos requisitos necessários à existência de uma concessão de serviço público.

Não podemos ignorar, contudo, que os contratos acima denominados legalmente de "parcerias público-privadas" pela Lei 11.079/2004 – que lhes institui regime legal próprio – possuem, deste modo, suporte legal em nosso ordenamento jurídico, vez que referido diploma se encontra em vigor, a despeito das inconstitucionalidades contidas em alguns de seus dispositivos.

Sem maiores aprofundamentos, parece-nos que os contratos da Lei 11.079/2004 – ressalvada a hipótese de concessão de serviço público que vislumbramos em certos casos de concessão patrocinada –

---

cos, figura que de pronto vem à mente quando se fala em parcerias público-privadas. Muito tempo antes do advento da Lei 11.079/2004 já estavam em vigor a Lei Geral de Concessões de Serviços Públicos (Lei 8.987/1995) e diversas leis setoriais sobre a matéria (concessões nas áreas de telecomunicações, de transportes públicos, de energia elétrica etc.).

"Finalmente, em sentido restrito, o termo 'parceria público-privada' identifica as *relações jurídicas disciplinadas pela Lei 11.079/2004*, que lhes confere formalmente esse rótulo e as classifica em *concessão patrocinada* e *concessão administrativa*" (Benedicto Pereira Porto Neto e Pedro Paulo de Rezende Porto Filho, "Contratos celebrados pela Administração Pública – Ampliação do papel do acordo de vontade entre as partes", *Revista Zênite de Licitações e Contratos – ILC* 180/126-126, fevereiro/2009).

37. Celso Antônio Bandeira de Mello, *Curso de Direito Administrativo*, cit., 29ª ed., p. 380.

são novas modalidades de contratos administrativos criadas pelo legislador, sob regime legal próprio, e que criaram confusão conceitual, por se utilizarem da expressão "concessão de serviço público" expressa ou implicitamente, como o fizeram na espécie *concessão administrativa*.

São novos modelos contratuais, infraconstitucionais, que não se confundem com a concessão de serviço público tratada na Constituição da República, a qual, em nosso modo de entender, acolheu o conceito clássico de concessão de serviço público, como buscaremos demonstrar no presente estudo; daí a supracitada confusão criada pela Lei 11.079/2004.

Capítulo 2
REGIME JURÍDICO DO EQUILÍBRIO ECONÔMICO-FINANCEIRO NAS CONCESSÕES COMUNS DE SERVIÇO PÚBLICO

2.1 Perfil constitucional e legal. 2.2 Política tarifária: 2.2.1 Obrigações, ônus e deveres – 2.2.2 Remuneração. 2.3 Tarifa: 2.3.1 Tarifa diferenciada – 2.3.2 Novos benefícios tarifários. 2.4 Fontes alternativas. 2.5 Fontes complementares ou acessórias. 2.6 Projetos associados. 2.7 Subsídios. 2.8 Prazo da concessão.

2.1 Perfil constitucional e legal

Como sabido, a existência do direito à manutenção do equilíbrio econômico-financeiro na generalidade dos contratos administrativos[1]

1. Consideramos os *contratos administrativos* espécie do gênero *contratos da Administração*, que engloba, ainda, os *contratos de direito privado celebrados pela Administração*, com as derrogações legais deste regime. Entretanto, destacamos interessante conclusão acerca do tema apresentada por Agustín Gordillo em seu *Tratado de Derecho Administrativo* (7ª ed., t. I, Belo Horizonte, Del Rey/Fundación de Derecho Administrativo, 2003, pp. XI/35-36):

"En suma, los contratos que celebra la Administración tienen todos un régimen en parte de derecho público, pero que no es uniforme; todos pueden ser denominados 'contratos administrativos', sin perjuicio de que existen gradaciones en cuanto a la intensidad del régimen de derecho público.

"Si antiguamente podíamos encontrar dos categorías bien definidas y totalmente opuestas de contratos de la Administración, los civiles y administrativos, hoy en cambio encontramos un acercamiento de los extremos, que no alcanza a ser total y que deja subsistentes matices susceptibles de agrupación en tres grandes conjuntos.

"Dentro de esa zona cubierta por los contratos administrativos corresponde ubicar como más próximos al derecho administrativo clásico de fines del siglo pasado y comienzos del presente a las concesiones y licencias de servicios públicos en condiciones monopólicas o de exclusividad, el contrato de empréstito público interno y

é garantia assegurada há tempos pelo ordenamento jurídico brasileiro, bem como pela doutrina e jurisprudência pátrias, como adiante explanaremos brevemente.

Consiste essa garantia na imperatividade, por todo o tempo do contrato, da equação de equivalência, estabelecida no momento da celebração dos contratos administrativos, entre os encargos assumidos pelo contratado e a correspondente retribuição pecuniária a que faz jus.

As concessões de serviços públicos, enquanto contratos administrativos que são, também contemplam tal garantia, que funciona como contrapartida às prerrogativas que a legislação confere ao Estado contratante, especialmente aquela que lhe permite alterar unilateralmente o conteúdo técnico do modo de execução do contrato pelo particular, em razão da finalidade de interesse público, necessariamente almejada. Essa garantia também contempla os riscos extraordinários, integrados pelas áleas administrativa e econômica.

Nada mais lógico, portanto, que a esse colaborador estatal seja assegurada, durante toda a execução contratual, a intangibilidade da equação entre os encargos por ele assumidos na avença e a equivalente contraprestação pecuniária, de forma que, uma vez alterados aqueles por atos do Poder Público ou, ainda, por imprevisibilidades ou variações econômicas capazes de elidir esta relação de equivalência originalmente pactuada, lhe seja assegurado o direito subjetivo ao devido reequilíbrio por meio da denominada *revisão contratual*, tema objeto do presente estudo.

Nesse sentido, vale lembrar a lição de Georges Péquignot[2] quanto à parte contratada nos contratos administrativos:

en menor medida la concesión de obra pública. Es la aplicación más intensa del derecho público.

"Un segundo grupo se integra con el contrato de función pública, la concesión y el permiso de uso del dominio público y privado del Estado; en menor grado, los contratos de suministros y obra pública.

"Más cerca del derecho privado encontramos el contrato de compraventa de inmuebles, el de locación y luego los demás contratos: cesión, permuta, donación, préstamo etc., que, bueno es reiterarlo, no se mantienen siempre con sus típicos caracteres civilistas."

2. Georges Péquignot, *Théorie Générale du Contract Administratif*, Paris, A. Pedone, 1945, p. 434, *apud* Celso Antônio Bandeira de Mello, "Contrato administrativo – Equilíbrio financeiro – Indenização", parecer publicado na *RDA* 177/122, Rio de Janeiro, FGV, 1999.

Ele não consentiu seu concurso senão na esperança de um certo lucro. Aceitou tomar a seu cargo trabalhos e áleas que, se não houvesse querido contratar, seriam suportados pela Administração. É normal que seja remunerado por isto.

Pensar diferente – ou seja, não se impor como dever a alteração dos contratos administrativos quando desequilibrada a relação entre os encargos e a remuneração do contratado – caracterizaria ofensa a princípios gerais do Direito, como os de *vedação ao enriquecimento sem causa*, *lealdade* e *boa-fé*, que servem de fundamento, portanto, à garantia de manutenção do equilíbrio econômico-financeiro dos contratos administrativos.[3]

Os princípios da *lealdade* e da *boa-fé*, enquanto princípios gerais do Direito, aplicam-se tanto às relações obrigacionais travadas sob a égide do direito privado como àquelas submetidas ao regime de direito público, servindo, sobretudo, para a interpretação do seu conteúdo. Nada disso, contudo, derroga a observância do *princípio da supremacia do interesse público sobre o privado*, aqui objetivado – explicita-se – no denominado *interesse público primário*.

Este interesse é formado, na clássica e sempre útil lição de Renato Alessi, pelo "conjunto de interesses individuais prevalentes em uma determinada organização jurídica da coletividade".[4] Dele difere o denominado *interesse público secundário*, entendido como aquele próprio do ente público, enquanto sujeito de direito, traduzido em interesses, vantagens ou conveniências inerentes à sua condição subjetiva de pessoa jurídica, tal como outra qualquer.

Destarte, diante da ordem jurídica pátria, impensável admitir que o Estado, enquanto ente contratante, como em uma concessão de serviço público, aja em relação ao particular contratado como se fosse pessoa jurídica, interessada em alcançar somente as vantagens que lhe

---

3. Nesse sentido: Celso Antônio Bandeira de Mello, "Concessão de serviço público. Reestruturação do sistema tarifário. Equilíbrio econômico-financeiro. Obrigação de indenizar", *RTDP* 38/140-146, São Paulo, Malheiros Editores, 2002; "Contrato administrativo – Equilíbrio financeiro – Indenização", cit., *RDA* 177/121-128; "Contratos administrativos: fundamentos da preservação do equilíbrio econômico-financeiro", *RDA* 211, Rio de Janeiro, FGV, 1998.
4. Renato Alessi, *Instituciones de Derecho Administrativo*, t. I, trad. da 3ª ed. italiana, Barcelona, Bosch, Casa Editorial, 1960, p. 184.

são próprias enquanto aparelho organizado, valendo-se inclusive de sua posição de vantagem legalmente estabelecida, pois isto configuraria deslealdade em relação ao particular e implicaria locupletamento à custa deste.

Corroborando nosso entendimento acima, a lição de Antônio Carlos Cintra do Amaral:[5]

> A outorga da concessão tem por objetivo melhor atender ao "interesse coletivo primário" (dos usuários). O interesse do poder concedente, especialmente da Administração Pública, é secundário. O atendimento deste interesse não é o objetivo da transferência do exercício do serviço público para uma concessionária, cujo interesse também é secundário.

Não significa, entretanto, que não possa o Estado almejar o *interesse público secundário*: poderá, sim, desde que – conforme, mais uma vez, lapidar lição de Alessi[6] – coincidente com o *interesse público primário* e no limite deste.

Exatamente por isto é que se torna inadmissível o desequilíbrio econômico-financeiro nos contratos administrativos em geral, em especial nos de concessão de serviços públicos, onde o grau de colaboração do contratado é maior, uma vez que assente, por sua *conta e risco*, em prestá-los no lugar do Estado, para a satisfação do interesse publico.

Acerca do entendimento do *princípio da boa-fé* e do seu destaque no direito administrativo, oportunas as observações de Jesús González Pérez:[7]

> El principio general de la buena-fe no sólo tiene aplicación en el derecho administrativo, sino que en este ámbito adquiere especial relevancia (...).
>
> Porque, en efecto, la presencia de los valores de lealtad, honestidad y moralidad que su aplicación comporta es especialmente necesaria en el mundo de las relaciones de la Administración con los administrados.

---

5. Antônio Carlos Cintra do Amaral, *Concessão de Serviço Público*, 2ª ed., São Paulo, Malheiros Editores, 2002, p. 88.
6. Renato Alessi, *Instituciones de Derecho Administrativo*, cit., t. I, p. 185.
7. Jesús González Pérez, *El Principio General de la Buena-Fe en el Derecho Administrativo*, 2ª ed., Madri, Civitas, 1989, p. 41.

Merece destaque, ainda, a lição de Agustín Gordillo[8] acerca da aplicabilidade do princípio *supra* aos contratos administrativos:

> El principio general de la buena-fe, de numerosas aplicaciones, suele ser recordado en materia de contratos administrativos que serían así esencialmente de *buena-fe*. En su virtud la Administración no debe actuar como si se tratara de un negocio, ni tratar de obtener ganancias ilegítimas a costa del contratista, o aprovecharse de situaciones legales o fácticas que la favorezcan en perjuicio de aquél.

É, ainda, na relação de equivalência aqui tratada que se efetiva o *princípio da igualdade* nos contratos de concessão de serviços públicos. Ao formar-se o contrato, no momento da sua celebração, iguala as partes. Ainda que as finalidades de ambas sejam distintas (pois, enquanto o Poder Público visa à satisfação do interesse público por meio da prestação do serviço público adequado, o particular visa, por meio desta mesma prestação que lhe é concedida, à satisfação de interesse pessoal, o lucro), o contrato permite – correlata à possibilidade de alteração, pela Administração, das condições de prestação do serviço, para adequá-lo às necessidades imperativas do interesse público almejado –, a alteração, na mesma medida, das condições contratuais econômicas atinentes ao concessionário, recompondo, assim, o equilíbrio econômico-financeiro, de forma a garantir que aufira retorno econômico no mesmo patamar inicialmente pactuado.

Nesse sentido, vale mencionar a lição de Celso Antônio Bandeira de Mello,[9] para quem o regime da concessão depende da lógica da situação instaurada, nos termos abaixo citados, uma vez que a cada qual assistem as garantias necessárias à satisfação dos desideratos que os animaram:

> Com efeito, para o concessionário a prestação do serviço é um meio através do qual obtém a finalidade que almeja: o lucro. Reversamente, para o Estado, o lucro, que propicia ao concessionário, é meio por cuja via busca sua finalidade, que é a boa prestação do serviço.

Em suma: as partes se equilibram em um contrato administrativo, inclusive no de concessão de serviço público, pelas garantias legais de

---

8. Agustín Gordillo, *Tratado de Derecho Administrativo*, cit., 7ª ed., t. I, p. XI/31.
9. Celso Antônio Bandeira de Mello, "Reversão dos bens na concessão", *RTDP* 7/8, São Paulo, Malheiros Editores, 1994.

consecução do interesse público (consubstanciadas nas prerrogativas da Administração Pública) e da manutenção do equilíbrio econômico-financeiro inicial durante toda sua execução, pois se, por força da realização do interesse público, se tornarem impositivas alterações nos encargos do contratado, impõe-se também a adequação da remuneração, para que seja equivalente aos encargos alterados. Esta relação de equivalência caracteriza a concessão de serviço público como contrato comutativo.

Segundo Carmen Lúcia Antunes Rocha:[10]

> Caracteriza-se a concessão pela comutatividade, assim considerada a equivalência de benefícios e de ônus a serem assumidos pelas partes que a compõem. Tais ônus e bônus, que se devem equilibrar nas prestações devidas pelos contratantes, têm de ser certos, correspectivos e justos (esta última característica em função mesmo do princípio da boa-fé que fundamenta e permeia a concessão).

Se assim não fosse o Poder Público não encontraria quem se dispusesse a ser concessionário, pelo fato de que as especificidades que envolvem o serviço público concedido gerariam ônus insuportáveis ao particular colaborador – conforme preconiza, ainda, a autora supracitada, cujos esclarecimentos acerca desta característica fundamentadora do equilíbrio econômico-financeiro das concessões de serviço público julgamos oportuno trazer à colação:[11]

> Ademais, essa equivalência é certa e permanente em sua definição, pelo quê o equilíbrio e a justeza da equação econômico-financeira do contrato de concessão se impõem também como segurança e *demonstração da comutatividade* objetivada nas prestações combinadas entre concedente e concessionária.
>
> É que, conquanto a equivalência subjetiva das prestações seja desejável, o que caracteriza a comutatividade nos contratos, em geral, é a equivalência objetiva. Essa, no ensinamento de Orlando Gomes, se prende à "certeza objetiva das prestações obtida no ato de conclusão do negócio jurídico", mais que na "correspondência das vantagens procuradas". Na concessão de serviço público o que conta é o interesse público,

---

10. Carmen Lúcia Antunes Rocha, *Estudo sobre Concessão e Permissão no Serviço Público Brasileiro*, São Paulo, Saraiva, 1996, p. 71.
11. Idem, p. 72.

que pode determinar inclusive a alteração unilateral das condições inicialmente avençadas para a garantia do atendimento daquele bem indisponível maior. Pelo quê nela a certeza não das prestações e de sua forma de ofertá-las, mas o quanto se lhe é assegurado desde o início do ajuste firmado – a prevalecer inclusive em caso de alteração do originalmente clausulado –, realiza a comutatividade, pela qual se guardam e se resguardam os interesses da concessionária, sem embargo de se garantir a plena realização da finalidade específica buscada.

Por isso é que, diversamente da preponderância da equivalência objetiva – que diz com a certeza das prestações –, a prevalecer nos contratos em geral, na concessão a comutatividade releva a equivalência subjetiva, vale dizer, a equipolência das vantagens ou do equilíbrio entre os benefícios e os ônus assumidos pelas partes. Até mesmo porque a comutatividade, como referência da equivalência objetiva, não atinge, como nos contratos em geral, a certeza do objeto das prestações, que podem vir a ser tocadas pela alteração da regulamentação do serviço feita pela entidade concedente, tendo em vista a necessidade de atendimento do interesse público durante todo o curso de vigência do contrato.

Na concessão a comutatividade é objetiva e subjetiva e, ainda, legal, quer-se dizer, a equivalência das prestações não decorre da anuência ou decisão das partes contratantes da concessão, mas de determinação normativa que a impõe.

Acerca do entendimento acima exposto, imperiosas as observações de Georges Vedel:[12]

L'Administration peut, dans certaines limites, modifier le poids des obligations qui, dans un plateau de la balance, sont au passif de son cocontractant, mais elle doit aussitôt mettre dans l'autre plateau les compensations pécuniaires correspondantes.

Tudo isto a demonstrar, nas concessões de serviço público, a importância e a aplicabilidade da garantia do equilíbrio econômico-financeiro, constitucional e legalmente assegurada em nosso ordenamento e já de há muito classicamente tratada na doutrina, como brevemente explanaremos a seguir.

12. Georges Vedel, *Droit Administratif*, 6ª ed., Paris, Presses Universitaires de France/PUF, 1976, p. 255.

Marcel Waline, em sua obra *Précis de Droit Administratif*, já afirmara que "dans tous les cas ce cocontractant a un droit fondamental à ce que l'on appelle l'équilibre financier de son contrat ou encore l'équation financière de son contrat",[13] sobre o qual esclarece que:[14]

> Cela ne veut d'ailleurs pas dire qu'on lui garantit une exploitation équilibrée ou bénéficiaire, mais le maintien de l'équivalence entre les avantages et les charges telle qu'elle ait été calculée, exactement ou non, au moment de la conclusion du contrat.
>
> En effet, lorsque les parties contractantes sont tombées d'accord sur les bases du contrat, c'est-à-dire sur les fournitures ou travaux à livrer ou à exécuter, et sur le prix à payer – ou bien, s'il s'agit d'une concession du service public, sur les conditions dans lesquelles s'exécuterait le service, et le taux des redevances que le concessionnaire serait autorisé à percevoir sur les usagers –, c'est qu'elles les ont jugées équitables; elles ont supposé que l'exploitation du service, ou la construction des ouvrages, dans les conditions ainsi prévues au contrat, donnerait au cocontractant des perspectives de bénéfice raisonnable, normal (sinon, l'une ou l'autre des parties n'aurait pas consenti un contrat par hypothèse désanvantageux).

Para, ao final, concluir que:[15]

> L'équilibre financier, ou l'équation financière du contrat, c'est un rapport qui a été établi par les parties contractantes elles-mêmes au moment de la conclusion du contrat, entre un ensemble de droits du cocontractant et un ensemble de charges de celui-ci, qui ont paru équivalents, d'où le nom d'équation; dès lors, cette équivalence ne peut plus être altérée.

Entre nós, Caio Tácito, em tese apresentada ao concurso para Professor Catedrático na Faculdade de Direito da Universidade do Estado do Rio de Janeiro, denominada "O equilíbrio econômico-financeiro na concessão de serviço público", em 1960, já afirmava a essencialidade desta garantia quando da exploração do serviço público por particulares, buscando demonstrá-la partindo do seu panorama nos

---

13. Marcel Waline, *Précis de Droit Administratif*, Paris, Éditions Montchrestien, 1969, p. 425.
14. Idem, p. 426.
15. Idem, ibidem.

Direitos Norte-Americano e Francês, passando por uma visão do Direito Comparado e chegando ao nosso, para concluir que, "não obstante a diversidade de conceitos e soluções, neles sobrepaira o mesmo tema da estabilidade financeira do concessionário como elemento vital à concessão de serviço público" e que outra não era a concepção dominante no Direito Brasileiro, pois o relevante problema do equilíbrio econômico da concessão "ressoa no texto constitucional e no direito comum, inspira a jurisprudência administrativa e judicial, e encontra refúgio na opinião dos doutores".[16]

Ao final do mencionado estudo enfatiza o equilíbrio econômico-financeiro como "condição essencial de legalidade na concessão de serviço público, cabendo ao Estado o dever de sua preservação", demonstrando ser possível inferi-lo a partir da interpretação sistemática de dispositivos da Constituição de 1946, que implicitamente a consagrava, conforme afirmara:[17]

> Decorre, no entanto, diretamente da norma constitucional a consagração inequívoca do princípio do equilíbrio financeiro da concessão de serviço público.
> (...).
> Confirma-se, assim, no plano constitucional, a regra da equação financeira, ou do equilíbrio financeiro, que é a tônica dominante do instituto da concessão de serviço público.
> (...).
> A garantia do equilíbrio financeiro é, assim, a exteriorização dos princípios de justiça social que devem presidir a organização da ordem econômica (Constituição, art. 145).
> Tal como no Direito Comparado, representa uma norma permanente e implícita do regime jurídico das concessões de serviço público no Brasil.

O teor do dispositivo adotado como premissa pelo emérito Professor para que, juntamente com outros, pudesse ser inferida a garantia ao equilíbrio econômico-financeiro nas concessões de serviço público brasileiras (art. 151 da CF de 1946) foi contemplado na Cons-

---

16. Caio Tácito, "O equilíbrio financeiro na concessão de serviços público", in *Temas de Direito Público*, vol. I, Rio de Janeiro, Renovar, 1997, pp. 235-236.
17. Idem, pp. 253-254.

tituição de 1967, Emenda Constitucional 1/1969, art. 167, que a ele expressamente se referiu.[18]

Hodiernamente, a manutenção do equilíbrio econômico-financeiro dos contratos administrativos é garantia assegurada pelo ordenamento jurídico pátrio a partir da Constituição da República atual, que, em seu art. 37, XXI, determina que

> (...) as obras, serviços, compras e alienações serão contratados mediante processo de licitação pública que assegure igualdade de condições a todos os concorrentes, com cláusulas que estabeleçam obrigações de pagamento, *mantidas as condições efetivas da proposta*, (...).

Temos, portanto, a intangibilidade do equilíbrio econômico-financeiro dos contratos administrativos brasileiros já garantida desde o dispositivo constitucional transcrito acima, uma vez que este, na medida em que vincula, numa relação de equivalência, as obrigações de pagamento à efetiva mantença de condições da proposta inicialmente apresentada no pacto celebrado entre as partes, implica dizer que, uma vez alteradas tais condições, de forma a afetar a contraprestação de pagamento, deverá haver uma recomposição daquele, de forma a reequilibrar, tal qual inicialmente avençado.

A garantia em questão aplica-se às concessões de serviços públicos na parte econômica da relação travada entre concedente e concessionário, cujo caráter contratual é preconizado no inciso I do parágrafo único do art. 175 da atual CF brasileira.

---

18. CF de 1946:
"Art. 151. A lei disporá sobre o regime das empresas concessionárias de serviços públicos federais, estaduais e municipais.
"Parágrafo único. Será determinada a fiscalização e a revisão das tarifas dos serviços explorados por concessão, a fim de que os lucros dos concessionários, não excedendo a justa remuneração do capital, lhes permitam atender às necessidades de melhoramentos e expansão desses serviços. Aplicar-se-á a lei às concessões feitas no regime anterior, de tarifas estipuladas para todo o tempo de duração do contrato."
CF de 1967/1969: "Art. 167. A lei disporá sobre o regime das empresas concessionárias de serviços públicos federais, estaduais e municipais, estabelecendo: I – obrigação de manter serviço adequado; II – tarifas que permitam a justa remuneração do capital, o melhoramento e a expansão dos serviços e assegurem o *equilíbrio econômico e financeiro do contrato*; III – fiscalização permanente e revisão periódica das tarifas, ainda que estipuladas em contrato anterior" (grifos nossos).

Com a mesma amplitude temos, na atualidade, a garantia aqui tratada expressamente assegurada em nossa legislação, seja no regime jurídico geral dos contratos administrativos, seja no regime jurídico da Lei Geral de Concessões, seja, ainda, no regime das leis que especificamente tratam do tema.

Na Lei Geral de Concessão de Serviços Públicos temos o equilíbrio econômico-financeiro desta espécie de avença garantido expressamente nos §§ 2º, 3º e 4º do seu art. 9º bem como na redação de seu art. 10, sobre os quais discorreremos no item seguinte e ao longo deste estudo.

2.2 Política tarifária

A política tarifária, prevista na Constituição da República como instrumental à concessão de serviços públicos, a ser definida em lei,[19] tem amplitude que transcende a mera fixação de tarifas nela abrangida, as quais consistem, de um modo geral, na principal forma de remuneração da concessão – ainda que não necessariamente exclusiva –, por se aplicarem à quase totalidade destas avenças.[20]

Daí entendermos pertencer a tarifa a um sistema maior, que a abarca juntamente com outros meios de remuneração do concessionário e é definido por meio de opções políticas do concedente, levando em conta uma série de fatores que envolvem a prestação do serviço público concedido e que, por vezes, resvalam em direitos constitucionalmente assegurados, como o direito à vida e à saúde, à igualdade, ao meio ambiente, dentre outros, que também precisam ser contemplados na prestação dos serviços públicos.

A este sistema conferiu a Constituição da República a denominação de *política tarifária*, determinando sua previsão legal (art. 175, parágrafo único, III) – o que foi atendido em nosso ordenamento pela

---

19. "Art. 175. Incumbe ao Poder Público, na forma da lei, diretamente ou sob regime de concessão ou permissão, sempre através de licitação, a prestação de serviços públicos.
"Parágrafo único. A lei disporá sobre: (...) III – política tarifária; (...)."
20. Podemos citar como exceções as concessões de rádio e TV, nas quais a remuneração se dá sem cobrança de tarifas dos usuários, mas pela exploração de espaços publicitários, ou, ainda, a hipótese de a remuneração se dar por meio de fonte alternativa de receita.

Lei nacional 8.987/1995. Essa lei, ao tratar das normas gerais acerca das permissões e concessões comuns de serviço público, acabou por genericamente fixar diretrizes acerca da adoção de política tarifária pelos entes federativos. Cabe, assim, residualmente, a competência legislativa específica a cada ente federativo para estabelecer política tarifária própria dos serviços públicos que titulariza, uma vez que assim se infere de interpretação sistemática da Constituição quando divide referida titularidade (art. 22, XXVII).

Acerca deste entendimento encontramos em obra específica sobre o tema, escrita por Jacintho Arruda Câmara,[21] elucidativo esclarecimento:

> A Lei 8.987/1995 fixa normas gerais em matéria de concessões e permissões de serviços públicos. Em vista de seu escopo genérico, não seria viável nem factível que a citada lei estabelecesse regras mais detalhadas a respeito de temas que, em função das peculiaridades de cada serviço, pudessem apresentar necessidade de tratamento diverso.
>
> Além da inviabilidade prática, o tratamento mais detalhado a respeito do regime jurídico da prestação de serviços públicos mediante concessão poderia esbarrar em obstáculo de índole estritamente jurídica: o conflito de competência legislativa entre a União e os demais entes federativos, titulares de serviços públicos.
>
> Estados e Municípios (e a própria União, quando tratar dos serviços específicos que lhe são submetidos) têm a atribuição de definir as balizas jurídicas para o desenvolvimento do serviço sobre o qual detêm competência. Especificar políticas públicas, a pretexto de editar normas gerais em matéria de concessões, seria, sob essa vertente, providência inválida, por violação de competência legislativa fixada constitucionalmente.

O esclarecimento acima traz, ainda, em seu bojo outro importante entendimento do autor sobre o tema, com o qual concordamos, qual seja: o de que o regime tarifário consiste em instrumento de política pública, por superar a composição de interesses entre usuários e prestadores de serviço público; por seu intermédio, o poder concedente tem também o encargo de instituir uma política pública para o serviço em questão,[22] conforme melhor explanaremos no capítulo

---

21. Jacintho Arruda Câmara, *Tarifa nas Concessões*, São Paulo, Malheiros Editores, 2009, p. 72.
22. Idem, pp. 67-68.

seguinte, acerca do planejamento, pois que, ao assim entendermos a política tarifária, impositivo se torna seu adequado planejamento em cada concessão.

Assim pensamos por considerarmos que a política tarifária disciplina como será feita a remuneração do concessionário sem que, contudo, se restrinja ao custeio da prestação adequada do serviço público. Sendo legalmente possíveis diversas formas de remuneração, devem ser ponderadas pelo poder concedente em cada caso, tendo como parâmetro os ônus, deveres e obrigações que incumbirão ao concessionário, a fim de que seja feita a escolha da que melhor se enquadre em cada determinada concessão, não somente em função do alcance da adequada prestação do serviço público, mas levando em conta a necessidade de implementação de política pública.

Concebemos, portanto, a política tarifária como o resultado do exercício da competência conferida por lei ao poder concedente para disciplinar e estabelecer como será feita a remuneração em uma concessão serviço público, por meio de opções políticas resultantes de prévio e adequado planejamento, feitas dentro dos lindes legais e dos princípios jurídicos gerais e especificamente estabelecidos.

Feitas as observações *supra*, abordemos sucintamente as principais diretrizes da política tarifária genericamente prevista nos arts. 9º a 13 do diploma nacional, que versa sobre a concessão comum de serviço público.

Inicialmente, contudo, há que se destacar a matriz desta política, estabelecida no art. 6º, § 1º, da Lei 8.987/1995, que, combinado com seu art. 7º, I, e em respeito aos incisos II, III e IV do parágrafo único do art. 175 da CF,[23] assegura aos usuários o direito à prestação de serviço

---

23. Art. 175, parágrafo único, da CF:
"Art. 175. Incumbe ao Poder Público, na forma da lei, diretamente ou sob regime de concessão ou permissão, sempre através de licitação, a prestação de serviços públicos.
"Parágrafo único. A lei disporá sobre: (...) II – os direitos dos usuários; III – política tarifária; IV – a obrigação de manter o serviço adequado."
Lei 8.987/1995, arts. 6º, § 1º, e 7º, I:
"Art. 6º. Toda concessão ou permissão pressupõe a prestação de serviço adequado ao pleno atendimento dos usuários, conforme estabelecido nesta Lei, nas normas pertinentes e no contrato.

público *adequado* – o que inclui em sua definição a *modicidade de tarifas*, que se torna, então, determinante para o planejamento da política tarifária por qualquer dos entes concedentes.

Ao assim dispor, a lei geral fixa um princípio segundo o qual não podem os usuários ser onerados excessivamente pela cobrança de tarifas, que, nas concessões comuns de serviço público, em geral, consistem no principal ou exclusivo elemento de remuneração do concessionário, diferentemente dos demais contratos administrativos comuns, onde a remuneração é arcada pela Administração Pública.

Ainda, ao assim dispor, assegurando a modicidade das tarifas como um dos elementos componentes do *serviço público adequado*, sem prejuízo da justa remuneração do concessionário, buscou o legislador assegurar a acessibilidade da coletividade à referida prestação, que, por consistir em utilidade ou comodidade material básica, dela necessita. E, assim, deve ter garantido seu acesso, razão pela qual, pela Lei Maior, tal prestação se viu retirada da esfera econômica, onde vigora a livre iniciativa, e incumbida ao Poder Público.

Ambas são situações previstas na Lei Geral, que nela não se excluem mas, antes, são conciliadas, pois, ao mesmo tempo em que prevê a assunção dos riscos empresariais pelo concessionário, garante certas medidas protetivas de sua remuneração.

Por tal razão é que, ao mesmo tempo em que o legislador previu diretrizes da política tarifária protetivas dos usuários, estabeleceu outras que contemplam proteção ao concessionário, que, como já afirmamos, participa desta relação almejando a realização de interesses juridicamente protegidos que resultam no lucro. Este, por sua vez, está contemplado na remuneração do concessionário, que, por sua vez, compõe a equação econômico-financeira do contrato.

Levando em consideração a garantia, constitucionalmente assegurada aos que contratam com o Poder Público, de manutenção desta equação durante todo o período de execução contratual, tal qual inicialmente avençada, foi a mesma garantida na previsão genérica

"§ 1º. Serviço adequado é o que satisfaz as condições de regularidade, continuidade, eficiência, segurança, atualidade, generalidade, cortesia na sua prestação e modicidade das tarifas."

"Art. 7º. Sem prejuízo do disposto na Lei n. 8.078, de 11 de setembro de 1990, são direitos e obrigações dos usuários: I – receber serviço adequado; (...).”

de política tarifária da Lei 8.987/1995, nos §§ 2º, 3º e 4º do seu art. 9º, além do seu art. 10, que prevê sua efetivação, quando necessária, por meio da revisão contratual, a ser abordada nos últimos capítulos do presente.

Nesse sentido ainda, temos a fixação do valor da tarifa, que, enquanto principal elemento da remuneração de uma concessão na generalidade das hipóteses desta espécie de avença – e, portanto, determinante do seu equilíbrio econômico-financeiro –, deve ser fixada de antemão no contrato (art. 23, III, da Lei 8.987/1995), a partir da proposta vencedora da licitação (art. 9º, *caput*, da Lei 8.987/1995) ou pelo próprio poder concedente, conforme os critérios estabelecidos nesse mesmo diploma legal para escolha da proposta vencedora.[24]

Importante diretriz estabelecida pela Lei Geral para a política tarifária das concessões comuns de serviços públicos, e que a torna um instrumento de políticas públicas, como já referido acima, é a possibilidade de utilização de outros meios de remuneração, decorrentes da exploração do serviço concedido, além da cobrança de tarifas dos usuários, bem como, ainda, a possibilidade de tarifas diferenciadas para os usuários.

A primeira possibilidade resulta expressa do art. 11 do diploma legal em questão, pelo qual o poder concedente poderá, em conformi-

---

24. Tais critérios estão no art. 15 da Lei 8.987/1995:
"Art. 15. No julgamento da licitação será considerado um dos seguintes critérios: I – o menor valor da tarifa do serviço público a ser prestado; II – a maior oferta, nos casos de pagamento ao poder concedente pela outorga da concessão; III – a combinação, dois a dois, dos critérios referidos nos incisos I, II e VII; IV – melhor proposta técnica, com preço fixado no edital; V – melhor proposta em razão da combinação dos critérios de menor valor da tarifa do serviço público a ser prestado com o de melhor técnica; VI – melhor proposta em razão da combinação dos critérios de maior oferta pela outorga da concessão com o de melhor técnica; ou VII – melhor oferta de pagamento pela outorga após qualificação de propostas técnicas.
"§ 1º. A aplicação do critério previsto no inciso III só será admitida quando previamente estabelecida no edital de licitação, inclusive com regras e fórmulas precisas para avaliação econômico-financeira.
"§ 2º. Para fins de aplicação do disposto nos incisos IV, V, VI e VII, o edital de licitação conterá parâmetros e exigências para formulação de propostas técnicas.
"§ 3º. O poder concedente recusará propostas manifestamente inexequíveis ou financeiramente incompatíveis com os objetivos da licitação.
"§ 4º. Em igualdade de condições, será dada preferência à proposta apresentada por empresa brasileira."

dade com as peculiaridades de cada serviço concedido, prever no seu edital receitas em favor da concessionária – integrantes, portanto, de sua remuneração – provenientes de outras fontes alternativas, complementares, acessórias ou de projetos associados. Ao assim dispor, buscou o legislador estabelecer mecanismos, a serem avaliados e definidos na política tarifária, viabilizadores da modicidade tarifária que um adequado serviço público exige, por definição legal.

Ressaltamos que, para tanto, prevê ainda a lei em questão mecanismo de subsídio da tarifa pelo poder concedente, depreendido da dicção de seu art. 17, da qual resulta clara tal possibilidade, ao expressar que só não será admitido se não previsto no edital.

Já, a possível cobrança de tarifas diferenciadas entre os usuários visa a implementar política pública de efetivação do princípio jurídico da igualdade, insculpido em nossa Constituição, e se encontra autorizada genericamente no art. 13 da Lei 8.987/1995, conforme mais adiante explanaremos.

Acerca destas formas de remuneração do concessionário, legalmente possíveis e que devem ser suficientes para acobertar todos os encargos assumidos pelo concessionário por força da concessão, bem como das parcelas referentes ao lucro avençado discorreremos nos subitens abaixo, por consistirem nos elementos que necessariamente devem ser considerados para as opções políticas do poder concedente quanto à política tarifária – ponto chave, decisivo, para o êxito da concessão, necessariamente resultante de rigoroso planejamento.

Vale, a propósito, referir o art. 174 da Constituição da República, que, ao determinar ser obrigatório o planejamento para o setor público e indicativo para o setor privado, consagra a supremacia dessa atividade como elemento estruturante de qualquer sociedade.

Ocorre que dentre tais deveres atribuídos ao Poder Público por determinação constitucional encontramos a prestação de serviços públicos, atividade das mais caras ao Estado, pela relevância que assume perante a coletividade, para atendimento de necessidades básicas. Daí interpretarmos que sua execução, direta ou indireta – tal como a execução das demais atividades públicas –, deve resultar, como reza a Lei Maior, de um efetivo planejamento, sobre o qual discorreremos no próximo capítulo.

2.2.1 Obrigações, ônus e deveres

É certo que, como já afirmado *supra*, ao instituir a forma de remuneração de determinada concessão de serviço público, por meio da política tarifária que estabelece, deve o poder concedente considerar, com precisão, todos os encargos que o concessionário assumirá com a outorga.

Isto se faz imprescindível, sob pena de comprometimento da remuneração e, consequentemente, do próprio equilíbrio econômico-financeiro do contrato, que sem isso já nascerá desbalanceado – hipótese que ensejaria, logo de início, revisão para o reequilíbrio, depondo contra a lógica de uma avença que acabara de ser celebrada, evidenciando a falta de cumprimento do dever constitucional de planejamento da política tarifária.

Os encargos a serem assumidos devem ser precisamente levantados quando da preparação de uma outorga de serviço público em concessão. Eles englobam, em nosso entendimento, todos os ônus, deveres e obrigações que sejam detectados como necessários ao menos nesse primeiro momento. Se é certo que no decurso da sua execução, em razão do longo prazo contratual que assume, é possível que surjam novos encargos ao concessionário, também é certo que tal não impede sejam previstos em sua totalidade, desde a outorga, aqueles passíveis de serem assumidos.

Desta forma, serão considerados por meio de revisão somente aqueles que de fato venham a surgir posteriormente, por contingências decorrentes da prestação do serviço no tempo – o que se coaduna com o regime jurídico pátrio estabelecido para as concessões de serviços públicos.

Feitas as correlações acima, esclareceremos acerca das espécies que entendemos como passíveis de compor os encargos do concessionário desde a origem.

Obrigação é relação jurídica bilateral, que sempre tem caráter prestacional e econômico. Na lição de Clóvis Beviláqua:[25]

---

25. Clóvis Beviláqua, *Direito das Obrigações*, 2ª ed., Bahia, Livraria Magalhães, 1910, p. 13, *apud* José Fernando Simão e Luciano Dequech, *Direito Civil*, 5ª ed., São Paulo, Premier Maxima, p. 75.

(...) é a relação transitória de direito que nos constrange a dar, fazer ou não fazer alguma coisa economicamente apreciável, em proveito de alguém que, por ato nosso ou de alguém conosco juridicamente relacionado, ou em virtude da lei, adquiriu o direito de exigir de nós essa ação ou omissão.

O *ônus jurídico* consiste na necessidade de observar determinado comportamento para a obtenção ou conservação de uma vantagem para o próprio sujeito – como, por exemplo, o de registrar imóvel para que sua aquisição valha contra terceiros. Em uma concessão de serviço público podemos citar o condicionamento de cobrança de tarifa somente após obras de melhoria em determinada infraestrutura.

O *dever*, em sentido jurídico, diferentemente da *obrigação* e do *ônus* (que, juridicamente, têm caráter contratual), decorre de prescrição da norma jurídica.

É o comando imposto pelo Direito a todas as pessoas para observarem certa conduta, sob pena de receberem uma sanção pelo não cumprimento. Difere da *obrigação* porque nesta se terá, ao lado do dever jurídico de prestar, um direito à prestação.[26]

"Dever jurídico" é expressão mais ampla que "obrigação", por abranger não somente os deveres decorrentes do contrato, mas os resultantes da lei. Por exemplo, em uma concessão de serviço público, ainda que o contrato não preveja, há que se preservar o meio ambiente, por ser um mandamento constitucional (art. 225), da mesma forma que a prestação de serviço adequado (art. 175, parágrafo único, IV).

2.2.2 Remuneração

A remuneração nas concessões de serviços públicos é um dos elementos necessários à configuração do instituto, vez que, não obstante o caráter público de seu objeto, cuja relevância social não se nega, não há que se olvidar que o concessionário é empresário, que busca, ao exercer determinada atividade pública por outorga do Estado, realizar seus objetivos privados e legítimos, em especial o lucro.

---

26. Maria Helena Diniz, *Direito Civil Brasileiro*, 18ª ed., 2º vol. ("Teoria Geral das Obrigações"), São Paulo, Saraiva, 2003, pp. 29-30.

Nas concessões de serviço público tratadas na Lei nacional 8.987/1995 e denominadas de *comuns* pela Lei das PPPs,[27] objeto de abordagem do presente estudo, não existe contraprestação pecuniária do Poder Público, importando, assim, de modo geral, a remuneração do concessionário pela cobrança de tarifa dos usuários,[28] sem que, contudo, seja exclusivamente por este meio, como vimos antes (reitere-se: receitas provenientes de fontes alternativas, complementares, acessórias ou de projetos associados,[29] além da possibilidade de instituição de subsídio[30] pelo poder concedente, tudo com vistas à modicidade tarifária, assegurada como um direito dos usuários no mesmo diploma legal[31]).

27. Lei 8.987/1995, art. 2º, § 3º: "§ 3º. Não constitui parceria público-privada a *concessão comum*, assim entendida a concessão de serviços públicos ou de obras públicas de que trata a Lei n. 8.987, de 13 de fevereiro de 1995, quando não envolver contraprestação pecuniária do parceiro público ao parceiro privado".
28. Registre-se, por oportuno, que o presente trabalho tem por objeto a *concessão comum de serviço público*, assim denominada pela Lei 11.079/2004, em seu art. 2º, § 3º, que a define como a concessão de serviços públicos ou de obras públicas de que trata a Lei 8.987, de fevereiro/1995, quando não envolver contraprestação pecuniária do parceiro público ao parceiro privado. Este último diploma normativo, por sua vez, exclui expressamente do seu âmbito de aplicação, em seu art. 41, a concessão, a permissão e a autorização para o serviço de radiodifusão sonora e de sons e imagens, prestado peculiarmente sem qualquer cobrança de tarifa dos usuários.
29. Lei 8.987/1995:
"Art. 11. No atendimento às peculiaridades de cada serviço público, poderá o poder concedente prever, em favor da concessionária, no edital de licitação, a possibilidade de outras fontes provenientes de receitas alternativas, complementares, acessórias ou de projetos associados, com ou sem exclusividade, com vistas a favorecer a modicidade das tarifas, observado o disposto no art. 17 desta Lei.
"Parágrafo único. As fontes de receita previstas neste artigo serão obrigatoriamente consideradas para a aferição do inicial equilíbrio econômico-financeiro do contrato."
30. Lei 8.987/1995:
"Art. 17. Considerar-se-á desclassificada a proposta que, para sua viabilização, necessite de vantagens ou subsídios que não estejam previamente autorizados em lei e à disposição de todos os concorrentes.
"§ 1º. Considerar-se-á, também, desclassificada a proposta de entidade estatal alheia à esfera político-administrativa do poder concedente que, para sua viabilização, necessite de vantagens ou subsídios do Poder Público controlador da referida entidade.
"§ 2º. Inclui-se nas vantagens ou subsídios de que trata este artigo qualquer tipo de tratamento tributário diferenciado, ainda que em consequência da natureza jurídica do licitante, que comprometa a isonomia fiscal que deve prevalecer entre todos os concorrentes."
31. Art. 7º, I, combinado com o art. 6º, § 1º, da Lei 8.987/1995.

Destarte, do regime jurídico das concessões comuns de serviço público podemos extrair como formas de remuneração as seguintes: (a) remuneração advinda somente das tarifas cobradas dos usuários; (b) remuneração por tarifas conjugadas com receitas complementares, acessórias ou projetos associados; (c) remuneração por tarifas com subsídio estatal; (d) remuneração por tarifas combinada com receitas complementares ou acessórias ou provenientes de projetos associados e com subsídio estatal; (e) remuneração mediante receita alternativa.

Antes de cuidarmos das formas de remuneração previstas na legislação de regência para as concessões comuns de serviço público, teceremos, ainda, algumas breves considerações acerca da sua remuneração em si.

A primeira delas é que a forma pela qual se dá a remuneração de uma concessão comum de serviço público resulta da política tarifária definida para a mesma, enquanto escolha resultante de um conjunto de estudos previamente realizados no cumprimento do dever constitucional de planejamento.

A remuneração de uma concessão específica é de fundamental valia para garantir a prestação do *serviço adequado*, tal qual legalmente assegurado, por dela dependerem quase todos os elementos que compõem esta definição – como, por exemplo, regularidade, generalidade, atualidade, continuidade e eficiência.

Em função de tais elementos e de outros fatores decorrentes de garantias asseguradas por nosso ordenamento jurídico – como, por exemplo, o direito à vida, à saúde e o direito à igualdade, que ensejam universalização dos serviços públicos –, sua remuneração é abarcada por um contexto maior, qual seja, o da política tarifária, pela qual deve o Poder Público ponderar e contemplar todos os fatores especificamente envolvidos, razão pela qual consiste em verdadeiro instrumento de ação estatal, de realização de políticas públicas.

2.3 Tarifa

A remuneração nas concessões comuns de serviço público dá-se pela exploração deste, em geral, pela cobrança de tarifa de seus usuários – o que significa que, embora não seja a única forma cogitável de remuneração nesses contratos, sem a menor sombra de dúvida, quando cabível, é a principal dentro de um universo que poderá, ainda, conter, como remuneração a ser obtida, as receitas provenientes de outras fontes, conforme explanado no item acima.

A tarifa constitui, em regra, portanto, instrumento vital para o êxito das denominadas concessões comuns de serviços públicos, que pode ser combinado com outras formas legais de remuneração, conforme definido pela política tarifária elaborada pelo poder concedente, atrelada legalmente à obtenção da modicidade tarifária, tudo isso a necessariamente resultar de sólidos estudos de planejamento, sob pena de não ser atingido este dever legal. Daí a essencialidade do planejamento para a validade das referidas concessões, que buscamos demonstrar no presente estudo.

Em virtude de entendermos, quanto à natureza jurídica da concessão, ser a mesma composta de parte regulamentar e parte contratual, certo é que a tarifa integra o núcleo de cláusulas regulamentares, pois, ao ser paga pelos usuários, foge à parte contratual da relação jurídica travada entre poder concedente e concessionário, ao mesmo tempo em que assume importância vital na concessão, pois, por força de lei, deve ser módica, a fim de garantir o acesso a esse direito da coletividade que é a prestação de serviço público.

A tarifa integra, assim, as políticas públicas, devendo, portanto, quando utilizada, ser regulada pelo poder concedente titular constitucional desses serviços, como o mais importante elemento da equação econômico-financeira e motivo maior da participação do concessionário no ajuste.

Por fim, cumpre-nos mencionar que, pelo nosso entendimento acerca de ter a tarifa natureza regulamentar na concessão, afigura-se-nos possível a alteração unilateral pelo poder concedente do índice ou fórmula de reajuste constante do contrato de concessão de serviço público durante sua execução, fundada em motivos ou necessidades cuja percepção e avaliação só puderam ocorrer no curso daquela.

2.3.1 Tarifa diferenciada

Quando o poder concedente opta por conceder a prestação de serviços públicos a particulares, que em seu nome a executarão para os usuários, remunerando-se pela própria exploração sob risco, o raciocínio que se faz, por uma questão de lógica econômica, é o de que o custeio desta prestação se dará internamente, isto é, será dividido integralmente entre os referidos usuários, na medida de seu consumo individual, de modo que não onere aqueles que dela não usufruam (em contraposição às outras atividades estatais – que podem até incluir serviços públicos – prestadas diretamente pelo Estado sem custo para o usuário, cujo custeio é arcado pelas receitas gerais advindas dos tributos arrecadados ou de outras fontes de custeio público).

Apesar da lógica, sob o ponto de vista econômico, fato é que, no bojo do planejamento da política tarifária de uma concessão de serviço público, pode o poder concedente constatar a necessidade de diferenciação de tarifas, a fim de atender a princípios e garantias juridicamente estabelecidos.

Tais fatores, exatamente por consistirem em princípios e garantias assegurados constitucional ou legalmente, justificam a elaboração de uma política tarifária diferenciada.

O entendimento de que o custeio da atividade seja repartido somente entre aqueles que efetivamente dela se beneficiem, e na medida em que o fazem, embora sob o prisma econômico seja uma das premissas a fundamentar a opção do Poder Público pela prestação indireta de serviço público por meio de sua concessão a particulares, nem sempre é a viável sob o prisma jurídico. Ditames outros estabelecidos pelo ordenamento jurídico – como os de igualdade, modicidade, solidariedade, justiça social, dentre outros – impedem que se afirme como vedada a cobrança de tarifas diferenciadas entre usuários de serviços públicos. É o que reconhece o art. 13 da Lei Geral de Concessões.

O supracitado artigo, ao permitir diferenciações tarifárias, o fez em função das "características técnicas e dos custos específicos provenientes do atendimento aos distintos segmentos de usuários", numa clara alusão à efetivação do *princípio da igualdade* insculpido no art. 5º de nossa Constituição republicana.

Assim, a autorização legal genérica para diferenciação tarifária trouxe as hipóteses de cunho técnico e econômico, acima expressas no texto legal: características técnicas ou custos específicos diferenciados entre segmentos de usuários. A diferenciação tarifária poderá, ainda, ser objeto de tratamento específico na legislação instituidora da política tarifária de competência do ente titular do serviço público, tendo em vista o princípio da isonomia.

Este princípio, como sabemos, preceitua que os iguais sejam igualitariamente tratados, e os desiguais tratados diferenciadamente, a fim de serem equalizadas as diferenças existentes. Isso é que autoriza tratamento jurídico diversificado, fundado em critérios ou fatores (discrímenes) do mundo fático, residentes na pessoa, coisa ou situação a ser discriminada, que guardem a necessária correlação com o referido tratamento e consonância com os valores consagrados pela Constituição da República, não ensejando diferenciações arbitrárias.

Nesse sentido a lição de Celso Antônio Bandeira de Mello[32] acerca da validade de um discrímen, para a qual devem concorrer quatro elementos:

> (a) que a desequiparação não atinja de modo atual e absoluto um só indivíduo; (b) que as situações ou pessoas desequiparadas pela regra de Direito sejam efetivamente distintas entre si, vale dizer, possuam características, traços, *nelas residentes*, diferenciados; (c) que exista, em abstrato, uma correlação lógica entre os fatores diferenciais existentes e a distinção de regime jurídico em função deles, estabelecida pela norma jurídica; (d) que, *in concreto*, o vínculo de correlação suprarreferido seja pertinente em função dos interesses constitucionalmente protegidos, isto é, resulte em diferenciação de tratamento jurídico fundada em razão valiosa – ao lume do texto constitucional – para o bem público.

Como o princípio da igualdade se aplica a toda a atividade administrativa, inclusive a prestação de serviços públicos – eis que a dicção do art. 5º da CF reflete ainda no *caput* do seu art. 37, que expressamente consigna o *princípio da impessoalidade* como de obrigatória observância pela Administração Pública –, as observações acima são válidas para as hipóteses em que o poder concedente instituir diferenciação tarifária, razão pela qual a política tarifária, que a institui, deve advir de planejamento rigoroso.

Como exemplo de diferenciação por características técnicas temos o fornecimento de água, que para certas regiões do Município pode envolver custos muito mais elevados que para outras. Por característi-

---

32. Celso Antônio Bandeira de Mello, *O Conteúdo Jurídico do Princípio da Igualdade*, 3ª ed., 21ª tir., São Paulo, Malheiros Editores, 2012, p. 41.

cas relacionadas à atividade ou à situação pessoal do usuário temos o exemplo da prestação de serviço de energia elétrica, em que se pode diferenciar os casos de consumo para fins empresariais (pois o custo da energia fornecida para uma fábrica é integrado no custo do produto, diferentemente da energia elétrica consumida para fins residenciais.[33]

Ainda como exemplo significativo de diferenciação de tarifas temos a denominada *tarifa social*, que consiste em um "preço político oferecido a determinadas classes de usuários cuja situação socioeconômica seja impeditiva ou restritiva do acesso ao serviço público" – ou seja: é preço artificialmente fixado (por não se basear exclusivamente nos custos de produção do serviço), com o objetivo de permitir que a gama de usuários de menor poder aquisitivo tenha acesso ao serviço público de uso generalizado pela sociedade, como usualmente ocorre com os serviços de abastecimento de água e fornecimento de energia elétrica (e é incomum nos de manutenção de rodovias de uso mais restrito[34]).

A tarifa social, enquanto tarifa diferenciada, consiste em um mecanismo de política pública que permite o acesso ao serviço público aos usuários de baixa renda, por meio da fixação de tarifas mais baixas, cujos critérios devem ser previamente estudados, a fim de se efetivar a norma jurídica que a fundamenta – qual seja, o princípio da igualdade.

Como já dissemos anteriormente, por força deste princípio, impõe-se tratamento isonômico entre os iguais e desigual entre os desiguais, sob pena de perecimento do mesmo se levado a efeito sempre de maneira absoluta.

Podemos, ainda, exemplificar a diferenciação de tarifas cobradas dos usuários como um meio de "racionalização e contenção do uso do serviço público",[35] cuja utilização indiscriminada pode comprometer sua continuidade, e por isso se sujeita a uma política de racionalização do uso ou de contenção da demanda de usuários pelo poder concedente. Para tanto, a política tarifária poderá estabelecer aumento da tarifa

---

33. Marçal Justen Filho, *Teoria Geral das Concessões de Serviços Públicos*, São Paulo, Dialética, 2003, p. 375.
34. Fernando Vernalha Guimarães, "O custeio do serviço público: a concessão patrocinada como via à implementação de tarifas sociais", *Revista de Direito Público da Economia/RDPE* 25/124-125, Belo Horizonte, janeiro-março/2009.
35. Jacintho de Arruda Câmara, *Tarifa nas Concessões*, cit., p. 83.

por faixas de consumo ou desconto pela redução de consumo. Pode ocorrer tal situação com os serviços de abastecimento de água e energia elétrica, por exemplo.

Como medidas dessa natureza podem importar desequilíbrio econômico-financeiro, seja pela queda significativa de consumo ou pelos aumentos de ganho da concessionária em função do aumento da tarifa (configurando enriquecimento sem causa), devem elas, sempre que possível, ser consideradas na fase de planejamento da concessão, a fim de evitar distorções futuras, ensejadoras de revisão contratual, muitas vezes desnecessária, porque resultante de falta de planejamento adequado.

Devemos ressaltar, contudo, que, ao prever a possibilidade de diferenciações tarifárias nas hipóteses constantes do art. 13, fixou a Lei 8.987/1995 uma diretriz genérica da política tarifária, sem, contudo, restringir o campo de atuação do ente titular do serviço público ao fixar, por meio de lei, a política tarifária específica de determinado serviço público (quando poderá, ainda, estabelecer outras tarifas diferenciadas a fim de atender a valores constitucionalmente consagrados, como trabalho, cultura, educação, proteção ao idoso e ao emprego, sem que isto ofenda o princípio da igualdade, desde que efetivamente exista a correlação entre a diferenciação tarifária e o valor juridicamente protegido).

Ressaltamos, por fim, novamente, que por ocasião da fixação da política tarifária devem ser estabelecidas todas as diferenciações de tarifa juridicamente cabíveis, necessárias e possíveis de serem previstas de antemão na fase de planejamento, a fim de serem contempladas adequadamente no equilíbrio econômico-financeiro inicial. Nas hipóteses em que a referida diferenciação ocorra no curso da execução da concessão de serviço público, deverá ser efetuada a revisão contratual, para reequilíbrio da equação econômico-financeira, se a própria lei não contiver a previsão de seu custeio, conforme dispõe o art. 35 da Lei 9.074/1995:

> Art. 35. A estipulação de novos benefícios tarifários pelo poder concedente fica condicionada à previsão, em lei, da origem dos recursos ou da simultânea revisão da estrutura tarifária do concessionário ou permissionário, de forma a preservar o equilíbrio econômico-financeiro do contrato.

Parágrafo único. A concessão de qualquer benefício tarifário somente poderá ser atribuída a uma classe ou coletividade de usuários dos serviços, vedado, sob qualquer pretexto, o benefício singular.

2.3.2 Novos benefícios tarifários

Entendemos consistirem os novos benefícios tarifários, previstos no art. 35 da Lei 9.074/1995, na isenção de tarifas para segmentos de usuários ou na diferenciação de tarifas para segmento ou totalidade dos usuários de determinado serviço público – medidas, essas, advindas de lei, impostas durante a execução de sua concessão.

Na primeira hipótese podemos exemplificar com o art. 230, § 2º, da Constituição da República, repetido no art. 39 da Lei 10.741/2003 (Estatuto do Idoso), que conferem gratuidade aos maiores de 65 anos nos transportes coletivos urbanos; além de outras isenções advindas de lei, que igualmente implementam valores constitucionalmente consagrados, por meio de políticas públicas.

Na segunda hipótese temos a diferenciação de tarifas para segmentos quando, por exemplo, a lei concede desconto de 50% na tarifa de transporte coletivo urbano aos estudantes, como forma de incentivar a educação (art. 205 da CF); e, ainda, para a totalidade dos usuários quando, por exemplo, efetua reajuste tarifário em índice inferior à elevação dos custos da prestação do serviço em determinado período, por força de elevação, significativa e súbita, dos patamares de inflação.

Nunca é demais lembrarmos que toda e qualquer hipótese de benefício tarifário, para ser válida, deve guardar correlação com a isonomia, como expressamente repisa o parágrafo único do art. 35 da Lei 9.074/1995, pois, como dissemos acima, toda e qualquer diferenciação deve embasar-se em valores constitucionalmente assegurados, sendo, assim, vedadas pelo ordenamento jurídico brasileiro condutas populistas de concessão de novos benefícios tarifários sem nexo com o interesse público.

Por outro lado, ainda que juridicamente válida, a criação de novo benefício tarifário no curso da concessão gera desequilíbrio na equação econômico-financeira inicialmente avençada, impondo sua recomposição, por força de consistir em garantia constitucionalmente assegurada – cuja previsão é reforçada no art. 35 da Lei 9.074/1995, transcrito *supra* –, implicando revisão contratual para elevação das tarifas para os demais usuários, configurando o denominado *subsídio cruzado*; ou para instituição de *subsídio* pelo poder concedente que arque com essa diferença ou isenção, de modo que toda a coletividade assuma essa parcela. Sobre *subsídio* discorreremos ainda neste capítulo, e sobre *revisão* nos Capítulos 4, 5 e 6.

2.4 Fontes alternativas

No âmbito da política tarifária, vimos que uma de suas diretrizes consiste na possibilidade legalmente estatuída (art. 11 da Lei 8.987/1995) de utilização de outras fontes de receita além da tarifa, advindas da exploração do serviço público, na medida em que isto se verifique possível no caso concreto de uma concessão, visando a minorar o valor das tarifas cobradas dos usuários. Esta previsão busca, assim, realizar outra diretriz da referida política, que é a *modicidade tarifária*.

Destarte, além da tarifa, toda e qualquer fonte de receita detectada, no curso do planejamento de uma concessão de serviço público, como passível de ser auferida pelo concessionário deverá ser considerada na equação econômico-financeira para diminuir o valor da tarifa – o que só vem a confirmar a importância deste princípio constitucional nesta forma de prestação de serviço público.

Ocorre, contudo, que a doutrina vem tratando essas fontes legalmente elencadas como sinônimas, e por isso mesmo sem defini-las, diferenciando-as, mas, geralmente, limitando-se a dar exemplos.[36]

36. "Exemplificamos, como fontes de receitas alternativas, complementares ou acessórias, a possibilidade de exploração de publicidade em ônibus, a de bares e restaurantes em estradas etc." (João Carlos Lopes de Souza, "Política tarifária e encargos do poder concedente", in Odete Medauar (coord.), *Concessão de Serviço Público*, São Paulo, Ed. RT, 1995, p. 103).
Carmen Lúcia Antunes Rocha, ao mencioná-las em sua obra intitulada *Estudo sobre Concessão e Permissão de Serviço Público no Direito Brasileiro* (cit., São Paulo, Saraiva, 1996), remete sua exemplificação à lição de Antônio Carlos Cintra do Amaral, que assim preleciona: "Note-se que receitas alternativas, complementares ou acessórias são, por exemplo, as decorrentes, em uma rodovia concedida, da exploração por terceiros de restaurantes, postos de abastecimento de combustível e outras iniciativas paralelas. Em um aeroporto, restaurantes, hotéis, lojas, guichês de locação de veículos etc." (*Concessão de Serviço Público*, cit., 2ª ed., p. 51).

Entendemos, contudo, que *fontes alternativas* diferem de *fontes complementares ou acessórias de receitas*,[37] porque representam – como a própria denominação diz – matriz alternativa à tarifa no custeio do serviço público, ou seja:[38]

> Ao admitir a estipulação de receitas alternativas à cobrança de contraprestação dos usuários como forma de remuneração do concessionário, abriu-se a oportunidade de o Poder Público, ao conceder determinado serviço público, substituir a tarifa por outro meio de remuneração em favor do concessionário. (...).

No mesmo sentido o entendimento de Marçal Justen Filho[39] ao afirmar que:

> Fontes de receita *alternativas* são as relacionadas com a exploração alternativa, do ponto de vista econômico, do objeto da concessão. Não importam o desenvolvimento de outras utilidades ao público, nem a ampliação propriamente dita do objeto da concessão. Mantido o mesmo objeto, aproveitam-se as oportunidades no desempenho do serviço público para obtenção de receitas que substituem as tarifas. A receita é alternativa para a remuneração do concessionário. Assim, ao invés de cobrar tarifa, desenvolverá atividades que propiciarão sua satisfação.

Celso Antônio Bandeira de Mello, em seu *Curso de Direito Administrativo* (29ª ed., São Paulo, Malheiros Editores, 2012, pp. 753-754), ao tratar do tema, usa a denominação "fontes paralelas (alternativas, complementares) de receita do concessionário", para questionar e responder: "Que fontes de receitas paralelas seriam estas? As hipóteses são variadas, mas, para exemplificar, poder-se-ia prever o direito de exploração de áreas do subsolo ou contíguas à obra pública (para a instalação de *shopping centers*, supermercados, postos de gasolina, estacionamento de automóveis, galerias, lojas, etc.)".

37. Tratamos as fontes alternativas diferentemente das acessórias ou complementares, em dissonância com o tratamento de similaridade quase unânime conferido pela doutrina nacional, conforme as lições acima expostas de alguns autores, como, por exemplo, ainda, Fernando Vernalha Guimarães para quem: "A *complementação de receita remuneratória do concessionário por fontes alternativas* tem o propósito de assegurar a modicidade tarifária, absorvendo em favor da redução no preço das tarifas todas as oportunidades lucrativas vinculadas à exploração do serviço público na concessão" ("As receitas alternativas nas concessões de serviços públicos no Direito Brasileiro", *RDPE* 21/122, Belo Horizonte, Fórum, janeiro-março/2008 – grifos nossos).

38. Dinorá Adelaide Musetti Grotti, "A experiência brasileira nas concessões de serviço público", in Carlos Ari Sundfeld (coord.), *Parcerias Público-Privadas*, 2ª ed., São Paulo, Malheiros Editores, 2011, p. 210.

39. Marçal Justen Filho, *Teoria Geral das Concessões de Serviço Público*, cit., p. 373.

Importa destacar que o fato de consistirem as fontes alternativas, a nosso ver, em possibilidade de custeio integral do serviço prestado mediante receitas outras que não aquelas advindas da cobrança de tarifa, quando isto se afigurar possível – como a exploração econômica de publicidade em espaços inerentes à própria prestação do serviço (espaços físicos em ônibus ou intervalos comerciais na radiodifusão de sons e imagens, por exemplo) –, não descaracteriza a concessão de serviço público desde que proveniente da própria exploração do serviço, por consistir em forma de assegurar a universalização do serviço aos usuários, inclusive pelo acesso gratuito quando, na busca pela modicidade tarifária, se constatar esta possibilidade.[40]

Assim, não vislumbramos juridicamente possível que, sob o rótulo de *receita alternativa* à cobrança de tarifa do usuário de serviço público, a remuneração do concessionário se desvincule da exploração do serviço, de modo a que venha o Poder Público a arcar integralmente com a prestação, isentando o concessionário de riscos – o que, em nosso entendimento, descaracterizaria tal relação enquanto concessão de serviço público.[41]

2.5 Fontes complementares ou acessórias

Como já dito acima, embora geralmente seja a tarifa o principal instrumento de remuneração do concessionário de serviço público, nem sempre é o único, pois tudo fica na dependência de opções feitas pelo poder concedente ao definir, por lei, a política tarifária.

---

40. Nesse sentido, antes mesmo do advento da Lei 8.987/1995, que previu as *fontes alternativas* às concessões de serviços públicos, Celso Antônio Bandeira de Mello já prelecionava sobre tal possibilidade em relação à exploração de obra pública que não seria remunerada nem pela contraprestação paga pelo Poder Público, como nos contratos administrativos de obra, nem pelas tarifas pagas a título de exploração da obra, no caso de concessão de obra pública, em artigo intitulado "Obra pública a custo zero (instrumentos jurídicos para a realização de obras públicas a custo financeiro zero)", publicado na *RTDP* 3/32-41, São Paulo, Malheiros Editores, 1993.

41. É o caso do contrato de prestação de serviço de coleta de lixo celebrado pelo Município de São Paulo em 2002, com prazo de duração e denominação de concessão de serviço público, no qual o ente referido paga ao contratado, configurando, assim, mero contrato de prestação de serviço, em que pese ao rótulo de "concessão"; ou, ainda, a hipótese de *concessão administrativa*, prevista no art. 2º, § 2º, da Lei 11.079/2004.

Daí a remuneração por fontes complementares ou acessórias, que, como os projetos associados, visam a contribuir para a modicidade tarifária garantida legalmente aos usuários, por efetivar princípios constitucionais.

Desta previsão de fontes de receita paralelas à concessão de serviço público decorre a possibilidade de exploração econômica de certas atividades conexas ao serviço público como forma de minorar as tarifas, ao permitir ao concessionário o custeio da prestação do serviço público por outros meios além da cobrança de tarifas dos usuários.

Há, assim, quando isto for possível, uma correlação entre a exploração de certas atividades econômicas e a prestação de determinado serviço público, a fim de reduzir o valor da tarifa cobrada dos usuários e realizar o direito destes à modicidade tarifária.

A suposta restrição que existiria à livre iniciativa na exploração das atividades econômicas conexas ao serviço público pelo concessionário, em detrimento dos demais particulares (que, em tese, estariam aptos à mesma exploração), justifica-se duplamente sob o prisma jurídico: primeiro, o lucro auferido não seria em benefício do concessionário, mas do usuário, na medida em que está irremediavelmente atrelado ao favorecimento da modicidade da tarifa que lhe é cobrada; segundo, porque, ao guardar conexão com o serviço público – normalmente ensejando a utilização da infraestrutura ou de bens afetados à sua exploração –, estas atividades, que geram fontes complementares ou acessórias, acabam por ser passíveis de desempenho pelo concessionário mesmo.

Diversas são as atividades possíveis decorrentes das peculiaridades de um serviço público que, quando concedido, podem ser exploradas e funcionar como fontes de receitas complementares ou acessórias às demais obtidas por meio das tarifas cobradas dos usuários, como, por exemplo, a utilização de bens aplicados à concessão para publicidade remunerada de empresas privadas ou para funcionamento de empreendimentos comerciais, como postos de gasolina, restaurantes, lojas, dentre outros.

2.6 Projetos associados

A associação de projetos empresariais à concessão consiste em um dos instrumentos da política tarifária legalmente previstos, juntamente com as fontes supramencionadas, para favorecer a modicidade tarifária, porém diferindo daquelas por não guardar relação direta com o objeto da concessão – como, por exemplo, a exploração de atividade turística ou de navegação em uma eclusa.[42]

No dizer de Marçal Justen Filho,[43] a ideia de projetos associados pode conduzir à implantação de estruturas empresariais amplas e complexas, por importar a inserção do objeto da concessão no âmbito de uma pluralidade de empreendimentos, a fim de que os resultados econômicos globais sejam multiplicados. Nessa medida, a concessão passaria a ser um dos polos da atividade, desenvolvida conjuntamente com outras atividades de cunho econômico, que com ela se inter-relacionariam. Daí falar a lei em "associação", pela associação de empreendimentos. Cita como exemplo a construção do "Metrô" de Madri, cujas despesas de implantação foram arcadas pela iniciativa privada, sem custos para o Estado, em troca da outorga de direitos de exploração das áreas adjacentes após a conclusão das obras.

2.7 Subsídios

Embora a concessão de serviço público tenha como elemento fundamental a obtenção de remuneração do concessionário pela exploração do serviço – o que geralmente se dá pela cobrança de tarifas dos usuários, com base na regra de que estes, a quem o serviço interessa de imediato, o custeiem –, isso não impede o eventual auxílio do Estado em caso de inviabilidade de custeio integral de alguns serviços somente pela cobrança de tarifas, ou destas combinadas com as possíveis fontes paralelas de receitas.

Da mesma forma, poderá haver subsídio estatal pela existência de tarifas diferenciadas na outorga da concessão ou criação de novos benefícios tarifários no seu curso, como meio de compor ou, respectivamente, recompor a equação econômico-financeira da avença, sem impactar na tarifa dos usuários, se isto restar justificado pela preservação da modicidade tarifária ou, ainda, como medida de política pú-

---

42. Antônio Carlos Cintra do Amaral, *Concessão de Serviço Público*, cit., 2ª ed., p. 51.
43. Marçal Justen Filho, *Teoria Geral das Concessões de Serviço Público*, cit., p. 373.

blica fundada em valores constitucionalmente assegurados que justifiquem as diferenciações de tratamento.

A doutrina brasileira, historicamente, também tem admitido esse tipo de subvenção ao custeio do serviço público concedido, visando à modicidade das tarifas e à consequente universalização do serviço. A título ilustrativo, transcrevemos a lição de Oswaldo Aranha Bandeira de Mello:[44]

> Às vezes, (...), pelo fato de ser muito elevado o custeio do serviço, não é possível mantê-lo exclusivamente com o rendimento auferido dos usuários pelo pagamento de tarifas, a menos sejam estas estabelecidas em padrão muito alto, acima das possibilidades da maioria deles. Como se trata de serviço cuja organização e funcionamento se impõem por razões de política administrativa, então, o Poder Público, mediante privilégios financeiros, conferidos ao concessionário, contribui para o seu custeio, com as rendas obtidas dos impostos gerais, assegurando, assim, recursos econômicos à empresa, por meio de subvenções ou adiantamentos reembolsáveis, e, ainda, a exonera, parcial ou totalmente, da responsabilidade de isenções fiscais. São privilégios financeiros positivos e negativos reconhecíveis ao concessionário.

E, ainda, a de Caio Tácito:[45]

> As tarifas como expressão dos preços de fornecimento são fonte primária e principal do custeio do serviço permitido ou concedido (...).
>
> Todavia, não é estranho ao regime das concessões a existência de outras vantagens subsidiárias que possam fortalecer o equilíbrio financeiro dos contratos administrativos.

Além do subsídio estatal, é possível também – se não restar vedado por lei – que na política tarifária seja contemplado o chamado *subsídio cruzado*, consistente no repasse de recursos obtidos pela cobrança de tarifas mais altas de segmentos de usuários para outros, a fim de que estes paguem tarifas mais baixas. Esta modalidade de sub-

---

44. Oswaldo Aranha Bandeira de Mello, "Aspecto jurídico-administrativo da concessão de serviço público", *RDA – Seleção Histórica*, Rio de Janeiro, Renovar, 1991, p. 208.

45. Caio Tácito, "Subsídio tarifário em permissão de transporte coletivo", parecer emitido em 6.6.1995, in *Temas de Direito Público*, vol. II, Rio de Janeiro, Renovar, 1997, p. 1.666.

sídio é comumente utilizada, por exemplo, nos serviços de transporte coletivo de passageiros, em que o valor da tarifa é igual para todos os seus usuários, sendo certo que o custo é diferenciado entre eles, pois alguns o utilizam para distâncias muito maiores que outros.

No subsídio cruzado uma parcela dos usuários acaba custeando as tarifas mais baixas de outro segmento de usuários, o que se insere na lógica de que somente os usuários daquele determinado serviço arquem com seu custeio; ao passo em que, no subsídio estatal a coletividade é que arca com parte do custeio, ainda que nem todos os seus membros sejam usuários do referido serviço.

A legitimidade da possibilidade de subsídio em concessão está consagrada na Lei Geral de Concessões, quando expressamente assegura o direito dos usuários ao serviço público adequado (que se caracteriza, dentre outros princípios, pelo da *modicidade tarifária*), podendo ainda ser inferida da redação do seu art. 17:

> Art. 17. Considerar-se-á desclassificada a proposta que, para sua viabilização, necessite de vantagens ou subsídios que não estejam previamente autorizados em lei e à disposição de todos os concorrentes.
>
> § 1º. Considerar-se-á, também, desclassificada a proposta de entidade estatal alheia à esfera político-administrativa do poder concedente que, para sua viabilização, necessite de vantagens ou subsídios do Poder Público controlador da referida entidade.
>
> § 2º. Inclui-se nas vantagens ou subsídios de que trata este artigo qualquer tipo de tratamento tributário diferenciado, ainda que em consequência da natureza jurídica do licitante, que comprometa a isonomia fiscal que deve prevalecer entre todos os concorrentes.

Destarte, vemos que o subsídio não desnatura uma concessão de serviço público, como em princípio pode parecer, desde que sua utilização seja adotada com cautela, pois justificada somente quando se impuser no caso concreto como medida necessária à universalização e à modicidade tarifária nos casos de custo muito elevado da atividade ou de contemplação de diferenciações de segmentos em consonância com valores constitucionais – o que evidencia plenamente, mais uma vez, a importância do seu planejamento, inclusive da política tarifária.

Ademais, desnecessário repisar que o subsídio implica a possibilidade de a remuneração do concessionário ser parcialmente complementada, e não o integral custeio do serviço público concedido, pois aí não há risco, nem concessão.

2.8 Prazo da concessão

Consiste o prazo da concessão de serviço público em elemento determinante da remuneração do concessionário – inclusive da tarifa a ser cobrada dos usuários, que a integra –, pois é em função dele que se dará a amortização dos investimentos. E, bem por isso, não deve ser superior nem, tampouco, inferior ao prazo necessário para tanto, considerando a equação econômico-financeira do contrato em sua totalidade. Segundo Antônio Carlos Cintra do Amaral, deve ser estabelecido em função desta equação, que é composta de "custos, mais lucro, mais amortização de investimentos, menos receitas alternativas e acessórias".[46]

A Lei Geral de Concessões, apesar de exigir – como deve ser com os contratos administrativos em geral – seja seu prazo determinado, por força da dicção do seu art. 18, I[47] (que exige conste do edital o *prazo da concessão*), não lhe determina período máximo. Nem por isso torna-se cabível a aplicação do art. 57[48] da Lei 8.666/1993, que limita os contratos de que trata à vigência dos créditos orçamentários e determina prazo máximo de 60 meses aos que têm por objeto serviços prestados continuamente, pois, além de configurarem objeto diferente, as concessões de serviço público não dependem dos referidos créditos.

---

46. Antônio Carlos Cintra do Amaral, *Concessão de Serviço Público*, cit., 2ª ed., p. 86.
47. "Art. 18. O edital de licitação será elaborado pelo poder concedente, observados, no que couber, os critérios e as normas gerais da legislação própria sobre licitações e contratos e conterá, especialmente: I – o objeto, metas e prazo da concessão; (...)".
48. "Art. 57. A duração dos contratos regidos por esta Lei ficará adstrita à vigência dos respectivos créditos orçamentários, exceto quanto aos relativos: I – aos projetos cujos produtos estejam contemplados nas metas estabelecidas no Plano Plurianual, os quais poderão ser prorrogados se houver interesse da Administração e desde que isso tenha sido previsto no ato convocatório; II – à prestação de serviços a serem executados de forma contínua, que poderão ter a sua duração prorrogada por iguais e sucessivos períodos com vistas à obtenção de preços e condições mais vantajosas para a Administração, limitada a 60 (sessenta) meses; (...)".

Deste modo, entendemos deva ser *suficiente* o prazo na concessão de serviço público, levando em conta que deve ser *módica* a *tarifa dos usuários* e *justa* a *remuneração do concessionário*, considerando a obtenção de um *serviço adequado*. Razão pela qual a determinação do prazo de uma concessão de serviços públicos é diretamente vinculada à *equação econômico-financeira* do contrato, e deve ser pensada e estabelecida em função da mesma, de forma a viabilizar a execução da avença – o que pressupõe seu prévio e minucioso planejamento.

Voltaremos ao tema no Capítulo 3.

Capítulo 3
O PLANEJAMENTO DA ATRIBUIÇÃO DOS ENCARGOS DO CONCESSIONÁRIO

3.1 Planejamento e sua relevância. 3.2 Planejamento da política tarifária. 3.3 Planejamento da "prestação adequada do serviço público". 3.4 Planejamento do prazo. 3.5 Planejamento da equação econômico-financeira.

3.1 Planejamento e sua relevância

Pensar que a definição legal do art. 2º, II, da Lei federal 8.987/1995, ao falar em "por conta e risco" do concessionário, permite inferir que o poder concedente possa eximir-se de rigorosa análise prévia importaria ferir o princípio constitucional do planejamento bem como o princípio da finalidade, vez que as concessões de serviços públicos se destinam à realização do interesse público, razão pela qual devem ser planejadas de forma mais ampla possível pela Administração Pública.

Invocando referida expressão, não poderia, por absolutamente incompatível com o regime constitucional e legal, a Administração deixar de realizar todos os levantamentos técnicos necessários à realização da concessão, impondo tal ônus ao particular.

Ao adotar a postura acima referida, o Poder Público potencializa sobremaneira os riscos de uma concessão de serviços públicos, na medida em que: (a) aumenta a possibilidade de uma licitação inválida, em razão de dificultar a formulação de propostas idôneas, e, consequentemente, reduz o número de participantes; e (b) pode ensejar uma concessão frustrada, configurando atuação – na adequada expressão de Marçal Justen Filho – "contra o interesse público", pois "o insucesso da licitação ou da concessão representa enorme prejuízo para o interesse público", uma vez que, ainda na lição do Mestre referido:[1]

A função imposta à Administração exclui a possibilidade de reputar-se que o êxito do delegatário é uma questão puramente privada. Não é possível supor que, porque o concessionário exerce o serviço público por conta e risco próprios, seria irrelevante o sucesso ou o insucesso de sua atuação. Isso seria desnaturar o serviço publico e transformá-lo em negócio privado.

A falta ou a insuficiência de planejamento conduz à probabilidade de ocorrência de número elevado de revisões contratuais indevidas, na medida em que ocorrem imprecisões e o surgimento de diversas situações passíveis de ensejar o necessário reequilíbrio econômico-financeiro.

De um modo geral, o planejamento permeia a atividade humana, pois visamos sempre a objetivos determinados, para os quais empregamos meios racionais de alcance. Planejar é isso: estabelecer metas e eleger os meios que serão utilizados para que elas sejam atingidas. Diferente do *planejamento*, que consiste numa atividade, o *plano* consiste no resultado dessa atividade. O *planejamento* conduz ao *plano*, que, por sua vez, é o produto daquele, o fim que polariza a atividade do planejamento.[2]

Ora, se planejar é fixar objetivos e escolher os meios mais adequados à sua realização, será forçoso concluir que nunca a Administração Pública prescindiu do planejamento, pois um dos elementos mais marcantes da atividade administrativa é a racionalidade, pela qual o administrador deve buscar o máximo de resultados favoráveis com o mínimo de meios. Ao assim proceder está o Poder Público planejando e, consequentemente, produzindo planos – o que comprova que, "embora antigamente as palavras 'planejamento' e 'plano' não fossem empregadas com relação ao desempenho de funções públicas, nunca foi possível dirigir o Estado sem que houvesse planejamento e, portanto, planos". O Estado desde sempre planejou suas guerras; o orçamento estatal é um plano; os planos urbanísticos e econômicos também o

---

1. Marçal Justen Filho, *Teoria Geral das Concessões de Serviço Público*, São Paulo, Dialética, 2003, p 214.
2. Almiro do Couto e Silva, "Problemas jurídicos do planejamento", *Revista da Procuradoria-Geral do Estado/RPGE*, Porto Alegre, 2004, p. 133.

são; e a própria Constituição é um plano: um documento básico, fundamental, que vincula a Nação e a sociedade aos objetivos nele fixados.[3]

Por ser uma forma de atingir objetivos de forma racional, enquanto técnica de administração, o planejamento, ao longo do tempo, foi se deslocando da esfera das atividades privadas para o âmbito da atuação pública, culminando em sua capitulação pela ordem jurídica como princípio de obrigatória observância estatal, como podemos extrair de nossa própria Constituição, que o consagra em diversos dispositivos, como instrumento imprescindível à atuação estatal em todas as esferas federativas. Se não, vejamos:

Art. 21. Compete à União: (...) IX – elaborar e executar planos nacionais e regionais de ordenação do território e de desenvolvimento econômico e social; (...).

Art. 25. Os Estados organizam-se e regem-se pelas Constituições e leis que adotarem, observados os princípios desta Constituição. (...).

§ 3º. Os Estados poderão, mediante lei complementar, instituir regiões metropolitanas, aglomerações urbanas e microrregiões, constituídas por agrupamentos de Municípios limítrofes, para integrar a organização, o planejamento e a execução de funções públicas de interesse comum. (...)

Art. 29. O Município reger-se-á por lei orgânica, votada em dois turnos, com o interstício mínimo de 10 (dez) dias, e aprovada por dois terços dos membros da Câmara Municipal, que a promulgará, atendidos os princípios estabelecidos nesta Constituição, na Constituição do respectivo Estado e os seguintes preceitos: (...) XII – cooperação das associações representativas no planejamento municipal; (...).

Art. 30. Compete aos Municípios: (...) VIII – promover, no que couber, adequado ordenamento territorial, mediante planejamento e controle do uso, do parcelamento e da ocupação do solo urbano; (...).

Não bastassem os dispositivos acima, sobressai o dever jurídico de planejamento da atividade estatal da interpretação do art. 37, *caput*, da CF, que, ao arrolar o *princípio da eficiência* como um dos mandamentos nucleares a nortear a atividade administrativa, impôs seu obrigatório planejamento prévio em toda e qualquer hipótese.

3. Idem, p. 135.

A comprovação da imprescindibilidade do planejamento ao exercício de toda e qualquer atividade administrativa restou ainda demonstrada pela atual Constituição da República em seu art. 174, *caput*, que assim dispôs, ao tratá-la na ordem econômica:

> Art. 174. Como agente normativo e regulador da atividade econômica, o Estado exercerá, na forma da lei, as funções de fiscalização, incentivo e planejamento, *sendo este determinante para o setor público e indicativo para o setor privado*. (Grifos nossos)

Com a decisão e a execução de outorga de serviço público em concessão não poderia ser diferente. Tanto assim que o art. 5º da Lei Geral de Concessões obriga, previamente à publicação do edital, a publicação do ato motivador da conveniência desta outorga, caracterizando seu objeto, área e prazo – o que só é possível, evidentemente, após prévio procedimento administrativo de planejamento.

Tal procedimento é pressuposto de validade da concessão, porque o edital não pode dele se desvincular. Nele se funda o ato citado no art. 5º da Lei 8.987/1995, que é o ato final resultante deste procedimento, consistente no plano de outorga da concessão, de caráter normativo, quando servir para várias outorgas, na ausência de exclusividade, ou específico, quando se referir a uma específica concessão, na hipótese de exclusividade, nos termos do art. 16 do referido diploma legal, que assim determina:

> Art. 16. A outorga de concessão ou permissão não terá caráter de exclusividade, salvo no caso de inviabilidade técnica ou econômica justificada no ato a que se refere o art. 5º desta Lei.

Ora, para sabermos sobre a viabilidade ou a inviabilidade técnica e econômica da outorga de concessão, são necessários diversos estudos e análises prévios ao seu ato motivador.

Tanto assim que o Tribunal de Contas da União/TCU, na Instrução Normativa 27, expedida em 2.12.1998, alterada pela Instrução Normativa 58/2009 – que dispõe sobre a fiscalização dos processos de desestatização –, determina que a fiscalização do *processo de outorga* das concessões de serviços públicos deve ser realizada em quatro estágios, sendo no primeiro deles analisado, dentre outros, o *relatório sintético sobre os estudos de viabilidade técnica e econômica do empreendimento, com informações sobre seu objeto, área e prazo de con-*

cessão ou permissão, orçamento das obras realizadas e a realizar, data de referência dos orçamentos, custo estimado de prestação de serviços, bem como sobre as eventuais fontes de receitas alternativas, complementares, acessórias e as provenientes de projetos associados, e, ainda, o *relatório sintético sobre os estudos de impactos ambientais, indicando a situação do licenciamento ambiental*, conforme preconiza seu art. 7º, I, "a" e "c".

No quarto estágio de fiscalização das concessões, determina o inciso IV do mesmo art. 7º que devem ser analisados o *ato de outorga* e o *contrato de concessão*.

Referido ato é, ainda, ao mesmo tempo, declaratório e constitutivo, porque declara uma nova situação jurídica, que é a conveniência da outorga da prestação do serviço público em concessão, e, a partir dela, cria o dever do Poder Público de efetivar esta outorga, nos termos do art. 174, supracitado.

Ora, na medida em que a Constituição define como determinante o planejamento para o setor público, significa dizer não só que o Poder Público tem o dever de planejamento de sua atividade, como também que o plano dele resultante o vincula.

Não se quer, com isto, afirmar ser absoluta tal vinculação, pois as modificações de planos, na lição de Lúcia Valle Figueiredo, "certamente podem e devem ocorrer, sobretudo em função de novos interesses públicos a concretizar. Todavia, é de se procurar assentar quais os limites de tais mudanças",[4] pois a licitude ou ilicitude de tais modificações "dependerá certamente da observância de determinados postulados essenciais", como os princípios da segurança jurídica, da boa-fé, da razoabilidade e o da motivação, que é a pedra de toque para o controle dos planos e suas modificações.

Acerca do respeito ao plano e da responsabilidade estatal pelas modificações imotivadas, preleciona, ainda, a autora suprarreferida,[5] sobre o grau de responsabilidade dos governantes, que ainda deixa muito a desejar:

---

4. Lúcia Valle Figueiredo, "O devido processo legal e a responsabilidade do Estado por dano decorrente do planejamento", *RDA* 206/101, 1996.
5. Lúcia Valle Figueiredo, "Planejamento, direito tributário e segurança jurídica", *RTDP* 12/12, São Paulo, Malheiros Editores, 1995.

(...) o País, na verdade, passa a ser laboratório de experiências.

É dizer, planos são elaborados sem a necessária previsão das consequências, tanto assim é que são *modificados em brevíssimo prazo*, levando de roldão a iniciativa privada para graves consequências. E em País que se diz liberal ou neoliberal.

Ora, mesmo em governos com preocupação social marcada, como determina a Constituição brasileira, não se poderia justificar mudanças descriteriosas a pretexto, à invocação, do *interesse público*, chamado a contexto sem qualquer suporte.

Assim é que sucede com o ato em questão, que tem natureza jurídica de plano, plano de outorga resultante do necessário e obrigatório planejamento da concessão de serviço público, realizado interna e necessariamente antes da publicação do edital, cujo caráter vinculante para a concessão de serviço público não implica dizer não seja passível de revisão; pelo contrário, exatamente por ser resultado de atividade de planejamento, fazem-se necessários o acompanhamento de sua execução e sua revisão periódica, ante a dinamicidade que permeia o processo de planejamento de qualquer atividade administrativa, principalmente as consistentes na prestação de serviço público, que, para se manterem adequadas, nos termos constitucionais, exigem constante processo de planejamento e revisão periódica. Sobre este último dever trataremos no Capítulo 4.

Assim, dos elementos previstos no art. 5º da Lei 8.987/1995, resulta que o planejamento de uma concessão de serviço público é produto dos vários estudos previamente realizados acerca dos diversos elementos que a compõem, podendo ser definido como processo administrativo que engloba um conjunto de estudos que tem por fim estabelecer, de forma concreta, o modo de atendimento da prestação de um serviço público outorgado em certo período de tempo.

Destarte, para decidir outorgar a prestação de determinado serviço público aos particulares, o Poder Público deve previamente efetuar todos os estudos, no âmbito técnico e econômico, hábeis a demonstrar a viabilidade desta opção, inclusive com a análise detida do maior número possível das variáveis de riscos que possam afetar a equação econômico-financeira, como forma de minimizar o impacto futuro das incertezas, vez que, de fato, impossível de antemão prevê-las em sua totalidade.

O planejamento deve ser rigoroso. Servirá não só para tomada de decisão estatal segura – o que reverte positivamente para a parcela da coletividade que necessita daquele serviço (usuários) –, como também permitirá aos empresários, interessados na concessão, uma avaliação mais segura do custo/benefício do negócio, já que almejam o lucro, bem como da sua capacidade e conveniência de assunção do mesmo.

Ao demonstrarmos nosso entendimento de que o planejamento é vital para a opção e execução de qualquer concessão de serviço público, não temos a ilusão – e nem queremos, portanto – de dizer que com sua prévia e adequada realização seria possível eliminar a ocorrência de riscos, pois o longo prazo de sua duração, necessário em razão da amortização dos vultosos investimentos que demanda, impede tal eliminação, na medida em que não há como se prever superveniências de âmbito político, técnico, econômico, tecnológico e jurídico, configuradoras dos chamados *riscos* ou *áleas* contratuais.

Mas o que buscamos, ao defender este posicionamento, é suprir, em conformidade com o atual regime jurídico das concessões comuns de serviços públicos, a lacuna nele existente quanto ao procedimento a ser adotado para o deslinde jurídico de questões surgidas a partir do advento de riscos não previstos pelas partes, pois o adequado planejamento possibilitará de antemão, pelo menos, fornecer as balizas para alocação destes riscos futuros no contrato, servindo de base para as *revisões* que se fizerem necessárias durante sua execução.

Nas concessões de serviço público o planejamento é, portanto, mais que um princípio constitucional de observância obrigatória. É, sem dúvida, instrumento hábil para sua realização com êxito, uma vez que da sua adequada elaboração dependem o sucesso da licitação bem como da execução do contrato, na medida em que o conhecimento aprofundado do serviço público ensejará maior número de licitantes, uma estimativa de custos, de usuários, de obras – quando for o caso –, de riscos, dentre outros elementos, o mais precisa e suficientemente possível, minimizando as incertezas futuras, permitindo, assim, sejam calculados os riscos inerentes e que sejam especificamente previstos e alocados nos contratos; o que refletirá, por sua vez, seguramente, na tarifa estipulada – pois, quanto maior o grau de incerteza, maior o risco do concessionário e maior a tarifa –, evitando, assim, excessivas revisões para recomposição do equilíbrio econômico-financeiro contratual.

Nesse sentido, oportuno, ainda, trazer à colação algumas observações feitas pelo TCU em decisão (Plenário, Acórdão 2.104/2008) prolatada nos autos do Processo 016.189/2008-9, que tratou do "1º Estágio de acompanhamento referente à Instrução Normativa TCU n. 46/2004 da outorga de serviço público relativa à concessão para restauração, manutenção, operação e aumento da capacidade de trechos rodoviários da BR-116 e da BR-324 no Estado da Bahia", no sentido da necessidade da atualidade do levantamento de dados nos estudos prévios, como forma de assegurar sua confiabilidade, bem como que as projeções de crescimento para cada rodovia fossem isoladamente tratadas, em função de serem significativamente distintas as características destas duas rodovias federais, para, ao final, determinar que para as próximas concessões rodoviária a ANTT:

> 9.2.2.1 Apresente, nos estudos de tráfego, as contagens atuais, assim entendidas aquelas realizadas há menos de 18 meses, efetuadas em mais de um período do ano, de forma a permitir uma maior segurança nas estimativas dos volumes anuais, assim como possibilitar a aferição destes levantamentos com os dados históricos de volumes de tráfego e sazonalidade disponíveis;

A decisão supracitada, levando em conta que, em razão da flexibilidade existente, os contratos privados normalmente trazem custos menores que aqueles regidos pela Lei federal 8.666/1993, conclui que "a facilidade de liquidez, a desburocratização dos procedimentos, a execução direta, entre outros fatores, tornam os custos de obras das concessionárias inferiores àqueles percebidos nos ajustes entre órgãos ou entidades da Administração Pública e particulares", para então determinar que nas próximas concessões rodoviárias, para fins de obtenção de estimativa dos custos operacionais e de obras, a ANTT:

> 9.3.2.3 Desenvolva um banco de dados contendo os custos operacionais e de obras rodoviárias praticados efetivamente pelas concessionárias e, enquanto esse sistema não esteja em operação, desenvolva uma metodologia consistente a fim de orçar referidos custos;

> 9.3.2.4 Apresente a comparação com as referências oficiais, SICRO e SINAPI, dos custos orçados para os serviços mais significativos entre os investimentos em obras, sempre que possível e de forma complementar;

Ao recomendar da forma acima, considerou o egrégio TCU que, para um satisfatório planejamento das concessões rodoviárias, a necessidade de elaboração de um banco de dados específico não exclui a necessidade de suporte em outros referenciais, como os oficiais, para verificar se os preços obtidos não foram excessivos.

Ainda no âmbito do planejamento, vale destacar, da decisão em comento, as seguintes determinações à ANTT nas futuras concessões rodoviárias:

> 9.2.2.2 Disponibilize todas as contribuições e sugestões colhidas nas audiências públicas, por meio da publicação, em tempo hábil, no seu sítio na Internet, assim como a análise e consolidação efetuadas acerca das contribuições recebidas, aceitas ou rejeitadas, de acordo com o princípio da publicidade insculpido no art. 37 da Constituição Federal;
>
> (...);
>
> 9.3.2.1 Avalie o impacto do projeto também sob o ponto de vista dos transtornos causados aos Municípios limítrofes à rodovia;
>
> (...);
>
> 9.3.2.7 Avalie a possibilidade de se implantar um modelo de cobrança de pedágios proporcional à distância percorrida nas vias;

Também nessa seara, merece destaque o teor do Acórdão 2.047/2006, do Plenário do TCU:

> Alertar à Agência Nacional de Transportes Terrestres e ao Ministério dos Transportes, com fulcro no que estabelece o inciso XV do art. 18 da Lei n. 8.987/1995, que dispõe sobre o regime de concessão e permissão da prestação de serviços públicos previsto no art. 175 da Constituição Federal:
>
> 9.5.1 Da necessidade, nos casos de concessão de serviços públicos precedida da execução de obra pública, de haver projeto básico com elementos mínimos que permitam a caracterização da obra, tanto para atender aos mandamentos legais como para aumentar a precisão do investimento orçado e garantir a participação de um maior número de interessados no processo licitatório;
>
> 9.5.2 De que estejam presentes nos projetos dos estudos de viabilidade para concessões elementos suficientes para fundamentar as soluções técnicas determinantes das estimativas de custos;

A dicção do parcial trecho da decisão acima transcrito, enfatizadora do planejamento como instrumento legal, hábil e imprescindível ao êxito das concessões de serviços públicos, foi invocada na decisão do TCU que ora se traz à baila neste subitem do trabalho, por absolutamente oportuna, como premissa para comentários, feitos no seu arrazoado, acerca dos *riscos* inerentes à nova concepção adotada pelo Programa de Exploração da Rodovia/PER elaborado para a concessão ali tratada.

No caso, foi feito o alerta transcrito acima em razão da necessidade de ponderação de alguns *riscos* que, apesar da adoção de uma nova concepção com potencial benefício – por permitir que incertezas no momento da concessão possam deixar de ser motivadoras de aditivos futuros, como o "gatilho" para a duplicação de trechos rodoviários[6] –, ainda assim se fazem presentes.

No mesmo sentido de atribuição da devida importância ao planejamento das concessões de serviço público, porém de forma mais genérica, como convém a um ato normativo, é possível mencionar, a título de exemplo, o art. *3º da Instrução Normativa TCU-46/2004*, cuja dicção estabelece que a fiscalização prévia e concomitante dos processos de outorga de concessão para exploração de rodovias federais será realizada mediante análise, dentre outros, do documento denominado PER (Programa de Exploração de Rodovia), cuja finalidade é a de delimitar as obras, investimentos e os serviços a serem realizados pela concessionária durante a execução contratual.

E como instrumento marcante no sentido de evidenciar expressa e detalhadamente o dever e a imprescindibilidade do planejamento na prestação de serviço público, direta ou indiretamente, temos a Lei 11.445/2007, editada pela União, no exercício da competência do art. 21, XX, da CF, e que estabelece as *diretrizes nacionais para o saneamento básico* – daí ser chamada de *Lei de Diretrizes Nacionais para o Saneamento Básico*.

Referido diploma, além de explicitar o planejamento como dever estatal fundamental à prestação do serviço público de saneamento

---

6. Consiste nas denominadas "OBRAS CONDICIONADAS, que são as duplicações decorrentes do atingimento de níveis de tráfego no trecho"; o objetivo dessa modelagem é permitir certa flexibilização no cronograma de investimentos, em decorrência dos cenários econômicos futuros (TCU, Plenário, Acórdão 2.104/2008, fls. 27, Processo 016.189/2008-9).

básico, atribuindo ao seu titular a "elaboração dos planos de saneamento", nos termos da lei em tela (art. 9º, I), em total consonância com o art. 175 da nossa CF, pois ao titular do serviço incumbe planejá-lo para adequada prestação, ainda tem o condão de nitidamente separá-lo da atividade de regulação, conforme se verifica no inciso II do mesmo artigo citado:

> Art. 9º. O titular dos serviços formulará a respectiva política pública de saneamento básico, devendo, para tanto: I – elaborar os planos de saneamento básico, nos termos desta Lei; II – prestar diretamente ou autorizar a delegação dos serviços e definir o ente responsável pela sua regulação e fiscalização, bem como os procedimentos de sua atuação; (...).

A separação entre as atividades de planejamento e regulação infere-se, ainda, da dicção do art. 8º do diploma em questão, à medida que permite ao titular que delegue a regulação:

> Art. 8º. Os titulares dos serviços públicos de saneamento básico poderão delegar a organização, a regulação, a fiscalização e a prestação desses serviços, nos termos do art. 241 da Constituição Federal e da Lei n. 11.107, de 6 de abril de 2005.

Dita separação resta, ainda, demonstrada na Lei de Diretrizes Nacionais para o Saneamento Básico (Lei 11.445/2007) nos contornos gizadores de cada uma dessas atividades nos arts. 21, 22 e 23, que, respectivamente, trataram dos princípios, objetivos e conteúdo da regulação, e nos arts. 19 e 20, em capítulo dedicado ao planejamento da prestação do serviço de saneamento básico básico, separando-o do seu resultado, que é o *plano*, especificando os requisitos de existência e validade deste último, dentre outras providências importantes no exercício desta atividade:

> Art. 19. A prestação de serviços públicos de saneamento básico observará plano, que poderá ser específico para cada serviço, o qual abrangerá, no mínimo: I – diagnóstico da situação e de seus impactos nas condições de vida, utilizando sistema de indicadores sanitários, epidemiológicos, ambientais e socioeconômicos e apontando as causas das deficiências detectadas; II – objetivos e metas de curto, médio e longo prazos para a universalização, admitidas soluções graduais e progressivas, observando a compatibilidade com os demais planos setoriais; III – programas, projetos e ações necessárias para atingir os objetivos e as

metas, de modo compatível com os respectivos planos plurianuais e com outros planos governamentais correlatos, identificando possíveis fontes de financiamento; IV – ações para emergências e contingências; V – mecanismos e procedimentos para a avaliação sistemática da eficiência e eficácia das ações programadas.

§ 1º. Os planos de saneamento básico serão editados pelos titulares, podendo ser elaborados com base em estudos fornecidos pelos prestadores de cada serviço.

§ 2º. A consolidação e compatibilização dos planos específicos de cada serviço serão efetuadas pelos respectivos titulares.

§ 3º. Os planos de saneamento básico deverão ser compatíveis com os planos das bacias hidrográficas em que estiverem inseridos.

§ 4º. Os planos de saneamento básico serão revistos periodicamente, em prazo não superior a 4 (quatro) anos, anteriormente à elaboração do Plano Plurianual.

§ 5º. Será assegurada ampla divulgação das propostas dos planos de saneamento básico e dos estudos que as fundamentem, inclusive com a realização de audiências ou consultas públicas.

§ 6º. A delegação de serviço de saneamento básico não dispensa o cumprimento pelo prestador do respectivo plano de saneamento básico em vigor à época da delegação.

§ 7º. Quando envolverem serviços regionalizados, os planos de saneamento básico devem ser editados em conformidade com o estabelecido no art. 14 desta Lei.

§ 8º. Exceto quando regional, o plano de saneamento básico deverá englobar integralmente o território do ente da Federação que o elaborou.

Art. 20. *(Vetado)*.

Parágrafo único. Incumbe à entidade reguladora e fiscalizadora dos serviços a verificação do cumprimento dos planos de saneamento por parte dos prestadores de serviços, na forma das disposições legais, regulamentares e contratuais.

O § 4º do art. 19, supracitado, consagra legalmente ideia importantíssima, e sobre a qual substancialmente se trata neste trabalho – qual seja: a de que a prestação de serviço público adequado requer planejamento, e o plano que dele resulta requer revisão periódica, para se manter aquela finalidade pública, pois não se esgota em sua aplicação, haja vista a dinâmica do planejamento e da própria atividade estatal, especialmente falando-se de prestação de serviços públicos. Sobre o tema e a conexão com o planejamento voltaremos a tratar no Capítulo 4.

Por todo o exposto, concluímos que, não bastassem os motivos de ordem prática e legal acima discorridos como suficientemente aptos a tornar imperativo que o planejamento de uma concessão de serviço público seja o mais amplo e preciso possível – aos quais podemos acrescer a possibilidade de proposição de tarifa mais elevada em função de as imprecisões aumentarem o risco do concessionário –, temos ainda outro, de ordem constitucional, em razão de o planejamento se impor como princípio jurídico por força da atual Constituição, que o trouxe como obrigatório para o Estado, conforme podemos extrair da interpretação sistemática de seu texto, no qual vários dispositivos expressa ou implicitamente o consagram, especialmente o art. 37, *caput*, que, ao tratar dos princípios jurídico-administrativos, traz o da *eficiência*, e o *caput* do seu art. 174, que o considera "determinante para o setor público e indicativo para o setor privado".

Os entendimentos acerca do planejamento sintetizados no parágrafo acima e expostos no presente capítulo encontram-se, atualmente, de forma muito feliz, contemplados na Lei de Diretrizes Nacionais para o Saneamento Básico, conforme sucintamente demonstramos acima.

3.2 Planejamento da política tarifária

A política tarifária a ser definida pelo Poder Público, dentre as opções políticas, caso a caso, visa a atender àquilo que a Constituição qualificou como "serviço público adequado".

Levando em conta todas as diretrizes genéricas da política tarifária estabelecida pela Lei 8.987/1995, explanada no item 2.2 do capítulo anterior – tais como o direito dos usuários à modicidade das tarifas, o direito dos concessionários à justa remuneração pela prestação dos serviços públicos, por meio da garantia de manutenção do equilíbrio econômico-financeiro no período de execução contratual, o fato de a remuneração poder ser fixada por diversas formas (sendo, em geral, a principal delas a tarifa, a ser indicada pela proposta vencedora da licitação ou pelo poder concedente) e, por fim, a possibilidade de diferenciação de tarifas –, resta evidente que referida política, para ser estabelecida em conformidade com estes ditames legalmente estabelecidos, depende de prévio e suficiente planejamento.

Sem um conjunto preciso de estudos sobre as peculiaridades inerentes ao caso concreto – isto é, à específica concessão de serviço público que se pretende efetivar (fatores de ordem técnica, da atividade, do local, do universo de usuários – enfim, todos os elementos necessários para a prestação de um *serviço adequado* e para obtenção da *justa remuneração* do concessionário) – não será possível, por falta de elementos embasadores das decisões ou escolhas necessárias, o estabelecimento da necessária e obrigatória política tarifária.

Sem planejamento da política tarifária, os fins públicos a serem alcançados, a partir das diretrizes legalmente estabelecidas, não serão atendidos, o que constitui grave violação à ordem jurídica pátria, ante o *status* constitucional que lhe foi conferido pela Lei Maior.

Na ausência de tais estudos não conseguirá o poder concedente fazer as opções necessárias ao estabelecimento da política pública a ser implementada, donde podem advir sérias consequências ou impasses de ordem jurídica. Por exemplo, após decorridos seis meses do início da concessão, vem a ser detectada a possibilidade de instituição de fonte complementar de receita de significativo impacto para a modicidade tarifária. Tal hipótese levaria à indagação sobre duas possíveis consequências sob o prisma jurídico: revisão contratual ou anulação. Sim, a rigor, poderíamos falar em nulidade, porque ausente um dos pressupostos de validade da outorga – qual seja, seu planejamento adequado e suficiente. A não consideração de fonte complementar significativa, em concessão com prazo médio de 20 a 30 anos, sendo este um importante elemento para a remuneração do concessionário, gera a nulidade do contrato.

Contudo, dependendo do caso concreto – em que deve ser analisado o grau de insuficiência e de inadequação do planejamento da política tarifária, juntamente com a existência e suficiência de planejamento relativo aos demais aspectos que devem ser objeto de rigorosas análises e estudos prévios em uma concessão de serviço público –, se restar demonstrado que, apesar da grave lacuna, decorre a concessão de adequado planejamento quanto aos demais aspectos mencionados, suficiente a comprovar que a retomada do serviço público pelo Estado seria prejudicial ao interesse público, poder-se-ia cogitar da sua convalidação, por meio do ato de revisão contratual, para reequilíbrio econômico-financeiro, a partir da contemplação de fonte complementar de receita, com base nos princípios de segurança jurídica e da boa-fé, a cujos reclamos, muitas vezes, terá de ceder passo o princípio da legalidade, para bem cumprir seu objetivo essencial.[7]

Caberia, ainda, imaginar a mesma hipótese ocorrendo, porém, após cinco anos do início de concessão de serviço público federal, quando surgiria a indagação acerca do cabimento da decadência do exercício do dever-poder de anulação da Administração. Entendemos cabível, aqui, a convalidação, por ter decorrido o prazo geral estabelecido por lei (art. 54 da Lei federal 9.784/1999)[8] para a estabilização do ato pelo Direito.

Vejamos, ainda, como importante exemplo, a justificar a imprescindibilidade do planejamento da política tarifária, a previsão, no art. 15, II e III, da Lei 8.987/1995, da possibilidade de maior oferta pela outorga da concessão ou desta combinada com o menor preço da tarifa como critérios de julgamento da proposta vencedora da licitação, os quais, quando utilizados, dependem da feitura de prévio e adequado planejamento para viabilizar a efetivação da modicidade tarifária.[9]

---

7. Celso Antônio Bandeira de Mello, "A estabilidade dos atos administrativos", *RTDP* 48/78, São Paulo, Malheiros Editores, 2004. Afirma, ainda, que "a faculdade reconhecida ao Poder Público de anular seus atos encontra limites não só em direitos subjetivos regularmente constituídos, mas também no respeito à boa-fé e à confiança dos administrados" (p. 79).
Nesse mesmo sentido preleciona Sérgio Ferraz, ao tratar da temática em artigo intitulado "Extinção dos atos administrativos: algumas reflexões", publicado na *RDA* 231 (Rio de Janeiro, Renovar, 2003), ao afirmar que: "De regra, até mesmo em homenagem aos valores da segurança e da estabilidade jurídicas, deve-se evitar a invalidação do ato administrativo, buscando antes a convalidação (desde que a ela não se contraponham o princípio finalístico e o interesse público; e mais: desde que as máculas não se revistam de tal gravidade e monta que se apresentem absolutamente inadmissíveis pelo ordenamento jurídico)".
8. Se se tratasse de concessão de serviço público estadual paulista, dito prazo, em regra geral, seria de 10 anos, por força do art. 10 da Lei estadual paulista 10.177/1998.
9. V., por exemplo, as concessões que têm por objeto as rodovias estaduais paulistas, onde no chamado "primeiro lote" foi utilizado o critério de maior oferta pela outorga, resultando em pedágios muito mais elevados, comparativamente, que aqueles obtidos nas licitações, realizadas em 2007, para concessão das rodovias federais, cujo critério adotado foi o de menor valor da tarifa.

Além disto, destacamos também a essencialidade do planejamento da política tarifária quanto à diferenciação de tarifas. Por exemplo, para instituir tarifa social há que se efetuar estudos para estabelecer quais os critérios utilizáveis para tanto, bem como para definir a melhor forma de recompor o custeio do serviço a ser outorgado ao concessionário, de modo que seja plenamente assegurado, por meio de subsídio estatal ou de incorporação dessa diferença resultante da cobrança de tarifas menores de alguns usuários nas tarifas pagas pelos demais usuários – hipótese denominada de *subsídio cruzado*.

É, portanto, também no planejamento que devem ser estudados os meios para definir o adequado modo de suprir essa diferença do custeio do serviço público na admissão de tarifa social. Cabe apurar se tal custo deve ser arcado por toda a coletividade pelo subsídio estatal, de forma que usuários e não usuários sejam onerados, ou se tal ônus deve ser internalizado na própria concessão de serviço público, de forma que somente os usuários arcariam, porém os de maior capacidade econômica financiariam a prestação do serviço aos de baixa renda.[10]

Devem também ser objeto de planejamento da política tarifária, sempre que possível, as hipóteses de racionalização e contenção de uso do serviço público que demande tais medidas, tendo em vista que, quando instituídas no curso da execução da concessão, fatalmente implicarão desequilíbrio econômico-financeiro e revisão contratual, como já o dissemos anteriormente, seja pela queda significativa de consumo ou pelos aumentos de ganho da concessionária, em função do aumento da tarifa.

Do mesmo modo, há que se planejar a definição de critérios de outras hipóteses de diferenciação de tarifas que porventura sejam consideradas necessárias em face da atividade do usuário ou, ainda, por motivo de características técnicas do serviço.

Em toda e qualquer hipótese, importa frisar que a política tarifária, além de resultar de elaborado planejamento, deve, ainda, sempre, advir de autorização legislativa específica do ente titular do serviço público, não só por ser exigência constitucional (art. 175, parágrafo

---

10. Nesta hipótese, caracterizadora de subsídio cruzado, deve ser levado em conta que em nosso País, em determinados setores, como o de telecomunicações, este restou proibido, conforme os arts. 70, I, e 81 da Lei Geral de Telecomunicações (Lei 9.472/1997).

único, III), como também por conter diretriz que possibilita a diferenciação tarifária.

3.3 Planejamento da "prestação adequada do serviço público"

Ao estipular a prestação de serviço público adequado aos usuários, na forma nela definida, como um pressuposto da concessão de serviço público, no seu art. 6º, estipula a Lei Geral de Concessões que seja a mesma previamente analisada em cada concessão, no âmbito de seu planejamento.

Confirmamos nosso entendimento acima em diversas outras passagens da referida lei básica, como nos incisos II, VII e IX do seu art. 18, cuja clareza nesse sentido, apesar de tamanha, parece não ser acuradamente observada pelo Poder Público quando decide outorgar serviço de sua competência em concessão.

No inciso II, supracitado, resta cristalino o dever de planejamento do serviço adequado quando determina que, desde o edital da concessão de serviço público, devem estar descritas as *condições necessárias* à sua adequada prestação, o que vem a se confirmar como cláusula obrigatória do contrato que versa sobre ela, conforme determina o inciso II do art. 23 do diploma legal em questão.

Ao mesmo tempo, o inciso VII do mesmo art. 18 determina que, para licitar a outorga de uma concessão, o edital deve, ainda, conter todos os direitos e obrigações do poder concedente e da concessionária em relação a *alterações e expansões a serem realizadas no futuro, para garantir a continuidade da prestação do serviço* – exigência que se repete enquanto cláusula obrigatória do contrato de concessão, por força do art. 23, V, da Lei 8.987/1995.

Do mesmo modo, o inciso XV do art. 18 traz a necessidade de planejamento prévio à concessão do serviço público, ao obrigar que, naquela que for precedida de execução de obra pública, contenha o edital "os dados relativos à obra, dentre os quais os elementos do projeto básico que permitam sua plena caracterização, bem assim as garantias exigidas para essa parte específica do contrato, adequadas a cada caso e limitadas ao valor da obra".

Estas últimas exigências refletem também no contrato, por força do parágrafo único do art. 23 da Lei Geral de Concessões, que obriga, adicionalmente, nesta espécie de contrato de concessão, sejam estipulados os cronogramas físico-financeiros de execução das obras a ela vinculadas e exigida garantia do fiel cumprimento, pela concessionária, das obrigações relativas às referidas obras, demonstrando ser impositivo o planejamento da *prestação do serviço adequado ao pleno atendimento dos usuários*, sem o qual não será possível elaborar, validamente, o edital e o contrato e cumprir as determinações legais, portanto.

Ora, ao determinar que todas essas variáveis relativas à prestação de serviço público adequado aos usuários constem do instrumento convocatório da licitação para outorga de sua concessão, está a lei determinando, de forma evidente, a obrigatoriedade de planejamento da outorga da prestação, a fim de que seja realmente adequado o serviço, nos moldes legalmente previstos. Isto torna necessários estudos prévios ao edital, na fase interna anterior à concessão de serviço público, na qual o Poder Público avalia, tendo em vista a consecução do interesse público, a necessidade e a vantajosidade de transferir sua prestação a particulares – decisão, esta, que deve ser motivada (art. 5º da Lei 8.987/1995).

Ademais, por força do § 1º do art. 6º da Lei Geral de Concessões,[11] que define o "serviço adequado", não é possível que o Poder Público conceda determinado serviço público considerando tecnologia que já se sabe será obsoleta em 5 anos, por exemplo, quando a concessão tem prazo de duração de 30 anos, por ser necessário à amortização dos investimentos. Desconsiderar este fato por desconhecimento importará alteração contratual unilateral e consequente revisão, para recomposição da equação econômico-financeira, por ausência ou impropriedade de planejamento do serviço adequado, que deve considerar, além da tecnologia, as demais condições necessárias ao funcionamento, como segurança, equipamentos, instalações, dentre outras.

---

11. "Art. 6º. Toda concessão ou permissão pressupõe a prestação de serviço adequado ao pleno atendimento dos usuários, conforme estabelecido nesta Lei, nas normas pertinentes e no respectivo contrato.
"§ 1º. Serviço adequado é o que satisfaz as condições de regularidade, continuidade, eficiência, segurança, atualidade, generalidade, cortesia na sua prestação e modicidade das tarifas.
"§ 2º. A atualidade compreende a modernidade das técnicas, do equipamento e das instalações e a sua conservação, bem como a melhoria e expansão do serviço."

3.4 Planejamento do prazo

No bojo do planejamento devem ser realizados diversos estudos técnicos preliminares, destacando-se, dentre os itens objeto de tais estudos, o *prazo da concessão*, que deve analisado com muita acuidade, a fim de que seja estipulado de forma rigorosa em função do tempo necessário à amortização dos investimentos projetados, levando em conta, ainda, o lucro do concessionário.

Sabemos que o prazo é elemento determinante da remuneração do concessionário, bem como da tarifa a ser cobrada dos usuários, e bem por isso é que não deve ser superior nem, tampouco, inferior ao necessário à amortização dos investimentos; deve ser o *suficiente*, levando em conta que, em consonância com o regime jurídico pátrio das concessões, deve ser **módica** a *tarifa dos usuários* e **justa** a *remuneração do concessionário*, considerando a obtenção de um "serviço adequado" – razão pela qual a determinação do prazo de uma concessão de serviços públicos é diretamente vinculada à *equação econômico-financeira* do contrato e deve ser pensada e estabelecida em função da mesma, de forma a viabilizar a execução da avença.

Destarte, por ser elemento da equação econômico-financeira da concessão de serviço público, a determinação do seu prazo é, assim como todo seu planejamento, crucial para seu sucesso, daí ser imperativo que seja o mesmo determinado com base em sólidos estudos de viabilidade econômico-financeira – o que nem sempre tem ocorrido na prática, gerando, assim, riscos, como o de a equação econômica inicial do contrato já nascer desbalanceada,[12] ensejando, por isso, revisão contratual que, em princípio, não deveria ser necessária.

Como alternativa a este reequilíbrio derivado de mau planejamento, e a fim de preservar a tarifa inicialmente pactuada, poder-se-ia celebrar aditamento para prorrogação do prazo contratual inicialmente avençado para a concessão do serviço público, da mesma forma que – pela mesma finalidade de preservação de modicidade tarifária – entendemos possível a prorrogação motivada pela necessidade de maior

---

12. Acerca do tema, Antônio Carlos Cintra do Amaral já expunha tal preocupação ao afirmar que, "na prática, nem sempre a fixação do prazo tem sido sustentada em um sólido embasamento econômico. O que, obviamente, causa preocupação, já que a fixação do prazo da concessão está intimamente ligada ao estabelecimento da equação econômica inicial do contrato, que pode, assim, nascer já desbalanceada" (*Concessão de Serviço Público*, 2ª ed., São Paulo, Malheiros Editores, 2002, p. 87).

período para amortização dos investimentos resultante de fatos supervenientes, como a necessidade legalmente estatuída de atualização do serviço, exigindo maiores investimentos do concessionário.

É que, em princípio, decorrido o prazo inicialmente estipulado para duração de uma concessão de serviços públicos, a consequência "natural" seria sua extinção, pois findo tal período presume-se a amortização integral dos investimentos efetuados.

Entretanto, nem sempre é o que ocorre, pois muitas vezes, mesmo ao término do prazo avençado para duração de uma concessão de serviço público, não se verifica a amortização de todos os investimentos, restando parcelas a amortizar, derivadas de mau planejamento ou até mesmo de novos investimentos no curso da execução do prazo, os quais, embora não inicialmente previstos, se impõem, pelo dever legal de atualização do serviço prestado, o que facilmente ocorre em razão da longa duração deste tipo de contrato administrativo. Tanto assim que a Lei 8.987/1995, ao tratar da *extinção da concessão de serviço publico por advento do termo contratual*, em seu art. 36, prevê "a indenização das parcelas dos investimentos vinculados a bens reversíveis, *ainda não amortizados ou depreciados*, que tenham sido realizados com o objetivo de garantir a continuidade e a atualidade do serviço concedido" (grifos nossos).

Entendemos, contudo, possível, na hipótese acima, a prorrogação do prazo contratual pelo tempo necessário à amortização dos investimentos que não restaram amortizados ao final do prazo inicialmente contratado, se esta for a melhor alternativa, em função do interesse público ali almejado, resultante de análises técnicas, inclusive jurídicas, que assim demonstrem e funcionem como motivação à dilação em situações peculiares e excepcionais.

Destarte, a questão do *prazo de duração dos contratos de concessão de serviços públicos* nos remete, ainda, aos estudos da possibilidade legal de sua *prorrogação*, prevista na Lei 8.987/1995 (art. 23, XII), na Lei 9.074/1995 (arts. 4º, §§ 2º, 3º e 4º, e 19 a 25) e em diversos outros diplomas legais. Muitas vezes, em razão da relevância dos desideratos legais, como a modicidade tarifária, a prorrogação contratual se afigura como melhor alternativa.

Como se tem repisado, tais prorrogações devem resultar de planejamento que contemple estudos aptos a justificá-las – e agora temos a observância de outro princípio, o da *motivação dos atos administrati-*

vos –, sob pena de "eternização" da concessão do serviço público a uma mesma concessionária, caracterizando burla ao princípio constitucional de obrigatoriedade de licitação, além de ao princípio republicano.

Portanto, há que analisar, caso a caso, os contratos de concessão quanto à vantajosidade de prorrogação de prazo, tanto como meio de evitar dispêndios vultosos pelo Estado (se isto se afigurar razoável por algum motivo, para melhor atendimento do interesse público primário) – como, por exemplo, ante a situação fática de impossibilidade ou de escassez de recursos para tanto – ou, ainda, para manter a modicidade tarifária diante de fatos supervenientes que ensejam revisão, para reequilíbrio econômico-financeiro contratual.

Afigura-se, portanto, a nosso ver, possível a prorrogação do prazo contratual em tais hipóteses, além daquela que se dá em razão da necessidade de prazo maior que o inicialmente previsto para a amortização dos investimentos, em vez de extinguir a concessão, com indenização vultosa pelo poder concedente, desde que, quando for o caso, nos lindes estabelecidos pelo diploma legal de regência.

Como sabido, o regime jurídico dos contratos administrativos em geral não permite que tais ajustes sejam celebrados sem prazo determinado, o mesmo ocorrendo com os contratos que têm por objeto a concessão de serviço público, os quais, embora não se sujeitem aos prazos de vigência daquele regime geral, contidos na regra do art. 57 da Lei federal 8.666/1993,[13] devem também, obrigatoriamente, vigorar por prazo determinado, conforme se infere das definições legais contidas nos incisos II e III do art. 2º e no inciso I do art. 18 da Lei federal 8.987/1995 (que arrola como uma das cláusulas obrigatórias do edital de concorrência para outorga de concessão de serviço público o "prazo previsto para sua duração"[14]).

13. Isto porque deve ser estabelecido de forma suficiente à amortização dos investimentos e em consonância com o regime jurídico pátrio estabelecido, levando em conta a prestação do serviço adequado, a modicidade da tarifa e a justa remuneração do concessionário, o que não se enquadraria no prazo máximo de 60 meses, estipulado para as contratações de prestação de serviços pelo Poder Público, além do quê, por não exigir desembolso de recursos, também não se adstringe à vigência dos créditos orçamentários.
14. "Art. 2º. Para os fins do disposto nesta Lei, considera-se: (...) II – concessão de serviço público: a delegação de sua prestação, feita pelo poder concedente, mediante licitação, na modalidade de concorrência, à pessoa jurídica ou consórcio de empresas que demonstre capacidade para seu desempenho, por sua conta e risco e por *prazo determinado*; III – concessão de serviço público precedida da execução de obra pública: a construção, total ou parcial, conservação, reforma, ampliação ou melhoramento

Referido diploma normativo, contudo, ao tratar do regime geral das concessões de serviços públicos, não lhes fixou *prazo máximo* de duração, possibilitando aos Poderes Legislativos dos respectivos entes concedentes fixarem-no por ocasião da expedição das autorizações legislativas para outorga de concessão de serviços públicos, bem como a fixação por leis específicas. Assim, a Lei federal 9.074/1995 determinou para as *concessões de geração de energia elétrica* contratadas após sua expedição prazo máximo de 35 anos, prorrogáveis por até mais 20 anos, e para as de *transmissão e distribuição de energia elétrica* o limite de 30 anos.[15] Já, para as concessões de energia elétrica anteriores a essa lei, o art. 157 do Código de Águas (Decreto 24.643, de 10.7.1934) determina prazo de 30 anos, admitindo, excepcionalmente, sua dilação, quando:

> Parágrafo único. (...) as obras e instalações, pelo seu vulto, não comportarem amortização do capital no prazo estipulado neste artigo, com o fornecimento de energia por preço razoável, ao consumidor, a juízo do Governo, ouvidos os órgãos técnicos e administrativos competentes, a concessão poderá ser outorgada por prazo superior, não excedente, porém, em hipótese alguma, de 50 (cinquenta) anos.

de quaisquer obras de interesse público, delegada pelo poder concedente, mediante licitação, na modalidade de concorrência, à pessoa jurídica ou consórcio de empresas que demonstre capacidade para a sua realização, por sua conta e risco, de forma que o investimento da concessionária seja remunerado e amortizado mediante a exploração do serviço ou da obra *por prazo determinado*; (...)" (grifos nossos).
"Art. 18. O edital de licitação será elaborado pelo poder concedente, observados, no que couber, os critérios e as normas gerais da legislação própria sobre licitações e contratos e conterá, especialmente: I – o objeto, metas *e prazo da concessão*; (...)" (grifos nossos).
15. "Art. 4º. As concessões, permissões e autorizações de exploração de serviços e instalações de energia elétrica e de aproveitamento energético dos cursos de água serão contratadas, prorrogadas ou outorgadas nos termos desta e da Lei n. 8.987, e das demais.
"(...).
"§ 2º. As concessões de geração de energia elétrica anteriores a 11 de dezembro de 2003 terão o prazo necessário à amortização dos investimentos, limitado a 35 (trinta e cinco) anos, contado da data de assinatura do imprescindível contrato, podendo ser prorrogado por até 20 (vinte) anos, a critério do poder concedente, observadas as condições estabelecidas nos contratos.
"§ 3º. As concessões de transmissão e de distribuição de energia elétrica, contratadas a partir desta Lei, terão o prazo necessário à amortização dos investimentos, limitado a 30 (trinta) anos, contado da data de assinatura do imprescindível contrato, podendo ser prorrogado no máximo por igual período, a critério do poder concedente, nas condições estabelecidas no contrato."

Como já dito, o prazo de concessão deve estar previsto no edital e no contrato, conforme determinam os arts. 18, I, e 23, I, da Lei federal 8.987/1995, bem como as "condições para sua prorrogação" (art. 23, XII, da Lei federal 8.987/1995). Entendemos, contudo, tratar-se de cláusula regulamentar da concessão, uma vez que o poder concedente pode, a qualquer tempo e independentemente de qualquer falta ou aquiescência do concessionário, estribado em razões de conveniência e oportunidade, extinguir dito contrato, como preleciona Celso Antônio Bandeira de Mello,[16] em entendimento acolhido em julgado do STJ, cujo trecho transcrevemos abaixo:

Decisão: (...). A prorrogação do contrato administrativo somente é possível quando previsto no edital e desde que em conformidade com a legislação vigente.

(...). Além disso, deve-se asseverar que, em se tratando de contrato administrativo, tem o Poder Público o direito de alterar e até mesmo extinguir o contrato antes de seu termo final. Como se extrai dos ensinamentos de Celso Antônio Bandeira de Mello, que diz: "*36.* Ao contrário do que se poderia pensar, o prazo da concessão não é elemento contratual do ato. Compreende-se nas cláusulas regulamentares, pelo quê o concedente pode, em razão da conveniência ou oportunidade – portanto, mesmo sem qualquer falta do concessionário –, extinguir a concessão a qualquer momento, sem com isto praticar qualquer ilícito. Uma vez que o serviço é prestado descentralizadamente por mera conveniência estatal e tendo em vista que nunca deixa de ser próprio do Estado (em razão de sua natureza pública), está em seu poder retomar-lhe o exercício". Concorre para esta inteligência a circunstância de que não há interesse jurídico do concessionário em manter o serviço em suas mãos. O que, de direito, aspira é ao resguardo de sua pretensão econômica. Isto posto, nego provimento ao presente agravo de instrumento – Intimações, necessárias.

Publique-se.

Brasília/DF, 20 de março de 2003 – *Min. José Delgado*, relator.

Ora, se as cláusulas referentes a prazo nos contratos administrativos são regulamentares, significa dizer que se inserem na parte *mutável* dos referidos contratos, podendo o poder concedente alterá-las por diversos motivos, inclusive extinguindo prematuramente ou pror-

---

16. Celso Antônio Bandeira de Mello, *Curso de Direito Administrativo*, 29ª ed., São Paulo, Malheiros Editores, 2012, p. 743.

rogando a avença por motivos de conveniência ou oportunidade, devidamente demonstradas, assegurando a respectiva contrapartida de garantir seja mantido seu equilíbrio econômico-financeiro tal como inicialmente estabelecido, uma vez que o prazo constitui elemento determinante desta equação, que se insere naquilo que podemos denominar de parte *imutável* das cláusulas contratuais.

Isto não significa dizer possa o poder concedente agir a seu talante para a prorrogação, sob pena de burla ao princípio constitucional de obrigatoriedade de licitação; motivo pelo qual nos parece que referida possibilidade de prorrogação tem sido objeto de significativa resistência pela doutrina pátria,[17] em que pese ao fato de que, a nosso ver, pode,

---

17. "(...). A prorrogação somente se justifica em situações excepcionais, para atender ao interesse público devidamente justificado ou mesmo na hipótese em que o prazo originalmente estabelecido se revele insuficiente para amortização dos investimentos. De outro modo, a prestação do serviço poderá ficar indefinidamente nas mãos da mesma empresa, burlando realmente o princípio da licitação. Por isso mesmo, parecem de constitucionalidade bastante duvidosa as normas da Lei 9.074, que permitem as prorrogações por longos anos, sem que haja qualquer indicação dos critérios que norteiam o legislador; é o caso do art. 4º, §§ 2º e 3º, da Lei 9.074, que limita o prazo das concessões de geração, transmissão e distribuição de energia elétrica ao necessário à amortização dos investimentos, limitados a 35 e 30 anos, respectivamente; no entanto, paradoxalmente, permite a prorrogação por igual período, 'a critério do poder concedente, nas condições estabelecidas no contrato'.

"Mais gritantes são as situações tratadas nos arts. 19 a 25, que cuidam da 'prorrogação das concessões atuais', porque, se existem contratos anteriores à vigência da lei que não previam a prorrogação, não se pode autorizá-la por meio de lei, pois, desse modo, também está se passando por cima da exigência de licitação" (Maria Sylvia Zanella Di Pietro, *Parcerias na Administração Pública: Concessão, Permissão, Franquia, Terceirização, Parceria Público-Privada e Outras Formas*, 5ª ed., São Paulo, Atlas, 2006, p. 131).

Nesse sentido, ainda, a posição de Marçal Justen Filho, que, ao mitigar posicionamento anterior em nova obra, assim se manifestou acerca do tema:

"O autor sempre manifestou certa oposição à prorrogação do prazo de concessões, ainda que a propósito de recomposição da equação econômico-financeira, especificamente em publicação anterior a esta obra. Verberações mais contundentes foram dirigidas ao art. 4º da Lei 9.074, que generalizou prorrogações no âmbito dos serviços públicos de energia elétrica.

"Sob certo ângulo, as críticas são mantidas. Mas é o caso de considerar o problema da restauração do equilíbrio econômico-financeiro. Em tal hipótese, incide uma garantia constitucional, assegurando ao particular o direito à integridade patrimonial. A isso se contrapõe o interesse público de modificação de cláusulas de serviço da concessão. Adiciona-se a impossibilidade de solucionar o problema com elevação de tarifas ou pagamento de indenização com recursos provenientes de cofres públicos.

muitas vezes, representar a melhor alternativa à consecução do interesse público, conforme explanado *supra*.

Concordamos plenamente com os argumentos doutrinários quanto à excepcionalidade da prorrogação e seu absoluto condicionamento ao atendimento do interesse público. Entretanto, não obstante seja desejável a estipulação de critérios pelo legislador para sua ocorrência, entendemos nem sempre possível seu estabelecimento de forma absoluta, restando ao edital e ao contrato sua contemplação.

Destarte, entendemos que a prorrogação do prazo das concessões, conquanto seja possível para restabelecimento da equação econômico-financeira da concessão, jamais poderá ser arbitrariamente decidida, mesmo que não se tenham legalmente estabelecidos todos os critérios necessários para tanto, devendo restar prevista no edital e no contrato, porque se assim não for não se coaduna com o ordenamento jurídico, resultando em ofensa à Constituição da República, seja pela eternização de uma concessão, seja por burlar a impessoalidade, com a exclusão, por um tempo, dos demais interessados em prestá-la.

Dita possibilidade deve ser necessariamente analisada caso a caso, como hipótese excepcional, além de constituir objeto de robustos estudos de planejamento, devendo restar motivada de forma apta a demonstrar que sua adoção atende aos requisitos legais e configura o melhor meio de observar o interesse público em questão.

"Surge, então, uma contraposição de valores e princípios jurídico-constitucionais. (...). A situação conduz à aplicação do princípio da proporcionalidade (...) que impede que se imponha ao concessionário o dever de sofrer perda patrimonial tal como exclui a elevação de tarifas que possam colocar em risco a estabilidade econômica da Nação. Também exclui a possibilidade de que se constranja o Poder Público a desembolsar vultosos recursos para indenizar o contratado apenas porque se reputa indispensável extinguir a contratação e realizar licitação. (...).

"Uma alternativa consistiria na ampliação dos prazos de concessão, de modo a assegurar que o prazo mais longo permita a realização dos resultados assegurados ao interessado. A prorrogação é compatível com a Constituição especialmente quando todas as outras alternativas para produzir a recomposição acarretariam sacrifícios ou lesões irreparáveis às finanças públicas ou aos interesses dos usuários. Essa é a alternativa que realiza, do modo mais intenso possível, todos os valores e princípios constitucionais. (...).

"Por isso, alterou-se o entendimento para aceitar a solução de prorrogação do prazo da concessão como instrumento para produzir a recomposição da equação econômico-financeira original" (*Teoria Geral das Concessões de Serviço Público*, cit., pp. 405-406).

Ressaltamos, contudo, a ocorrência de casos concretos nos quais se discute a prorrogação de prazo de contratos de concessão anteriores às Leis 8.987 e 9.074, de 1995, em virtude de este último diploma ter previsto tal possibilidade em relação àqueles que estivessem em vigor após seu advento, nos seus arts. 19 a 25.[18]

18. "Art. 19. A União poderá, visando garantir a qualidade do atendimento aos consumidores a custos adequados, prorrogar, pelo prazo de até 20 (vinte) anos, as concessões de geração de energia elétrica, alcançadas pelo art. 42 da Lei n. 8.987, de 1995, desde que requerida a prorrogação, pelo concessionário, permissionário ou titular de manifesto ou de declaração de usina termelétrica, observado o disposto no art. 25 desta Lei.

"§ 1º. Os pedidos de prorrogação deverão ser apresentados, em até 1 (um) ano, contado da data da publicação desta Lei.

"§ 2º. Nos casos em que o prazo remanescente da concessão for superior a 1 (um) ano, o pedido de prorrogação deverá ser apresentado em até 6 (seis) meses do advento do termo final respectivo.

"§ 3º. Ao requerimento de prorrogação deverão ser anexados os elementos comprobatórios de qualificação jurídica, técnica, financeira e administrativa do interessado, bem como comprovação de regularidade e adimplemento de seus encargos junto a órgãos públicos, obrigações fiscais e previdenciárias e compromissos contratuais, firmados junto a órgãos e entidades da Administração Pública Federal, referentes aos serviços de energia elétrica, inclusive ao pagamento de que trata o § 1º do art. 20 da Constituição Federal.

"§ 4º. Em caso de não apresentação do requerimento, no prazo fixado nos §§ 1º e 2º deste artigo, ou havendo pronunciamento do poder concedente contrário ao pleito, as concessões, manifestos ou declarações de usina termelétrica serão revertidas para a União, no vencimento do prazo da concessão, e licitadas.

"§ 5º. (Vetado).

"Art. 20. As concessões e autorizações de geração de energia elétrica alcançadas pelo parágrafo único do art. 43 e pelo art. 44 da Lei n. 8.987, de 1995, exceto aquelas cujos empreendimentos não tenham sido iniciados até a edição dessa mesma lei, poderão ser prorrogadas pelo prazo necessário à amortização do investimento, limitado a 35 (trinta e cinco) anos, observado o disposto no art. 24 desta Lei e desde que apresentado pelo interessado: I – plano de conclusão aprovado pelo poder concedente; II – compromisso de participação superior a um terço de investimentos privados nos recursos necessários à conclusão da obra e à colocação das unidades em operação.

"Parágrafo único. Os titulares de concessão que não procederem de conformidade com os termos deste artigo terão suas concessões declaradas extintas, por ato do poder concedente, de acordo com o autorizado no parágrafo único do art. 44 da Lei n. 8.987, de 1995.

"Art. 21. É facultado ao concessionário incluir no plano de conclusão das obras, referido no inciso I do artigo anterior, no intuito de viabilizá-la, proposta de sua associação com terceiros na modalidade de consórcio empresarial do qual seja a empresa-líder, mantida ou não a finalidade prevista originalmente para a energia produzida.

"Parágrafo único. Aplica-se o disposto neste artigo aos consórcios empresariais formados ou cuja formação se encontra em curso na data de publicação desta Lei,

Como exemplo temos o caso objeto de parecer da ANEEL, da lavra do Procurador Federal Dilermando Gomes de Alencar, publica-

desde que já manifestada ao poder concedente pelos interessados, devendo as concessões ser revistas para adaptá-las ao estabelecido no art. 23 da Lei n. 8.987, de 1995, observado o disposto no art. 20, inciso II, e no art. 25 desta Lei.
"Art. 22. As concessões de distribuição de energia elétrica alcançadas pelo art. 42 da Lei n. 8.987, de 1995, poderão ser prorrogadas, desde que reagrupadas segundo critérios de racionalidade operacional e econômica, por solicitação do concessionário ou iniciativa do poder concedente.
"§ 1º. Na hipótese de a concessionária não concordar com o reagrupamento, serão mantidas as atuais áreas e prazos das concessões.
"§ 2º. A prorrogação terá prazo único, igual ao maior remanescente dentre as concessões reagrupadas, ou 20 (vinte) anos, a contar da data da publicação desta Lei, prevalecendo o maior.
"§ 3º. *(Vetado)*.
"Art. 23. Na prorrogação das atuais concessões para distribuição de energia elétrica, o poder concedente diligenciará no sentido de compatibilizar as áreas concedidas às empresas distribuidoras com as áreas de atuação de cooperativas de eletrificação rural, examinando suas situações de fato como prestadoras de serviço público, visando enquadrar as cooperativas como permissionárias de serviço público de energia elétrica. *(V. Decreto 4.855, de 9.10.2003)*
"§ 1º. Constatado, em processo administrativo, que a cooperativa exerce, em situação de fato ou com base em permissão anteriormente outorgada, atividade de comercialização de energia elétrica a público indistinto localizado em sua área de atuação, é facultado ao poder concedente promover a regularização da permissão, preservado o atual regime jurídico próprio das cooperativas.
"§ 2º. O processo de regularização das cooperativas de eletrificação rural será definido em regulamentação própria, preservando suas peculiaridades associativistas.
"§ 3º. As autorizações e permissões serão outorgadas às cooperativas de eletrificação rural pelo prazo de até 30 (trinta) anos, podendo ser prorrogado por igual período, a juízo do poder concedente.
"Art. 24. O disposto nos §§ 1º, 2º, 3º e 4º do art. 19 aplica-se às concessões referidas no art. 22.
"Parágrafo único. Aplica-se, ainda, às concessões referidas no art. 20, o disposto nos §§ 3º e 4º do art. 19.
"Art. 25. As prorrogações de prazo, de que trata esta Lei, somente terão eficácia com assinatura de contratos de concessão que contenham cláusula de renúncia a eventuais direitos preexistentes que contrariem a Lei n. 8.987, de 1995.
"§ 1º. Os contratos de concessão e permissão conterão, além do estabelecido na legislação em vigor, cláusulas relativas a requisitos mínimos de desempenho técnico do concessionário ou permissionário, bem assim sua aferição pela fiscalização através de índices apropriados.
"§ 2º. No contrato de concessão ou permissão, as cláusulas relativas à qualidade técnica, referidas no parágrafo anterior, serão vinculadas a penalidades progressivas, que guardarão proporcionalidade com o prejuízo efetivo ou potencial causado ao mercado."

do na *A&C Revista de Direito Administrativo e Constitucional*,[19] que opinou pela "prorrogação do prazo de vigência da concessão da UTE Camaçari por 20 anos, com esteio no art. 19 da n. Lei 9.074/1995", ao considerar que, naquele caso, fora levantado e informado pela área técnica competente para os estudos que haveria um saldo a depreciar no montante de R$ 517.583.126,56, dos quais percentual expressivo (63%) do saldo do ativo imobilizado em serviço se referia aos turbogeradores instalados, que haviam sido recentemente repotenciados, e que tal repotenciação estava abarcada em um conjunto de medidas deferidas à UTE Camaçari e a outras usinas, conforme constante da Resolução 41, de 17.10.2000, expedida pelo Conselho Nacional de Desestatização, que autorizou as "empresas CHESF/Cia. Hidro Elétrica do São Francisco e CGTEE/Cia. de Geração Térmica de Energia Elétrica a promoverem repotenciação/ampliação das Usinas Termelétricas de Bongi, Camaçari e Nutepa".

Assim, o supracitado Procurador Federal ponderou, no uso dois motivos existentes no caso concreto – a um, a repotenciação autorizada pelo concedente como fator responsável pela maior parcela do *quantum* a depreciar, e a dois, o tempo necessário para depreciar restar estimado em 23,38 anos e o máximo legal permitido ser de 20 anos –, para opinar pela prorrogação do prazo da concessão, com supedâneo no art. 19 da Lei 9.074/1995 e nos princípios da *razoabilidade*, da *proporcionalidade*, da *finalidade* e da *modicidade tarifária*, conforme se pode inferir das razões abaixo transcritas, que o levaram, a nosso ver, à sugestão mencionada:

> 25. Nesse sentido, pode-se inferir que a repotenciação da UTE Camaçari foi objeto de assentimento expresso da União. Infere-se, ainda, que foi considerado (e, se não foi, deveria tê-lo sido) o lapso restante para o término da vigência da concessão, ou seja, ao autorizar, no ano de 2000, a repotenciação da térmica ora analisada, criou-se uma situação que legitima a prorrogação. Explica-se.
>
> 26. Os investimentos que decorreram da repotenciação, ainda que não integrem a totalidade do saldo a depreciar, representam uma parte

---

19. *A&C Revista de Direito Administrativo e Constitucional* 34/229-241, Ano 8, Belo Horizonte, Fórum, outubro-dezembro/2008.

significativa do mesmo, conforme assinalado pela área técnica. E não parece plausível que, tendo o Poder Público permitido tal ato (ampliação da potência) em data próxima ao término da concessão, sejam onerados todos os consumidores com elevação das tarifas, tampouco que o próprio Estado tenha que arcar com tal exação.

27. Por outro lado, não se pode deixar de considerar que o tempo necessário para depreciação, consoante informa a área técnica, é de aproximadamente 23,38 anos. Em outras palavras, ainda que seja deferido o tempo-limite previsto para prorrogação que é de 20 anos, este será insuficiente para que o saldo a depreciar seja amortizado. Nessa linha, surge mais um argumento que denota a viabilidade de optar-se pela prorrogação.

28. Nessa medida, as críticas às prorrogações devem ceder espaço à análise dos fatos e à ponderação de interesses à luz a Constituição da República. A prorrogação do prazo de vigência da concessão da UTE Camaçari parece ser a opção menos lesiva ao interesse público. Optar pela reversão, neste caso, seria desastroso, vez que os consumidores teriam que arcar direta ou indiretamente com os ônus ou, então, verbas públicas teriam que ser alocadas para adimplir o valor do saldo a depreciar.

29. No esteio das argumentações acima, crê esta Procuradoria Federal que estará sendo garantida a qualidade do atendimento aos consumidores a custos adequados, consoante determina a norma contida no art. 19 da Lei n. 9.074/1995.

30. Diante dos argumentos acima expendidos, opina este Órgão pela possibilidade do envio dos autos ao Ministério das Minas e Energia, posto que a instrução encontra-se regular. Quando do encaminhamento, estima deva ser sugerida a prorrogação do prazo de vigência da concessão da UTE Camaçari por 20 anos, com esteio no art. 19 da Lei n. 9.074/1995.

3.5 *Planejamento da equação econômico-financeira*

O planejamento da equação econômico-financeira do contrato consiste no estudo meticuloso da relação de equivalência entre encargos e contraprestação devida à concessionária pela prestação de serviço público. É o estudo da viabilidade econômica da concessão, obrigatório, pela intelecção do art. 16 da Lei 8.987/1995.[20]

O necessário planejamento da equação econômico-financeira envolverá estudos prévios de todos os elementos nela contemplados, como os ônus, deveres e obrigações a serem atribuídos ao concessionário, bem como a política tarifária formulada pelo Poder Público como viável para assegurar, simultaneamente, a prestação do serviço público almejado, na forma legalmente prevista como *adequada*, a justa remuneração do concessionário e a inafastável amortização dos investimentos.

O planejamento da equação, embora seja tema autônomo, fundamenta-se nos estudos anteriores das variáveis mencionadas neste capítulo, pois a verificação de viabilidade econômica de uma concessão de serviço público deles depende.

É no planejamento da equação que se definirá um equilíbrio econômico-financeiro que sustente a viabilidade econômica da concessão a partir do confronto entre os investimentos necessários e o retorno possível de ser obtido.

Assim, no planejamento da equação é que se aferirá se haverá, ou não, cobrança pela outorga, qual o parâmetro de aceitabilidade da menor tarifa, se há possibilidade de fontes paralelas, projeto associado, se há necessidade de subsídio, e tudo o mais que se verificar como retorno da concessionária em função dos investimentos levantados como necessários à adequada prestação do serviço.

Para comprovar sua importância, novamente trazemos à colação o regramento geral para fiscalização de concessões de serviço público, no âmbito de competência do TCU, disposto na Instrução Normativa 27/1998, que, em seu art. 7º, I, "a" e "c", determina, respectivamente, sua realização em quatro estágios, sendo no primeiro deles analisado o *relatório sintético sobre os estudos de viabilidade técnica e econômica do empreendimento, com informações sobre seu objeto, área e prazo de concessão ou permissão, orçamento das obras realizadas e a realizar, data de referência dos orçamentos, custo estimado*

---

20. "Art. 16. A outorga de concessão ou permissão não terá caráter de exclusividade, salvo no caso de inviabilidade técnica ou econômica justificada no ato a que se refere o art. 5º desta Lei."

de prestação de serviços, bem como sobre as eventuais fontes de receitas alternativas, complementares, acessórias e as provenientes de projetos associados e, ainda, o *relatório sintético sobre os estudos de impactos ambientais, indicando a situação do licenciamento ambiental.*

No quarto estágio de fiscalização das concessões, determina o inciso IV do mesmo art. 7º que devem ser analisados o *ato de outorga* e o *contrato de concessão*.

É certo que, ao longo do tempo de duração da concessão, seu equilíbrio econômico-financeiro pode sofrer variações. Contudo, estas só encontram tratamento normativo adequado quando se observa a suficiência do planejamento que sustentou a outorga do serviço público em concessão.

Capítulo 4
REVISÃO NA CONCESSÃO COMUM DE SERVIÇO PÚBLICO

4.1 A singularidade da concessão dentro do panorama dos contratos administrativos. 4.2 A revisão enquanto categoria jurídica no contexto da concessão comum de serviço público. 4.3 A revisão na Constituição da República. 4.4 A revisão na Lei nacional 8.987/1995: 4.4.1 Disciplina legal das hipóteses de revisão – 4.4.2 Previsão legal do não cabimento do ato de revisão – 4.4.3 Disciplina da hipótese de omissão do dever de revisão contratual. 4.5 Classificação da revisão em conformidade com a Constituição da República e as normas nacionais: periódica ou ordinária e extraordinária. 4.6 Crítica à definição legal de "concessão de serviço público": 4.6.1 A interpretação adequada da expressão "por sua conta e risco" (sentido e alcance): 4.6.1.1 A divisão dos riscos ou áleas ordinárias e extraordinárias.

Em conformidade com os capítulos anteriores, concluímos que o planejamento da concessão comum de serviço público – o qual definimos como *procedimento administrativo que engloba um conjunto de estudos que tem por fim estabelecer, de forma concreta, o mais adequado modo de atendimento da prestação de um serviço público outorgado em certo período de tempo* –, enquanto pressuposto de validade do ato de outorga de uma concessão, por fundamentar sua viabilidade econômico-financeira, assume grande importância para a realização da licitação e para a execução do contrato.

Justificamos nosso entendimento em um simples raciocínio lógico obtido a partir da interpretação sistemática do ordenamento jurídico, cujos dispositivos de regência do tema específico, de que se trata, foram apontados no capítulo anterior.

Inicialmente, a Constituição da República consagra o *princípio do planejamento* no exercício da função administrativa.[1] E esta, no que tange à concessão comum de serviço público, recebe tratamento infralegal: a Lei Geral de Concessões consagra tal princípio, ao condicionar sua outorga à publicação, prévia ao edital, de ato justificando a conveniência da medida, caracterizando seu objeto, área e prazo (art. 5º); ou seja, condiciona a outorga da concessão à existência prévia de um plano de outorga, necessariamente resultante de planejamento.

Por óbvio, o referido plano norteará todo o *iter* necessário à consecução da outorga, que se dá por meio de licitação, do consequente contrato, bem como sua execução – o que implica dizer que o plano deve ser observado em todas as fases da concessão de serviço público, seja pelos licitantes, seja pelo concessionário, seja pelo concedente. Dito plano, ao fornecer os elementos de viabilidade técnica e econômica, servirá de fundamento à elaboração do edital pelo poder concedente.

Em função do princípio da vinculação ao instrumento convocatório, referido edital deve ser observado pelo poder concedente e pelos licitantes em todos os aspectos exigidos, sob pena de desclassificação das propostas, especialmente no que tange àqueles resultantes do planejamento – ou seja, referentes à viabilidade técnica e econômica da concessão de serviço público. A inobservância autoriza a desclassificação por inexequibilidade, conforme preconizado na Lei nacional 8.987/1995:

> Art. 15. No julgamento da licitação será considerado um dos seguintes critérios: (...).
>
> (...).
>
> § 3º. O poder concedente recusará propostas manifestamente inexequíveis ou financeiramente incompatíveis com os objetivos da licitação.

Como mencionamos acima, deve, ainda, ser respeitado o planejamento da concessão de serviço público no contrato que a contempla,

---

1. Arts. 21, IX, 25, § 3º, 29, XII, 30, VIII, e 174, dentre outras passagens referentes a *orçamento estatal*, *planos urbanísticos* e, sobretudo, fundamentalmente por reconduzir a outro valor, constante do *caput* do art. 37, que é o *princípio da eficiência*, donde é uma decorrência, pois não é possível cumprir o mandamento de eficiência administrativa sem planejamento estatal.

cuja minuta, constante do edital, deve fundamentar-se no plano, pelo princípio da vinculação ao instrumento convocatório.

Terminada a licitação e firmado o contrato, no curso de sua execução mantém-se a importância do planejamento, porque da suficiência das análises e estudos nele englobados dependerá a sorte dos pleitos de revisão que se verificarem, pois servirão de norte para sua procedência ou não.

Assim, o planejamento adequado norteia as revisões contratuais futuras que se fazem necessárias numa concessão de serviço público, em razão da dinâmica complexa que singulariza esta espécie de contrato administrativo, resultante do seu objeto, que se reveste de altíssima mutabilidade e exige longo prazo de duração para amortização dos investimentos – o que enseja a ocorrência de *revisões contratuais periódicas*, além das *revisões extraordinárias* (que certamente se farão necessárias pelo longo prazo, mas também, em contrapartida, reduzindo-se a ocorrência de revisões indevidas, isto é, as decorrentes de falta ou insuficiência de planejamento).

Deste modo, buscamos demonstrar, mais uma vez que, para se licitar a outorga de uma concessão de serviço público, tal qual prevista e autorizada por lei, exige-se a comprovação da viabilidade econômico-financeira do empreendimento, o que pressupõe rigoroso planejamento prévio.

Tudo isto a demonstrar que, entre a lei e a efetiva outorga da prestação de um serviço público, faz-se obrigatório e imprescindível o planejamento. Aliás, ressaltamos, não somente em sede de concessão de serviço público, mas para a expedição de todo e qualquer ato no exercício da função administrativa, em consonância com nossa Constituição.

4.1 A singularidade da concessão dentro do panorama dos contratos administrativos

De uma maneira geral, os contratos administrativos constituem espécie do gênero "contratos", por serem peculiares, em virtude da finalidade que almejam – qual seja: o interesse público a ser obtido pelo objeto contratado (obra, serviço, compra, alienação, concessão, permissão e locação). Daí a mutabilidade, decorrente da dinâmica que envolve a consecução deste interesse maior e o singulariza perante as demais espécies.

Nesse contexto diferenciado, podemos dizer que sobressaem, com mutabilidade elevada à potência máxima, os contratos que têm por objeto uma concessão de serviço público, singulares dentre os demais contratos administrativos, pelo fato de que este *objeto* contratual, consistente na outorga da prestação de determinado serviço público, envolve, de per si, uma série de específicas variáveis que lhe conferem maior complexidade e, por isso, demandam sua periódica revisão.

Esta necessidade de *revisão periódica* do contrato de concessão de serviço público configura outra característica que singulariza esta espécie contratual. E se justifica pela relevância e complexidade do seu objeto e pela mutabilidade a ele inerente, que exigem contínua verificação da equação econômico-financeira. Daí a necessidade de que, de tempos em tempos, seja revisto o contrato, independentemente de pleitos decorrentes da ocorrência de fatos extraordinários (*revisão extraordinária*), pois a *concessão de serviço público* envolve sua *gestão*, o que abrange seus *investimentos*, *amortização* e *prazo de duração*.

A *revisão periódica* das concessões de serviço público, além de exigência que se fundamenta neste próprio objeto contratual, também se embasa no *princípio da moralidade*, previsto no *caput* do art. 37 da nossa CF, pois, por força deste, não se toleram nem o acúmulo de prejuízos em desfavor do concessionário nem o de vantagens em seu favor.

Ora, esta atividade, ao ser qualificada pelo legislador como serviço público – dada a relevância para a coletividade em determinado tempo, que motivou esta opção política –, é destacada do domínio econômico, passando a ser de titularidade do Poder Público, sem que, contudo, isto implique a possibilidade de, quando concedida, possa o Estado valer-se da condição de titular concedente para arbitrariamente obter vantagens à custa do concessionário. Este, por outro lado, também não pode se valer da concessão como instrumento para obter vantagens além da justa remuneração, obtida em cada caso e contemplada na equação econômico-financeira contratualmente estabelecida.

Tudo isto porque, uma vez juridicamente qualificada a atividade como serviço público, do interesse geral que reveste sua execução surgem princípios – como o da continuidade do serviço público –, a clamarem por maior intervenção do Estado nessas avenças, como forma de garantir os interesses da coletividade. Daí, em contrapartida, o surgimento da *teoria do equilíbrio econômico-financeiro*, segundo a qual a equivalência entre encargos e remuneração deve ser inicialmente estabelecida no contrato e mantida durante toda sua execução, com base em vetores axiológicos como lealdade e boa-fé.

A singularidade dos contratos administrativos que têm por objeto concessão de serviço público foi reconhecida acertadamente, de forma magistral, pelo constituinte, que, ao tratar do tema, expressamente declarou, no inciso I do parágrafo único do art. 175 da Constituição da República, seu *caráter especial*:

> Art. 175. Incumbe ao Poder Público, na forma da lei, diretamente ou sob regime de concessão ou permissão, sempre através de licitação, a prestação de serviços públicos.
>
> Parágrafo único. A lei disporá sobre: I – o regime das empresas concessionárias e permissionárias de serviços públicos, o *caráter especial de seu contrato* e de sua prorrogação, bem como as condições de caducidade, fiscalização e rescisão da concessão ou permissão; (...). (Grifo nosso)

O acertado reconhecimento da singularidade ou do *caráter especial* destes contratos se deu em virtude dos motivos declinados *supra*, tais como a dimensão, a complexidade e a mutabilidade do seu objeto e a relevância do serviço público – cuja prestação adequada, também constitucionalmente prevista, abarca uma série de variáveis que levam a estes caracteres mencionados, demandadores de revisões contratuais periódicas, além daquelas de motivação extraordinária.

Destarte, esta singularidade dos contratos de concessão de serviço público, consagrada pela Constituição da República, reside, ainda, nas revisões que se fazem frequentemente necessárias, pelos motivos acima expostos – objeto e prazo –, que as tornam categoria jurídica própria às concessões, diferindo-as significativamente das revisões dos contratos administrativos em geral, conforme passaremos a discorrer.

4.2 A revisão enquanto categoria jurídica no contexto da concessão comum de serviço público

Partiremos da abordagem da revisão, juntamente com o reajuste – do qual se diferencia –, no contexto dos contratos administrativos em geral para, então, demonstrarmos que ambos se tornam muito mais complexos nos ajustes que têm por objeto concessões de serviços públicos, em razão da complexidade da equação econômico-financeira destes, que abarca um número de elementos ou variáveis maior do que abarca a dos contratos administrativos em geral, o que, por sua vez, singulariza mais esta espécie contratual e torna sua revisão categoria jurídica própria.

Em que pese a se tratar a *revisão* dos contratos administrativos em geral, inclusive daqueles que têm por objeto uma concessão de serviço público, juntamente com o *reajuste* dos preços ou tarifas, um dos mecanismos de recomposição da equação econômico-financeira, não há sinonímia.

O *reajuste* consiste em mera manutenção da equação inicialmente pactuada, pela recomposição da variação dos custos integrantes, em dado período, obtida a partir de índices gerais ou setoriais, previstos contratualmente.[2] Nas concessões de serviço público o reajuste deve refletir o aumento do custo de todos os insumos necessários à adequada prestação do serviço público; daí a necessidade – mais uma vez aqui demonstrada e justificada – de obrigatoriedade do planejamento para o setor público.

Já, a *revisão*, nos contratos administrativos em geral, ocorre para retomar seu equilíbrio econômico-financeiro, haja vista que, na medida em que se executam tais contratos, há um potencial significativo de interferências e de alterações passíveis de ocorrerem, derivadas dos mais diversos fatores. Com destaque, aqui, a mudança de quantitativos,

---

2. Nas concessões de serviços públicos devem ser adotados preferencialmente índices setoriais, que melhor dão conta do reajuste. Porém, muitas vezes, como estes índices podem implicar aumento da tarifa acima da inflação medida no período e que serve de parâmetro para os reajustes salariais dos usuários, em função da modicidade tarifária são adotados índices gerais. Destacamos, aqui, mais um motivo a sustentar a obrigatoriedade de revisão periódica dos contratos que versam sobre concessão de serviço público, como meio de assegurar a manutenção do seu equilíbrio econômico-financeiro.

a criação ou extinção de tributos, dentre outras situações pontuais que lhe apõem seu traço característico maior, qual seja, a mutabilidade em razão do interesse público que objetiva e da dinâmica que, por sua vez, reveste e caracteriza tal interesse.

Repise-se, pois: nos contratos administrativos em geral a revisão se impõe quando se verifica a ruptura da relação de equivalência entre os encargos assumidos pelo contratado e a contraprestação a que faz jus, daí que a doutrina e a legislação pátria a consagraram como decorrente de *alteração unilateral do contrato* (art. 65, I, combinado com o § 6º, da Lei federal 8.666/1993), de *fato do príncipe* (art. 65, II, "d", e § 5º, da Lei federal 8.666/1993) ou por aplicação da *teoria da imprevisão* (quando ocorrerem fatos supervenientes e imprevisíveis capazes de impactar significativamente o inicialmente avençado) ou, ainda, pela detecção de *sujeições imprevistas* (conforme o art. 65, II, "d", da Lei federal 8.666/1993) e de *fatos da Administração*.

Ocorre, todavia, que, nos contratos administrativos que têm por objeto uma concessão de serviço público, nem o reajuste nem a revisão ocorrem da mesma forma que nos contratos administrativos em geral, singularizando-os perante os demais. Impõe-se, aqui, a consideração de um regime jurídico próprio – motivo que, aliado à escassez de estudos com maior detença ou específicos sobre o tema, fundamentou nossa escolha desse tema para objeto destes estudos.

Como sabido, nos contratos administrativos que têm por objeto concessões de serviços públicos os contratados não têm sua contraprestação ou remuneração embasada tão somente em custos mais lucro, mas em diversas outras variáveis possíveis, que, de fato, diferem em cada caso, pois nem sempre estarão presentes na sua totalidade em todo e qualquer contrato que verse sobre tal objeto. Ademais, ocorrem, aqui, mudanças muito significativas, em razão do longo prazo de duração que tais contratos necessariamente estipulam, por força da necessária amortização dos investimentos efetuados. Tais variáveis são obrigatoriamente contempladas no planejamento e no cálculo de remuneração de qualquer um destes ajustes, juntamente com os riscos que permeiam a execução contratual e se afiguram impossíveis de previsão na sua totalidade.

Esta a razão, inclusive, de frequentemente se revelar a insuficiência do *reajuste* – ainda que legalmente previsto como uma das formas de recomposição – para mantença do equilíbrio econômico-financeiro. Isso porque, ao se atualizar a tarifa por um índice contratualmente adotado, não necessariamente se conseguirá dar conta de toda a complexa variação de custos possível de ocorrer em uma prestação de serviço público e atualizar todos os itens componentes da equação econômico-financeira deste contrato, pois esta não se compõe tão somente de *custos* mais *lucro*, eis que necessariamente inclui, ainda, a *amortização dos investimentos*. Estes últimos, por sua vez, ante a longa durabilidade do contrato, podem oscilar demasiadamente, ensejando, assim, a necessidade de *revisão periódica* deste contrato, além da tradicional *revisão extraordinária*, decorrente das áleas extraordinárias clássicas e suficiente aos contratos administrativos em geral.

Impende, ainda, esclarecer, neste momento, que, apesar de a lei prever como mecanismo de manutenção do equilíbrio econômico a revisão denominada de *revisão de tarifas*, entendemos tratar-se, na verdade, de *revisão contratual,* pois, como já explanamos inicialmente, o equilíbrio econômico-financeiro representa a parte contratual da concessão de serviço público e a tarifa normalmente representa seu elemento mais importante. Mas nem sempre é a tarifa o único meio hábil à recomposição do equilíbrio econômico-financeiro.

4.3 A revisão na Constituição da República

A revisão na concessão de serviço público tem fundamento constitucional no art. 175 da CF pátria, como podemos inferir tanto do seu *caput* quanto dos incisos que compõem seu parágrafo único.

Extraímos o dever de revisão contratual do *caput* do art. 175, por este expressamente permitir a outorga da prestação do serviço público por meio de concessão, o que importa o dever do Estado, enquanto seu titular, durante todo o período dessa outorga, de fiscalizar, acompanhar a execução e proceder à sua revisão, para assegurar seja adequadamente prestado o serviço público (conforme, aliás, preleciona o inciso IV do parágrafo único do dispositivo constitucional em comento, que serve também de fundamento à revisão das concessões de serviço público).

Tal inciso IV, ao estatuir que a lei disporá sobre "a obrigação de manter serviço adequado", necessariamente implica o dever de revisão contratual, pois, como temos afirmado ao longo deste capítulo, a concessão de serviço público é objeto contratual revestido de mutabilidade em grau muito mais acentuado que os demais contratos administrativos, sendo certo que tal se verifica em decorrência dos elementos caracterizadores do serviço público adequado – quais sejam: regularidade, continuidade, eficiência, segurança, atualidade, generalidade, cortesia e modicidade de tarifas.

Ora, para assegurar que sejam observados estes elementos aptos ao cumprimento do dever de prestação adequada do serviço público concedido, deve haver, além do planejamento prévio, a revisão periódica do contrato.

Estes mesmos elementos peculiares ao serviço público concedido, objeto desta espécie de contrato, é que o revestem do *caráter especial* reconhecido pela Constituição no inciso I do parágrafo único do art. 175 e disposto na legislação de regência, pois, para que seja atendido o *serviço público adequado*, há que se reconhecê-lo como singular, por força do seu objeto mutável por natureza, conforme entendimento já exposto em item anterior.

Nesta mesma linha de raciocínio, inferimos a revisão contratual das concessões de serviço público do inciso II do parágrafo único do mesmo art. 175 da CF, ao determinar que a lei contemplará o "direito dos usuários" de serviços públicos – o que importa, no caso de concessão de sua prestação, mais uma vez, a necessidade de *revisões periódicas* além daquelas de ocorrência extraordinária; na medida em que os usuários têm direito à prestação de serviço público adequado, deve o poder concedente, de tempos em tempos, aferir se a execução do contrato está sendo feita em conformidade com o planejamento prévio e, ainda, adequar, por meio da revisão, tudo o que for necessário para a integral obtenção daquela prestação, nos moldes constitucionalmente preconizados.

Como esta demanda pode sofrer, no decurso do longo prazo de concessão, significativas variações de impacto na equação, deve ser, além de previamente dimensionada em sede de planejamento, objeto de redimensionamento constante por meio de revisão periódica, a fim de que sejam projetadas para a obrigatória atualidade do serviço público (que compreende sua melhoria e expansão), além da modernidade das técnicas, equipamentos e das instalações e, ao mesmo tempo, sua regularidade e generalidade. Nesse diapasão, devem ser consideradas, ainda, a manutenção constante de eficiência e segurança do serviço bem como a modicidade tarifária e a cortesia na prestação.

A *política tarifária*, aliás, também tem *status* constitucional consagrado no inciso III do parágrafo único do art. 175, que determina sua disposição por meio de lei – conforme discorremos no Capítulo 2, do qual extrairemos alguns aspectos para trazer à colação neste capítulo, por demonstrarem nela estar contido implicitamente o dever de revisão contratual da concessão de serviço público.

Inicialmente, ressaltamos que referida política serve de instrumental à concessão de serviços públicos, porque define a remuneração da concessão, viabilizando-a, levando em conta uma série de fatores que envolvem a prestação do serviço público, como seu custeio considerando a prestação e a infraestrutura existente ou necessária, os encargos assumidos pelo concessionário. Daí tal política transcender a mera fixação de tarifas, que, como já afirmamos, consiste, na esmagadora maioria dos casos, na principal forma de remuneração, ainda que não necessariamente a exclusiva.

Da importância vital da política tarifária à viabilidade de uma concessão extraímos a imprescindibilidade de seu planejamento prévio, não bastasse este ser constitucionalmente obrigatório. Contudo, mais uma vez, a matriz que lhe serve de fundamento é o direito dos usuários (e dever do Estado, ou de quem lhe faça as vezes) à prestação de serviço público *adequado*, o que inclui em sua definição a *modicidade de tarifas*. Essa modicidade é determinante não só para o planejamento da política tarifária por qualquer dos entes concedentes, como também para a execução da concessão durante o prazo contratual – donde decorre, novamente, o dever de revisão periódica, além da extraordinária, a fim de manter a viabilidade da concessão, nos termos constitucional e legalmente garantidos.

O princípio da modicidade tarifária – segundo o qual não podem os usuários ser onerados excessivamente pela cobrança de tarifas (que nas concessões comuns de serviço público consistem no principal ou exclusivo elemento de remuneração do concessionário, diferentemente dos demais contratos administrativos em geral, onde a remuneração é arcada pela Administração Pública) – impõe a necessidade de revisão contratual periódica, além daquelas extraordinárias, para garantir o acesso da coletividade, ou da parcela desta que necessita utilizar a prestação, à atividade concedida.

Ao mesmo tempo, a revisão se impõe por força de a política tarifária contemplar a manutenção, durante todo o prazo de execução da concessão, da equação econômico-financeira tal como inicialmente pactuada; ou seja: no aludido período deve periodicamente ser aferido se a remuneração do concessionário, com todas as variáveis que a integram (tarifa, subsídio, fontes complementares ou acessórias, projetos associados), se mantém suficiente em conformidade com o planejamento realizado, a suprir a amortização e o lucro pactuados em função dos encargos assumidos.

Destarte, a política tarifária das concessões, constitucionalmente prevista, é instrumento da viabilidade destas, pois deve, ao mesmo tempo, possibilitar, a partir de minucioso planejamento, o custeio da prestação do serviço público adequado e o direito dos usuários a esta prestação – o que implica assegurar a modicidade tarifária simultaneamente à generalidade, regularidade, continuidade, segurança, eficiência e atualidade; o que leva, por seu turno, ao dever de revisão contratual. Daí que o dispositivo constitucional que a prevê também serve de fundamento a este dever revisional.

Com o que dissemos acima procuramos demonstrar que em todos os dispositivos do parágrafo único do art. 175 da Constituição da República há implicitamente o dever de revisão do contrato de concessão de serviço público, basicamente derivando e girando em torno da obrigação de *prestação de serviço público adequado*, que é, ao mesmo tempo, *dever do seu titular* (seja a atividade prestada diretamente por ele ou por concessionário ou permissionário) e *direito dos usuários* (parágrafo único, III), inclusive quanto à implementação de uma política tarifária (parágrafo único, IV). Daí o dever de fiscalizar e rever o contrato de concessão, em função da mutabilidade de seu objeto, que torna sua natureza *especial* (parágrafo único, I).

Por fim, observamos que, embora não expressamente consignada na Constituição pátria a revisão dos contratos de concessão de serviço público, seu dever salta aos olhos de forma cristalina – conforme buscamos demonstrar neste item –, simplesmente porque quem quer o fim (*obrigação de serviço adequado*) necessariamente tem que dar os meios. E nosso constituinte a isso não se furtou em matéria de serviço público concedido.

Assim, se o art. 175 prevê *serviço adequado*, isto implica necessária revisão (periódica e extraordinária), sob pena de não se manter tal prestação adequada, em virtude da altíssima mutabilidade que o objeto da concessão envolve, ao importar regularidade, continuidade, atualidade, eficiência, generalidade, segurança, cortesia na prestação e modicidade das tarifas.

4.4 A revisão na Lei nacional 8.987/1995

4.4.1 Disciplina legal das hipóteses de revisão

A possibilidade de realização de revisão dos contratos que têm por objeto uma concessão de serviço público está prevista no art. 9º da Lei 8.987/1995,[3] o qual ainda contempla em seus dispositivos, além daquelas hipóteses, já de há muito consideradas e tratadas com maior detença pela doutrina e jurisprudência nacionais, ensejadoras da denominada *revisão extraordinária*, o dever de realização de *revisões* a prazo certo, as quais denominaremos de *periódicas* ou *ordinárias*.

Esta intelecção confirma-se com o art. 6º da Lei Geral, que estipula ser pressuposto de toda concessão de serviço público "a prestação de serviço adequado ao pleno atendimento dos usuários" – finalidade, esta, que, por sua vez, implica a necessidade e consequente dever legal de revisão periódica, como meio de manutenção.

---

3. "Art. 9º A tarifa do serviço público concedido será fixada pelo preço da proposta vencedora da licitação e preservada pelas regras de revisão previstas nesta Lei, no edital e no contrato.

"§ 1º. A tarifa não será subordinada à legislação específica anterior e somente nos casos expressamente previstos em lei sua cobrança poderá ser condicionada à existência de serviço público alternativo e gratuito para o usuário.

"§ 2º. Os contratos poderão prever mecanismos de revisão das tarifas, a fim de manter-se o equilíbrio econômico-financeiro.

"§ 3º. Ressalvados os impostos sobre a renda, a criação, alteração ou extinção de quaisquer tributos ou encargos legais, após a apresentação da proposta, quando comprovado seu impacto, implicará a revisão da tarifa, para mais ou para menos, conforme o caso.

"§ 4º. Em havendo alteração unilateral do contrato que afete o seu inicial equilíbrio econômico-financeiro, o poder concedente deverá restabelecê-lo, concomitantemente à alteração."

4.4.2 Previsão legal do não cabimento do ato de revisão

Na seara do regime jurídico das concessões há, ainda, a previsão legal de hipóteses em que a revisão não se faz necessária, como podemos inferir da intelecção do art. 10 da Lei nacional 8.987/1995, que assim dispõe:

> Art. 10. Sempre que forem atendidas as condições do contrato, considera-se mantido seu equilíbrio econômico-financeiro.

Parece-nos claro que a dicção do dispositivo acima é a seguinte: não cabe ao ato final do processo de revisão contratual – isto é, ao ato de revisão – alterar as bases da equação econômico-financeira sempre que restar demonstrado, naquele processo, que as mesmas não se alteraram.

Isto porque, ao condicionar a manutenção do equilíbrio econômico-financeiro ao atendimento das *condições do contrato*, o artigo em questão nos remete à seguinte leitura: trata-se de contrato válido decorrente de licitação que, por sua vez, decorreu de planejamento prévio, o qual deu certeza da viabilidade econômico-financeira da outorga do serviço público em concessão; donde, se, ao longo da execução contratual, aquilo que foi diagnosticado e previsto está se realizando sem acidentes ou distorções, não há que falar em ato de revisão alterador da equação inicialmente estipulada, porque, supostamente, não houve alteração nas bases do contrato.

Assim, se não houver, por exemplo, variação significativa de demanda de usuários ou de custeio do serviço em relação ao projetado pelo Poder Público em sede de planejamento, crise econômica ou qualquer outra variação nas condições inicialmente pactuadas, não há por que fazer alteração na equação econômico-financeira inicial da concessão de serviço público em processo de revisão.

4.4.3 Disciplina da hipótese de omissão do dever de revisão contratual

A revisão contratual nas concessões de serviço público é dever implicitamente contido em todos os dispositivos do parágrafo único do art. 175 da Lei Maior e expressamente consignado na Lei Geral que o regulamenta, estatuindo o regime jurídico das concessões comuns de serviço público. Este dever advém da singularidade dessa espécie de avença, determinada a partir da consagração da obrigação de prestação de serviço adequado, que, por sua vez, remete ao cumprimento de todos os elementos que o integram e definem, conforme já expusemos neste capítulo.

Ocorre que, como a satisfação de todos os elementos necessários à prestação adequada do serviço é revestida de complexidade, em função da mutabilidade dos mesmos, impõem-se o acompanhamento da execução do contrato de concessão de serviço público e sua revisão periódica, a fim de se garantir o dever constitucional de realização desta finalidade e o respeito à garantia (também constitucional) da manutenção da equação econômico-financeira.

O descumprimento deste dever constitucional de revisão pelo poder concedente, nas hipóteses legalmente previstas, seguramente compromete a mantença do equilíbrio econômico-financeiro e do serviço público adequado, ensejando a possibilidade de extinção do contrato mediante rescisão judicial, a pedido do concessionário, assegurada pelo art. 39 da Lei 8.987/1995, que assim preleciona:

> Art. 39. O contrato de concessão poderá ser rescindido por iniciativa da concessionária, no caso de descumprimento das normas contratuais pelo poder concedente, mediante ação judicial especialmente intentada para esse fim.
>
> Parágrafo único. Na hipótese prevista no *caput* deste artigo, os serviços prestados pela concessionária não poderão ser interrompidos ou paralisados, até a decisão judicial transitada em julgado.

Destacamos, contudo, não ser esta a única alternativa do concessionário na hipótese do não cumprimento do dever de revisão, pois poderá ele optar por manter o contrato de concessão, pleiteando em juízo a recomposição do equilíbrio econômico-financeiro rompido.

4.5 Classificação da revisão em conformidade com a Constituição da República e as normas nacionais: periódica ou ordinária e extraordinária

Por todo o exposto até o presente neste capítulo, resulta do regime jurídico da concessão de serviço público o dever de revisão do contrato que a assume como objeto, a se realizar em oportunidades distintas – quais sejam: periodicamente ou a qualquer momento, quando decorrente de fatos extraordinários; levando-nos à sua classificação em *revisão periódica ou ordinária* e *revisão extraordinária*.

A *revisão extraordinária* é espécie já de há muito sedimentada pela doutrina e pela legislação administrativas, por se aplicar a todos os contratos administrativos. Ao passo que a *revisão periódica* se faz obrigatória naqueles que têm por objeto uma concessão de serviço público, na medida em que toda concessão de serviço público pressupõe prévio planejamento, em razão dos aspectos que a tornam singular.

Este dever de revisão periódica, além de ter fundamento constitucional – conforme demonstramos acima, por estar permeado em todo o art. 175 da Lei Maior –, é inferido, ainda, do § 2º do art. 9º da Lei federal 8.987/1995, que, ao prescrever que os contratos tratados nessa lei "poderão prever mecanismos de revisão das tarifas, a fim de manter-se o equilíbrio econômico-financeiro", contempla o dever de revisão periódica, vez que a tarifa a que se refere é, normalmente, o maior exponencial ou o componente principal da equação econômico-financeira desses contratos. A garantia desse equilíbrio é fundamental à consecução do serviço público nos moldes de adequação legalmente previstos no mesmo diploma, quanto à regularidade, continuidade, eficiência, segurança, atualidade, generalidade, cortesia e modicidade tarifária (art. 6º).[4]

Importante, aqui, a observação de que o reequilíbrio decorrente de revisão eventualmente pode acarretar aumento da tarifa em patamar que extrapole a modicidade, devendo o Poder Público, para asse-

---

4. "Art. 6º. Toda concessão ou permissão pressupõe a prestação de serviço adequado ao pleno atendimento dos usuários, conforme estabelecido nesta Lei, nas normas pertinentes e no respectivo contrato.
"§ 1º. Serviço adequado é o que satisfaz as condições de regularidade, continuidade, eficiência, segurança, atualidade, cortesia na sua prestação e modicidade das tarifas.
"§ 2º. A atualidade compreende a modernidade das técnicas, do equipamento e das instalações e a sua conservação, bem como a melhoria e expansão do serviço.
"§ 3º. Não se caracteriza como descontinuidade do serviço a sua interrupção em situação de emergência ou após prévio aviso, quando: I – motivada por razões de ordem técnica ou de segurança das instalações; e II – por inadimplemento do usuário, considerado o interesse da coletividade."

gurar o cumprimento deste dever legal e direito dos usuários, trazê-la ao patamar devido, utilizando-se dos mecanismos legalmente previstos como hábeis para tanto (como a adoção de fontes complementares de receitas, conforme a análise de viabilidade em cada caso, podendo até mesmo apor subsídio tarifário) – tudo a ser analisado por ocasião da revisão. Daí a necessidade imperiosa de previsão periódica de revisão destes contratos, que, especialmente em função do longo prazo de duração, não podem – ao contrário dos contratos administrativos em geral – se sujeitar tão somente às revisões decorrentes das denominadas *áleas extraordinárias*.

Ocorre que a legislação, a doutrina e a jurisprudência[5] não têm dedicado a devida atenção ao tema das revisões periódicas.

Tal se justifica, como afirmado acima, primeiramente em razão da longa duração dos mesmos, o que faz mister que de tempos em tempos sejam avaliados os elementos componentes da equação econômico-financeira, não só por efetivar a garantia do concessionário quanto à mantença do seu equilíbrio como, também, por garantir o direito dos usuários à prestação de serviço público adequado bem como o cumprimento do dever do Estado de realizar este interesse da coletividade juridicamente qualificado como tal.

Acreditamos que a pouca atenção, aqui referida, decorre da dificuldade em se caracterizar/delimitar os riscos pertinentes ao concessionário e que estão consubstanciados, no texto legal, na expressão "por

---

5. Trazemos à colação, por oportuno, trecho de decisão do TCU (Plenário, Acórdão 2.104/2008) que, ao tratar do 1º Estágio de acompanhamento da outorga de serviço público relativa à concessão para restauração, manutenção, operação e aumento de capacidade de trechos rodoviários da BR-116 e da BR-324 no Estado da Bahia, acabou por tratar da revisão periódica, afirmando sua imprescindibilidade, nos seguintes termos: "Assim, a revisão periódica seria o momento adequado para restabelecer as condições que garantam a justa remuneração do empreendimento. A revisão periódica da tarifa tem amparo legal no § 2º do art. 9º e no inciso V do art. 29, ambos da Lei n. 8.987, de 1995 (...). O objetivo da revisão tarifária é a manutenção do equilíbrio econômico-financeiro do contrato. (...). A instituição da revisão periódica da tarifa de que trata a Lei Geral das Concessões, Lei n. 8.987, de 1995, é, especificamente no setor rodoviário, imprescindível, em razão do longo prazo de concessão, da imprevisibilidade de variáveis impactantes no empreendimento e da suscetibilidade às variações das condições iniciais do contrato, tendo em vista a prestação do serviço público adequado em conformidade com os princípios da continuidade, da eficiência e da modicidade da tarifa" (fls. 36).

sua conta e risco", contida nos incisos II e III do art. 2º da Lei federal 8.987/1995, que, ao tentar definir o instituto da concessão de serviços públicos, dispõe que o desempenho destes se dará *por conta e risco do concessionário*. A doutrina costuma defini-los como aqueles habitualmente inerentes ao desempenho da atividade empresarial. E assim os caracteriza como *riscos* ou *áleas ordinárias*.

Entendemos que tais riscos clamam por um aprofundamento de estudos, a fim de que seja obtida maior precisão de definição, inclusive para distingui-los dos *riscos* ou *áleas extraordinárias*. Isto porque é ínsita à atividade empresarial a existência dos riscos na empreitada, de modo que há que se separar estes, que são os denominados *ordinários*, dos demais, que ensejam a proteção constitucional e a consequente revisão contratual (o que, embora pareça fácil na teoria, na prática tem sido, em muitos casos, ponto nevrálgico).

É preciso, portanto, avançar nos entendimentos acerca dos riscos nas concessões de serviços públicos, a começar pela interpretação adequada da expressão "por sua conta e risco", constante da sua definição legal.

Sem adentrar o mérito da sua constitucionalidade, referida necessidade de avanço foi sentida pelo legislador nas ditas "novas" modalidades de concessão, denominadas de *concessão patrocinada* e *concessão administrativa* (introduzidas no Direito Brasileiro pela Lei 11.079/2004[6]), ao se determinar a *repartição objetiva de riscos entre as partes* (arts. 4º, VI, e 5º, III). Porém, há que se pensar no tema de repartição também nas concessões de serviços públicos tratadas nas Leis 8.987/1995 e 9.074/1995 – denominadas *concessões comuns de serviços públicos*. Estas são o objeto central do presente estudo, no intuito de contribuir para melhor aclaramento dos riscos que permeiam tais avenças, que desde a década passada retomaram papel de destaque no cumprimento do dever estatal de prestar serviços públicos.

6. "Art. 4º. Na contratação de parceria público-privada serão observadas as seguintes diretrizes: (...) VI – repartição objetiva de riscos entre as partes; (...)."
"Art. 5º. As cláusulas dos contratos de parceria público-privada atenderão ao disposto no art. 23 da Lei n. 8.987, de 13 de fevereiro de 1995, no que couber, devendo também prever: (...) III – a repartição de riscos entre as partes, inclusive os referentes a caso fortuito, força maior, fato do príncipe e álea econômica extraordinária; (...)."

Cabe ressaltar que a importância e a necessidade de tais avanços residem no fato de que riscos de uma concessão ou de qualquer atividade empresarial, quanto maiores, implicam maiores custos, porque são precificados. Todavia, tarifas elevadas não são toleradas pelo regime jurídico pátrio dos serviços públicos, o que sobreleva a necessidade de rigoroso e amplo planejamento da concessão de um serviço público, com total transparência e clareza, a fim de que sejam minimizados os riscos futuros bem como, consequentemente, o número de revisões contratuais que se façam necessárias. Ora, uma concessão decorrente de suficiente e adequado planejamento tem maiores chances de ter preservadas as condições efetivas da proposta vencedora, sem a utilização deste mecanismo de recomposição.

Dentre os riscos acima explanados, aqueles considerados *extraordinários*, porque capazes de desequilibrar a relação entre encargos e contraprestação pecuniária inicialmente pactuada, ensejam, em conformidade com o regime jurídico pátrio, a revisão contratual, para a recomposição desta relação denominada de *equação* ou *equilíbrio econômico-financeiro*. Aqui, o exponencial maior para se efetivar tal restabelecimento nas concessões de serviços públicos é a *tarifa*. Daí a impropriedade do texto legal, a nosso ver, quando se refere expressamente a *revisão de tarifa*, pura e simplesmente, pois esta não é o único meio hábil para o aludido reequilíbrio, que se pode dar por outros meios, como *subvenções* ou *fontes alternativas de receitas*. Parece-nos mais coerente falar naquilo que de fato ocorre, qual seja, *revisão contratual*, decorrente da ocorrência de *riscos extraordinários*, a qualquer tempo (*revisão contratual extraordinária*) ou periodicamente (*revisão contratual ordinária ou periódica*).

4.6 Crítica à definição legal de "concessão de serviço público"

4.6.1 A interpretação adequada da expressão "por sua conta e risco" (sentido e alcance)

Tradicionalmente, a doutrina, mesmo antes do advento da Lei nacional 8.987/1995, que também usa a expressão *supra*, tem definido a concessão de serviço público como sendo executada "por conta e risco" do concessionário – expressão, esta, que se mantém desde a origem da concessão de serviço público enquanto instituto, cuja concepção se delineou no período do modelo liberal de Estado, de onde advém.

Esta conceituação clássica, embora ainda se firme como majoritária, é, por vezes, em função da relevância obtida pela retomada do instituto hodiernamente em nosso País e do consequente aumento de estudos, objeto de críticas doutrinárias. Como exemplo, vale destacar aquela feita por Marcos Augusto Perez,[7] cuja obra versa sobre os riscos nas concessões de serviços públicos:

> (...) a definição clássica da concessão de serviço público tinha como um de seus elementos a ideia segundo a qual a concessão seria um contrato cujos riscos seriam suportados exclusivamente pelo concessionário. Desse fato, ademais, advém a frase geralmente utilizada para caracterizar a concessão como contrato em que o concessionário realiza investimentos e executa o serviço "por sua conta e risco".
>
> Muito embora já tenhamos constatado que esse traço da definição clássica tem sido teoricamente, como também na prática, posto em questão, seja em função da não rara "solidariedade financeira" entre concedente e concessionário (concessões subsidiadas ou subvencionadas; divisão dos ônus da concessão, em termos de assunção de obrigações de custeio de obras ou desapropriações pelo concedente; favores ou incentivos fiscais; ou mesmo a assunção de concessões por entidades da própria Administração indireta, como empresas públicas e sociedades de economia mista, que acabam, ainda que indiretamente, por colocar o Poder Público como responsável final pelos riscos do empreendimento), seja em razão da diversificação das formas de remuneração do concessionário (admitindo-se, em alguns casos, até mesmo o pagamento direto do concessionário pela Administração Pública), é imprescindível admitir que este conceito continua a demonstrar força e influenciar a legislação, a doutrina e a jurisprudência atuais.
>
> (...).
>
> Muito embora inequivocadamente majoritária, essa posição – que doravante denominaremos doutrina tradicional do risco na concessão – não disfarça um despreocupado apego à repetição de textos clássicos, cujo questionamento parece-nos fundamental na atualidade.

7. Marcos Augusto Perez, *O Risco no Contrato de Concessão de Serviço Público*, Belo Horizonte, Fórum, 2006, p. 101.

Prossegue o supramencionado autor, apontando como contradições à expressão conceitualmente adotada a *comutatividade* dos contratos de concessão – por trazer a ideia de equivalência entre as prestações, oposta "à ideia de transferência de todos os riscos da contratação para uma única parte"[8] –, bem como a *modicidade tarifária* – pois, quanto maior o risco do concessionário, maior será a tarifa – e, por fim, o *reconhecimento da garantia do concessionário contra os riscos denominados extraordinários*.

Com o devido respeito, não vislumbramos qualquer das contradições acima, ainda que procedentes, sem dúvida, as assertivas acerca de serem comutativas as concessões de serviço público, do dever legal de modicidade das tarifas cobradas dos usuários e da manutenção do equilíbrio econômico-financeiro em face das áleas extraordinárias, por consistir em garantia constitucionalmente assegurada ao concessionário. Aliás, à exceção do período inicial de voga das concessões de serviços públicos no Estado Liberal, não se firmou como premissa, ao longo da evolução do instituto e da sua definição doutrinária clássica, que a expressão "por conta e risco" implicasse a assunção de todo e qualquer risco pelo concessionário.

Queremos crer – e nisto concordamos com o autor supracitado – que a preocupação reside, sim, naquilo que também entendemos necessário: aprofundar e avançar estudos, ou seja, a necessidade de maior aclaramento do que seriam os tais *riscos ordinários* e, via reflexa, os *extraordinários*.[9]

8. Idem, p. 104.
9. Assim percebemos quando acaba o autor por admitir que "a leitura tradicionalmente feita da expressão 'por conta e risco' do concessionário acaba por admitir uma divisão geral e hipotética dos riscos na concessão de serviço público entre a Administração Pública e a pessoa por ela contratada" (Marcos Augusto Perez, *O Risco no Contrato de Concessão de Serviço Público*, cit., p. 107), para concluir que "é necessário notar que a teoria das áleas ordinária e extraordinária, emprestadas da disciplina geral dos contratos administrativos, não é suficiente para resolver todos os conflitos relacionados aos riscos suportados pelas partes no contrato de concessão, apresentando-se, muitas vezes, diáfana, imprecisa e até mesmo contraditória com as necessidades da práxis jurídica" (ob. cit., p. 112). Concordamos com a conclusão aqui exposta – e nisto reside o mote do presente trabalho –, mas discordamos da premissa do autor consistente no entendimento de que a doutrina classicamente tem atribuído à expressão o significado de que todos os riscos da concessão seriam suportados pelo concessionário, pois, como aqui transcrito, verificamos que o próprio autor admite ter feito a doutrina uma divisão de riscos.

Para tanto, entendemos necessário que inicialmente seja firmada interpretação conforme à atual Constituição da República da expressão "por sua conta e risco", contida na definição legal pátria[10] do instituto e utilizada pela doutrina majoritária para também defini-lo,[11] a fim de que seja adequadamente aplicada.

A contradição na expressão, se admitida, é apenas *aparente*, pois a própria doutrina majoritária é uníssona em pontuar que os riscos que ficam por conta do concessionário são aqueles decorrentes da sua atuação como empresário, os quais, por serem inerentes ao exercício da atividade empresarial, ele teria que suportar em qualquer negócio que optasse por empreender dentro do domínio econômico livremente permitido em nosso ordenamento, não lhe cabendo, portanto, em princípio, proteção do Estado quanto a isso. Todavia, em razão das exorbitantes prerrogativas legais que detém o Estado, por ser o titular

---

10. Lei 8.987/1995, art. 2º: "Para os fins do disposto nesta Lei, considera-se: (...) II – concessão de serviço público: a delegação de sua prestação, feita pelo poder concedente, mediante licitação, na modalidade de concorrência, à pessoa jurídica ou consórcio de empresas que demonstre capacidade para seu desempenho, por sua conta e risco e por prazo determinado; III – concessão de serviço público precedida da execução de obra pública: a construção, total ou parcial, conservação, reforma, ampliação ou melhoramento de quaisquer obras de interesse público, delegada pelo poder concedente, mediante licitação, na modalidade de concorrência, à pessoa jurídica ou consórcio de empresas que demonstre capacidade para a sua realização, por sua conta e risco, de forma que o investimento da concessionária seja remunerado e amortizado mediante a exploração do serviço ou da obra por prazo determinado; (...)."

11. Para Celso Antônio Bandeira de Mello, *concessão de serviço público* é o "instituto através do qual o Estado atribui o *exercício* de um serviço público a alguém que aceita prestá-lo em nome próprio, por sua conta e risco, nas condições fixadas e alteráveis unilateralmente pelo Poder Público, mas sob garantia contratual de um equilíbrio econômico-financeiro, remunerando-se *pela própria exploração do serviço*, em geral e basicamente mediante tarifas cobradas dos usuários do serviço" (*Curso de Direito Administrativo*, 29ª ed., São Paulo, Malheiros Editores, 2012, pp. 717-718).

Para Lúcia Valle Figueiredo, é *"espécie de contrato administrativo por meio do qual o Poder Público concedente, sempre precedido de licitação, salvo as exceções legais, transfere o exercício de determinados serviços ao concessionário, pessoa jurídica privada, para que os execute em seu nome, por sua conta e risco"* (*Curso de Direito Administrativo*, 9ª ed., São Paulo, Malheiros Editores, 2008, p. 100).

Para Maria Sylvia Zanella Di Pietro, "é o contrato administrativo pelo qual a Administração Pública delega a outrem a execução de um serviço público, para que o execute em seu próprio nome, por sua conta e risco, assegurando-lhe a remuneração mediante tarifa paga pelo usuário ou outra forma de remuneração decorrente da exploração do serviço" (*Direito Administrativo*, 21ª ed., São Paulo, Atlas, 2008, p. 278).

constitucional do serviço que lhe é objeto, e que lhe permitem uma série de intervenções, com possibilidade de acarretar maiores encargos do que os inicialmente planejados – configuradores, assim, de *riscos extraordinários administrativos* –, caberá, sim, proteção quanto a estes, constitucional e legalmente assegurada e extensiva, ainda, aos riscos decorrentes de fatos supervenientes e imprevisíveis ou previsíveis com consequências incalculáveis, denominados de *riscos extraordinários econômicos*.

Não desnaturam o acima exposto os fatos alegados pelo supramencionado autor, como a divisão do ônus da concessão, em termos de assunção de obrigações de custeio para obras ou desapropriações pelo poder concedente, ou de concessão legal de incentivos fiscais ou de subsídios, pois não importam assunção dos riscos ordinários do concessionário pelo Poder Público. Trata-se – isto, sim – de meios de viabilizar a prestação de uma categoria de serviços que, ao receberem, constitucional ou legalmente, o adjetivo "públicos", têm de ser atendidos mediante prestação direta ou indireta, também por força de determinação constitucional. Cumpre, então, ao Estado viabilizar, em qualquer uma destas formas, sua prestação, onde poderá atuar, se necessário for, especialmente para cumprir o mandamento legal de *modicidade* tarifária, não só estruturalmente, como por intermédio de custeio ou incentivos, se hábeis a tanto.

Da mesma forma, a nosso ver, não descaracteriza a expressão em tela como sendo a assunção pelo concessionário apenas dos riscos ordinários de sua empreitada a *diversificação das formas de remuneração do concessionário*, eis que também legalmente previstas para efetivar o serviço adequado, cuja definição legal abrange generalidade, atualidade e modicidade tarifária. Na hipótese aventada pelo autor em questão, de "pagamento direto do concessionário pela Administração Pública",[12] entendemos não se tratar do instituto da concessão, mas de verdadeiro contrato administrativo comum de prestação de serviços, anomalamente denominado pela lei de "concessão administrativa", pois aquela pressupõe remuneração pela exploração do serviço, usualmente, pelo pagamento de tarifas pelos usuários, conforme já tivemos oportunidade de manifestar no Capítulo I do presente trabalho, que delimitou os elementos conceituais para seu desenvolvimento.

---

12. Marcos Augusto Perez, *O Risco no Contrato de Concessão de Serviço Público*, cit., p. 102.

Tampouco descaracteriza a expressão em exame o repasse da prestação do serviço público às empresas públicas e às sociedades de economia mista, por se pensar que, em tais casos, é o próprio Estado, em última análise, ainda que indiretamente, que figurará como responsável final pelos riscos do empreendimento. Em tais hipóteses não se trata da concepção tradicional de concessão comum de serviço público, mas de políticas de intervencionismo estatal motivadas por interesse público (tais como: consistir a prestação do serviço público em atividade não lucrativa em determinada região, não sendo possível sua concessão a particulares, por absoluto desinteresse; o vulto do investimento necessário não permitir que sejam cobradas tarifas módicas dos usuários, sendo mais conveniente a descentralização para empresa estatal do que conceder a particulares com subsídio tarifário; afora outras razões, aferíveis sempre por estudos de planejamento prévios que se impõem por força constitucional).

Tal se justifica, ainda, em virtude de a expressão "por sua conta e risco" demonstrar que neste tipo de avença a garantia de intangibilidade da equação econômico-financeira não significa que todo e qualquer prejuízo que venha a ocorrer será por ela contemplado, pois, na verdade, referida garantia sequer funcionará com amplitude idêntica à dos demais contratos administrativos.

Sobre a expressão "por conta e risco do concessionário" reiteramos nosso entendimento de que, ao invés de ser entendida como contraditória ou equivocada, ou até mesmo superada, para definir as concessões de serviços públicos, deve, sobretudo, ser analisada com maior detença, para ser adequadamente interpretada em conformidade com o texto constitucional, sendo esmiuçado seu conteúdo a partir da interpretação sistemática do referido texto.

Desnecessário, portanto, rechaçá-la por advir da definição clássica original do instituto, concebida no modelo de Estado Liberal, tão somente devendo-se entendê-la e aplicá-la em conformidade com seu conteúdo constitucionalmente definido – o que implica avançar estudos sobre a teoria das áleas ordinárias e extraordinárias para melhor precisar, numa concessão comum de serviço público, quais os riscos (atos ou fatos) que podem ser abarcados naqueles denominados *ordinários*, porque abrangidos na atividade empresarial do concessionário e, por tal razão, não protegidos pela cláusula de intangibilidade do equilíbrio econômico-financeiro, uma vez que terá que suportá-los sozinho (considerando que, por força do art. 175, parágrafo único, IV, da Constituição da República, não podem ser definidos como os que o particular suporta no exercício de atividade livre no domínio econômico).

A título de entendimento da doutrina clássica, oportuno transcrever a lição do professor Celso Antônio Bandeira de Mello[13] acerca da abrangência de tais riscos, em conformidade com o ordenamento jurídico pátrio:

> Os riscos que o concessionário deve suportar sozinho abrangem, além dos prejuízos que lhe resultem por atuar canhestramente, com ineficiência ou imperícia, aqueloutros derivados de eventual estimativa inexata quanto à captação ou manutenção de clientela de possíveis usuários, bem como, no caso de fontes alternativas de receita, os que advenham de uma frustrada expectativa no que concerne aos proveitos extraíveis de tais negócios. É dizer: não lhe caberia alimentar a pretensão de eximir-se aos riscos que todo empresário corre ao arrojar-se em empreendimentos econômicos, pois seu amparo não pode ir além do resguardo, já de si peculiar, conferido pelas proteções anteriormente mencionadas e cuja existência só é justificável por estar em causa um vínculo no qual se substancia um interesse público.

Ressaltamos, contudo, que a preocupação acerca da necessidade de melhor discernimento entre o que se encontra inserido nos *riscos ordinários* e nos *extraordinários* tem, nos últimos tempos, sensibilizado a doutrina pátria, que cada vez mais vem se manifestando acerca do tema.[14]

Também ao legislador pátrio não tem passado despercebida essa necessidade imperiosa, como se depreende da Lei federal 11.079/2004, que, no afã de ampliar o rol de tipos de concessões no ordenamento jurídico pátrio, previu o *compartilhamento de risco* em certas modalidades.

---

13. Celso Antônio Bandeira de Mello, *Curso de Direito Administrativo*, cit., 29ª ed., pp. 758-759.

14. V., a título de exemplo: Egon Bockmann Moreira, "Riscos, incertezas e concessões de serviço público", *RDPE* 20/35-50, Ano 5, Belo Horizonte, 2007; Daniel Santa Bárbara Esteves, "Os riscos nas concessões de uso de potenciais hidráulicos para produção independente de energia elétrica", *RDPE* 25/39-61, Ano 7, Belo Horizonte, 2009; Fernando Vernalha Rodrigues, "A repartição de riscos nas parcerias público-privadas", *RDPE* 24/157-171, Ano 6, Belo Horizonte, 2008.

Essa crescente preocupação decorre, resumidamente, de dois macromotivos, que englobam uma série de outros menores: a retomada do instituto da concessão em nosso País, como instrumento de política pública, para a realização do dever estatal de prestação dos serviços públicos, ante a insuficiência de recursos próprios e infraestrutura para tanto; e, de outro lado, a alta complexidade de que se revestem estes ajustes, muito maior, inclusive, que a dos contratos administrativos em geral.

Esta complexidade, que singulariza as avenças que têm por objeto as concessões de serviço público, advém exatamente do dever constitucional de prestação adequada deste objeto, sendo, por isso, reconhecida pela Constituição como de *caráter especial*.

Esta mesma previsão constitucional de obrigação de prestação de serviço público adequado determina o perfil da expressão "por sua conta e risco" usada na definição legal de concessão comum de serviço público.

Assim, embora seja a mesma expressão usada na época do Estado Liberal para definir concessões de serviço público, seu conteúdo atual é diverso daquele em que surgiram as mesmas, onde, por força do Liberalismo, se preconizava, de forma absoluta, a não intervenção estatal na atividade dos particulares. Daí a ideia equivocada, e as críticas dela originadas, de que o uso atual da expressão "por sua conta e risco" evoque essa interpretação e implique a impossibilidade de o Estado intervir na gestão da empresa concessionária de serviço público.

Este entendimento é equivocado, por não se coadunar com o modelo estatal instituído e organizado pela nossa Lei Maior, que – além de impor o dever de planejamento, ao consagrar valores como eficiência, moralidade, publicidade, responsabilidade, prestação de serviço público adequado como dever do Estado e direito dos usuários, dentre outros, além de um elevado grau de intervenção estatal – exige interpretação conforme da aludida expressão. Motivo pelo qual não vislumbramos equívoco ou contradição no fato de ainda ser ela utilizada pela doutrina e pela legislação pátrias para definir concessão de serviço público.

Assim, o problema não está em utilizá-la, mas em lhe conferir adequada interpretação, em consonância com o ordenamento jurídico, que, ao consagrar valores constitucionais, exige sujeição ao Direito, intervenção do Estado com responsabilidade, planejamento das ações estatais, que devem ser pautadas por princípios como os de legalidade, impessoalidade, moralidade, publicidade, eficiência, continuidade do serviço público, que, por sua vez, deve ser prestado com regularidade, universalidade, segurança, atualidade, cortesia e modicidade tarifária.

Diante disso, a expressão "por sua conta e risco" não pode mais ser interpretada da mesma forma como se dava no período do Liberalismo – qual seja: o "por conta" significando que tudo que viesse a ser gasto para execução do serviço público em uma concessão deveria ser arcado pelo concessionário; e o "risco", que todos os riscos nela contidos seriam exclusivamente suportados pelo concessionário.

Ademais, ao expressamente estatuir que a prestação de serviço público incumbe ao Estado, que poderá prestá-la diretamente ou por meio de concessão ou permissão, mas sempre com a obrigação de manter serviço adequado na forma da lei, tornou determinante nossa Lei Maior o dever de planejar e, consequentemente, de periodicamente rever a outorga da prestação de serviço público – o que impede em absoluto a interpretação de outrora da expressão "por sua conta e risco".

O dever constitucional de planejamento da concessão de serviço público resulta em um plano de outorga que, ao definir a viabilidade, atribui responsabilidade ao poder concedente pela decisão de repasse da sua prestação. E isso não se dá por conta e risco exclusivo do concessionário; muito antes, e pelo contrário, na medida em que o planejamento demonstra a viabilidade técnica e econômico-financeira da concessão de serviço público, acaba o concedente assumindo também, em cada caso, na medida do que obteve em sede de planejamento, responsabilidade nos riscos da concessão daí decorrentes – que não se confundem com os riscos extraordinários –, a serem verificados e equalizados economicamente por ocasião da revisão ordinária.

Observamos, ainda, que, em cumprimento ao dever constitucional de manter a prestação de serviço público adequado, a própria legislação que o regulamentou[15] deixa clara a possibilidade de subsídio estatal, se necessário para tanto, de modo que não se dá mais necessa-

---

15. Arts. 17 da Lei 8.987/1995 e 35 da Lei 9.074/1995.

riamente por conta só do concessionário a totalidade de investimentos da concessão.

Do mesmo modo, os riscos nela contidos não são mais exclusivamente atribuíveis ao concessionário, pois a própria Constituição assegura, pela garantia do equilíbrio econômico-financeiro, que sejam mantidas as condições efetivas da proposta ante as mudanças de necessária ocorrência em razão do interesse público almejado ou decorrentes de fatores imprevisíveis (denominadas pela doutrina de "riscos ou áleas extraordinárias" e previstas nos diplomas normativos de regência das concessões comuns de serviço público como *alteração unilateral, fato do príncipe, fato da Administração, caso fortuito* ou *de força maior* e, ainda, *teoria da imprevisão*).

Esta garantia é assegurada aos contratos administrativos como um todo. Porém, no caso daqueles que têm por objeto concessões de serviço público a finalidade específica a ser atendida é sua *adequada prestação* nos moldes definidos pela Constituição, o que remete ao dever de planejá-la minuciosamente – inclusive quanto aos riscos que, em cada caso específico, serão atribuíveis ao concessionário. É dizer: não mais se permite que sejam, de forma simplista e genérica, atribuídos os riscos ordinários ao concessionário e os extraordinários ao concedente, por esta fórmula genérica da teoria das áleas não conseguir mais dar conta da complexidade inerente aos contratos de concessão de serviço público, decorrente das exigências de seu objeto, para ser efetivamente prestado de forma adequada.

Some-se a isto a diversidade de atividades passíveis de serem objeto desta espécie de concessão, porque qualificadas como serviços públicos, com peculiaridades próprias e, naturalmente, com fatores de risco diferenciados – o que impõe, de fato, a nosso ver, estudos, como este que aqui pretendemos realizar, a fim de obter conhecimento que permita avançar na teoria das áleas ordinárias e extraordinárias. Urge que saiam elas da fórmula geral e ingressem no contrato de concessão de serviço público, com análise em cada caso, para atribuição em conformidade com os ditames e limites constitucionais, a partir de planejamento prévio e revisão periódica, além daquelas que se fizerem extraordinárias.

Ressaltamos, desde já, que com nosso entendimento exposto acima não queremos dizer ter o legislador liberdade para, por lei, atribuir riscos a tal ou qual parte na concessão comum de serviço público, pois há limitação constitucional quanto a isto, por força da obrigação de manter o serviço público adequado, determinada no art. 175, parágrafo único, IV. Afirmamos, então, que o poder concedente, titular constitucional do serviço, tem de garantir os recursos de que o concessionário precisa para manter sua adequada prestação quando a consequência desfavorável advém de ato ou fato (risco) não atribuível ao concessionário – ou seja, sem culpa dele.

Então, a questão gira em torno da identificação dos atos e fatos que estão inseridos nos riscos do concessionário, ou seja, dos prejuízos com que deverá arcar, por estarem identificados na sua esfera jurídica, em cada concessão, a partir do seu obrigatório planejamento, que, por sua vez, por não ser capaz, ainda que minuciosamente bem feito, de impedir a ocorrência de novas consequências desfavoráveis, resulta, ainda, na necessidade de revisão contratual periódica.

Em consonância com o regime jurídico das concessões comuns e o dos contratos em geral, entendemos que, para obtermos o suprarreferido discernimento entre os riscos próprios a determinada concessão, faz-se mister um criterioso planejamento, envolvendo todas as especificidades da concessão almejada no caso concreto, com a consequente alocação expressa e clara dos mesmos nos instrumentos convocatório e contratual.

4.6.1.1 *A divisão dos riscos ou áleas ordinárias e extraordinárias*

Ficou demonstrado acima ser equivocado o entendimento de que a expressão "por sua conta e risco" implique a atribuição de todos os riscos da concessão de serviço público ao concessionário, bem como serem equivocadas as críticas doutrinárias dele advindas, por derivarem de interpretação inadequada da Constituição e da Lei Geral de Concessões (que já traz uma clara divisão de riscos entre concessionário e concedente, ao atribuir a este último aqueles que expressamente prevê e que a doutrina chama de "áleas extraordinárias", deixando os remanescentes, chamados de "áleas ordinárias", a cargo do concessionário, por força da expressão "por sua conta e risco").

Esse tratamento genérico e simplista da divisão de riscos na concessão comum de serviço público advém da doutrina que há muito elaborou a tradicional *teoria das áleas ordinária e extraordinária* e a repetiu ao longo dos anos, em boa parte sem atinar para o fato de que hodiernamente ela se revela insuficiente para dar conta dos impasses gerados em uma concessão desta espécie. A interpretação dos ditames constitucionais e legais acerca do instituto em questão permite uma divisão mais precisa, minimizando impasses futuros.

Sem rejeitar esta doutrina tradicional das áleas, mas tomando-a como premissa, buscaremos realizar um esforço de interpretação em consonância com nossa Constituição, para melhor precisar a divisão de riscos numa concessão comum de serviço público.

A questão dos riscos na concessão remete-nos à necessidade de aprimoramento da teoria das áleas ordinária e extraordinária, a partir da interpretação conforme à Constituição da expressão "por sua conta e risco" por ocasião da estruturação de uma específica concessão de serviço público. Quais riscos, a ela inerentes, devem ser considerados como de responsabilidade do concessionário e quais competem ao poder concedente?

A legislação brasileira, muito embora tente aclarar esta repartição no âmbito das concessões que denominou de "parcerias público-privadas", disciplinou de maneira vaga tal questão nas concessões denominadas "comuns" de serviço público, cabendo à doutrina a tarefa de interpretação e demonstração dos motivos hábeis, ou não, a determinar revisão contratual. E a isso tem a doutrina respondido de forma que chamamos de "clássica", segundo a qual os riscos inerentes à atividade empresarial do concessionário, chamados de "ordinários", devem por ele ser suportados, enquanto os demais, chamados "extraordinários", decorrentes das áleas administrativas ou econômicas, ensejariam a revisão contratual.

Ocorre que, apesar de não discordarmos da teoria clássica das áleas ordinárias e extraordinárias, forçoso admitir que a mesma não mais consegue conferir tratamento jurídico adequado à questão, pois, em que pese o concessionário participar desta relação com interesse econômico na prestação do serviço, vez que esta é a seara em que comumente atua, não poderá atuar aqui com a mesma desenvoltura que o domínio econômico lhe permite, pois o regime jurídico de direito público – que rege não somente a avença mas o seu próprio objeto, conferindo, então, prerrogativas à outra parte da relação enquanto tal, bem como a possibilidade de nela interferir por via reflexa (como nas hipóteses denominadas "fato do príncipe") – torna esta atividade do particular sujeita a maiores riscos que os que habitualmente enfrentaria ao simplesmente desempenhar uma atividade econômica qualquer.

Diversos fatores de risco a que se sujeita o particular no desempenho de atividade econômica – como a baixa ou insuficiente demanda de clientes – não necessariamente serão por ele arcados enquanto concessionário de serviço público (apesar de, em princípio, serem considerados como riscos ordinários), em razão de se tratar de atividade de titularidade estatal, sujeita a obrigatório planejamento prévio, que, por sua vez, ao demonstrar sua viabilidade e projetar diversas variáveis da sua concessão – como a demanda de usuários, a viabilidade de competição ou a necessária exclusividade, o critério de julgamento da licitação mais adequado, as metas de universalização e atualização tecnológica, o prazo de amortização, a política tarifária etc. –, acaba por ensejar, na medida de sua previsão, responsabilidade do concedente.

Isto porque, na medida em que foram objeto de planejamento, se certos riscos ainda assim se verificam, por deficiência ou insuficiência daquele, serão atribuídos ao concedente, porque o agir do concessionário não lhes deu causa alguma. Pelo contrário, este obteve consequência desfavorável, induzido por planejamento insuficiente. Daí a conexão do planejamento com a revisão periódica, necessária para aferir se fielmente executado o plano ou, em caso contrário ou, ainda, em caso de se revelar insuficiente, para se proceder aos ajustes necessários e à recomposição da equação econômico-financeira na concessão de serviço público.

Ora, se o *planejamento*, a *obrigação de manter serviço público adequado* e a *garantia do equilíbrio econômico-financeiro* são determinados pela Constituição da República, então, resulta como dever na concessão de serviço público, em função do longo prazo de duração dos contratos que a preveem, a realização de *revisão periódica*, para se verificar se efetivamente executada a prestação de serviço adequado, nos moldes legalmente previstos e definidos especificamente no plano de outorga, inclusive com a manutenção do equilíbrio econômico-financeiro e os ajustes necessários para seu reequilíbrio, nos seus diversos elementos sujeitos a uma dinâmica intensa em função do objeto.

Em suma, por ser a concessão de serviço público instituto que, pela relevância da atividade que enseja, torna o concessionário alvo de intervenção estatal muito forte, em razão de este desempenhar atividade de titularidade estatal (cabendo ao Estado, portanto, maior responsabilidade pelos ônus decorrentes dos riscos, na medida em que a atividade, embora desempenhada pelo particular, é – ou pelo menos deve ser – amoldada pelo Estado em sede de planejamento que delineará os parâmetros em que se viabilizará a outorga para sua adequada prestação), juridicamente inaceitável a simples atribuição de *riscos ordinários* ao concessionário.

Tudo isto está a demonstrar a insuficiência da interpretação clássica da expressão "por sua conta e risco" e da consequente divisão de riscos.

A insuficiência da teoria tradicional das áleas, contudo, só veio a lume de forma mais contundente a partir da recente retomada de utilização do instituto da concessão para a prestação de serviços públicos. Urge, assim, a necessidade de avanço a partir de um esforço de interpretação sistemática da Constituição da República e do regime jurídico geral das concessões – objeto do presente trabalho –, a fim de que seja possível estabelecer, nesse âmbito, os contornos jurídicos delineadores da revisão no Direito Brasileiro, para que sejam feitas ditas formas de recomposição em respeito à segurança jurídica.

Entretanto, mapear os riscos acima arrolados em uma concessão de serviço público nem sempre é a tarefa mais árdua; difícil, mesmo, é alocá-los como de responsabilidade do poder concedente ou do concessionário, pois o regime jurídico que a disciplina não trata desta questão, limitando-se a informar que a concessão é outorga do desempenho de serviço público "por conta e risco" do concessionário, ao mesmo tempo em que lhe garante o direito à recomposição do equilíbrio econômico-financeiro, tal qual inicialmente avençado, ante a ocorrência de alteração unilateral, fato do príncipe ou eventos imprevisíveis capazes de desequilibrá-lo – o que demonstra a existência de riscos para ambas as partes da relação, sem, contudo, tratá-los a lei de maneira aprofundada ou especificamente capaz de solucionar as questões advindas da ocorrência destes mencionados fatores.

Ocorre que a supracitada alocação é de fundamental importância para se efetivarem as revisões contratuais que se fizerem necessárias, vez que consistem no mecanismo legalmente previsto para recomposição do equilíbrio econômico-financeiro do contrato – donde decorre a premente necessidade de interpretar sistematicamente os textos legais de regência da matéria, ante os atualmente numerosos impasses jurídicos que surgem com a significativa retomada de opção pelo instituto da concessão em nosso País e a superficialidade com que a referida legislação trata dos motivos ensejadores de revisão contratual. Impõe-se firmar posicionamento no sentido de que, em conformidade com o regime jurídico, *risco* é matéria a ser especificamente tratada, caso a caso, no contrato respectivo – o que, por sua vez, exige sua prévia previsão no edital de licitação, decorrente de anterior e criterioso planejamento.

Um planejamento amplo e minucioso, como já dissemos, não será capaz de eliminar a ocorrência de riscos, pela necessidade de longa duração dos contratos aqui tratados, em razão dos elevadíssimos investimentos que seus objetos requerem. Contudo, permitirá maior segurança para todos os envolvidos neste tipo de relação, não só por preventivamente permitir o mapeamento e a análise prévia dos riscos que podem ocorrer, como por sua divisão dever constar no edital e no contrato. Faz-se de todo necessária, e juridicamente possível, uma interpretação sistemática da legislação de regência (que, expressamente, só prevê a revisão nas hipóteses de alteração unilateral do contrato e advento de tributos ou encargos legais que impactem no contrato, remanescendo, assim, as demais superveniências passíveis de ocorrer para serem aferidas em cada caso).

A simples colocação vaga, imprecisa e genérica dos riscos, como vem ocorrendo nestes contratos, gera impasses entre as partes quanto àquele a quem cabe arcar com os riscos – o que, como não poderia deixar de ser, acaba por desaguar no Poder Judiciário, que, por sua vez, enfrenta em muitos casos a aridez de lidar com tal matéria, ante o superficial tratamento a ela conferido na lei e na doutrina. Isso não ocorreria se os contratos, já de antemão, fossem celebrados com base em sólidos estudos de planejamento, que tratassem inclusive das peculiaridades inerentes ao seu objeto e alocassem os riscos cabíveis a cada uma das partes, dessa forma entronizando os princípios da boa-fé e da lealdade, tão caros à Teoria Geral do Direito (e à dos Contratos).

Ocorre que sem este devido planejamento feito pelo Poder Público para cada concessão faltam elementos ao Poder Judiciário em muitos casos para decidir acerca das questões atinentes aos contratos que a têm por objeto, resultando, muitas vezes, em se limitarem os órgãos jurisdicionais a reconhecer o direito à manutenção do equilíbrio econômico-financeiro, quando existente prova inequívoca de seu rompimento. E, por nem sempre se revelar possível tal constatação, acaba o Judiciário, por outras vezes, não reconhecendo esse direito do concessionário.[16] Além disso, um mau planejamento de uma conces-

16. STJ, REsp 884.732-RJ (*DJU* 27.8.2007, p. 199): "Processual civil – Administrativo – Contrato de concessão – Regra editalícia – Lei estadual – Redução de valor tarifário – Alegação de quebra do equilíbrio econômico-financeiro – Falta de comprovação do alegado impacto – Art. 273 do CPC – Tutela antecipada – Requisitos – Súmula n. 07/STJ. 1. Ação ordinária proposta com objetivo de possibilitar a cobrança da tarifa de pedágio diferenciada, em determinados dias, na forma prevista no edital e no consequente contrato de concessão firmado entre concessionária e Estado da Federação, afastando-se a incidência da Lei estadual n. 4.017, de 5.12.2002. 2. *In casu*, entendeu o Tribunal local pela impossibilidade de deferimento da tutela antecipada, por impossibilidade de exame dos seus pressupostos, à falta de exame pericial, consoante se infere do voto condutor do acórdão hostilizado (fls. 627-633), *litteris*: '(...) é possível que tenha razão a concessionária agravada ao postular, na ação ordinária, a revisão do contrato, para restaurar-se o equilíbrio rompido em decorrência da abolição do pedágio diferenciado entre as 12h de sextas-feiras e as 12h de segundas-feiras. Mas também é possível que essa vedação, efetivamente inovadora em relação ao que foi contratado, não tenha produzido o impacto descrito. Para obrigar a revisão do contrato, há de restar configurada, comprovadamente, a situação definida no art. 65, II, 'd', da Lei n. 8.666/1993: álea econômica extraordinária, retardadora ou impeditiva da execução do contrato. Somente exaurida a prova, inclusive técnica, é que se poderá conhecer a real situação do contrato em face da Lei n. 4.017/2002. A tutela antecipada foi deferida sem observância de requisito essencial, qual seja, o da verossimilhança do direito, nas circunstâncias do caso concreto, à manutenção do equilíbrio da equação econômico-financeira do contrato' (fls. 633). 3. O exame do preenchimento dos pressupostos para a concessão da tutela antecipada, previstos no art. 273, deve ser aferido pelo juiz natural, sendo defeso ao STJ o reexame desse pressuposto de admissibilidade, em face do óbice contido na Súmula n. 07/STJ (precedentes jurisprudenciais desta Corte: REsp n. 610.365-RS, desta relatoria, *DJU* 27.8.2004; REsp n. 505.729-RS, rel. Min. Félix Fischer, *DJU* 23.6.2003; REsp n. 190.686-PR, rel. Min. Franciulli Netto, *DJU* 23.6.2003). 4. Não há estado de periclitação passível de conjuração nesta instância processual, mesmo porque a situação fática perdura há vários anos, haja vista que a lei, supostamente violada, data de 2002. 5. Deveras aferir se o campo probatório estava completo e, *a fortiori* desnecessária qualquer dilação, no que tange ao pedido de majoração tarifária ante a perda irrecuperável de valores cobrados a menor a título de tarifa simples, à falta de observância do equilíbrio econômico financeiro de contrato administrativo, implicaria o revolvimento de matéria interditada ao STJ (Súmula 07). 6. Recurso Especial não conhecido".

são por diversas vezes acaba por gerar aumento de tarifa, vez que esta é o elemento de maior expressão do equilíbrio econômico-financeiro, acabando os usuários por arcar com o aumento de encargos nestas hipóteses.

Ressalte-se aqui, por oportuno, que, ainda que o Poder Judiciário tenha assente o reconhecimento do direito ao equilíbrio econômico-financeiro do concessionário, como se vem observando significativamente na jurisprudência,[17] a morosidade com que este reequilíbrio efetivamente acontece, decorrente da longa demora para finalizar o processo judicial, torna-o custoso, implicando riscos maiores.

É, portanto, na fase interna da licitação que devem ser feitos os vigorosos estudos de viabilidade técnica e econômica que irão embasar a responsável opção do Poder Público pela concessão do serviço público e modelar esta, por meio das cláusulas contidas no ato convocatório, bem como das cláusulas regulamentares e contratuais, com a precisa especificação dos riscos ou áleas cuja ocorrência se faz passível de previsão, como meio de realizar, além dos princípios jurídicos supracitados, o princípio da eficiência.

A partir da premissa de necessária alocação dos riscos mapeados como de possível ocorrência em uma concessão nos contratos que os contemplam, surge-nos uma primeira indagação: seriam passíveis de repartição, em um contrato de concessão, os *riscos* ou *áleas* denominados pela doutrina de *extraordinários*? Ou seja, os riscos tradicionalmente atribuídos ao Poder Público, por força da forma ampla de previsão legal da intangibilidade do equilíbrio econômico financeiro, poderiam, eventualmente, ser repassados ou compartilhados com o concessionário?

A indagação parece-nos surgir no debate acerca do tema, que se vem formando na doutrina,[18] em torno da ideia de que, no intuito de minimizar os riscos ou o custo que deles pode advir, por serem sempre precificados em uma avença, devem os mesmos ser atribuídos à parte que melhor consiga gerenciá-los. Nesse sentido manifesta-se Fernan-

---

17. A título ilustrativo, v.: REsp 801.028 (*DJU* 8.3.2007, p. 168); RMS 3.161-6 (*DJU* 11.10.1993, p. 21.291); MC 9.529 (*DJU* 30.10.2006, p. 245); AgR na SL 76 (*DJU* 20.9.2004, p. 171).

18. Fernando Vernalha Guimarães, "A repartição de riscos na parceria público-privada", *RDPE* 24/165, Ano 6, Belo Horizonte, 2008.

do Vernalha Guimarães, em artigo intitulado "A repartição de riscos na parceria público-privada",[19] mencionando que:

> No Direito Europeu, a distribuição de riscos de acordo com a capacidade das partes em mitigá-los e geri-los é um dos objetivos gerais das *public private partnership*. Como informaram as *Diretrizes para Parcerias Público-Privadas Bem-Sucedidas*, produzidas pela Comissão Europeia, "um princípio básico de qualquer PPP é a alocação do risco à parte mais capacitada a administrá-lo com o menor custo. O objetivo é otimizar, e não maximizar, a transferência de riscos, para que seja atingido o melhor valor" (*Diretrizes para Parcerias Público-Privadas Bem-Sucedidas*, produzido pela Comissão Europeia, março/2003, disponível em *http://europa.eu.int/comm/regional_policy/sources/docgener/guides/PPPguide.htm*, p. 17).

A adotar-se tal entendimento como premissa, indagar-se-ia: nosso regime jurídico das concessões comuns possibilitaria tal repartição?

Com resposta afirmativa à questão, o autor supracitado – para quem "não há nada no direito positivo vigente, por isso, que desautorize a repartição de riscos em contratos de concessão comum de serviços públicos, inclusive daqueles ditos extraordinários" – afirma, com base em dois argumentos:

> Essa orientação não me parece juridicamente acertada. Não vejo na voz da Constituição o alcance mais abrangente do princípio da intangibilidade da equação econômico-financeira, a ponto de reconhecer que o âmbito tutelar da recomposição do equilíbrio contratual esteja informado pela indisponibilidade de interesses, não se reconhecendo espaço de autorregulação às partes quanto a uma distribuição de riscos (ordinários e extraordinários). Também não entendo que as regras da alínea "d" do inciso II e do § 5º do art. 65 da Lei 8.666 mereçam aplicação subsidiária às concessões de serviços públicos.

Nesse sentido o entendimento de Maurício Portugal Ribeiro e Lucas Navarro Prado, que, em obra na qual tecem comentários à Lei nacional das PPPs,[20] afirmam padecerem de equívocos acerca da dis-

---

19. Idem, p. 157.
20. Maurício Portugal Ribeiro e Lucas Navarro Prado, *Comentários à Lei de PPP/Parceria Público-Privada – Fundamentos Econômico-Jurídicos*, 1ª ed., 2ª tir., São Paulo, Malheiros Editores, 2010, pp. 120-124.

tribuição de riscos e do critério para a realização do equilíbrio econômico-financeiro dos contratos administrativos tanto a legislação quanto a doutrina pátrias, atribuíveis, segundo expõem, à falta de clareza sobre a separação entre os dois temas e à dificuldade de compatibilizar o tratamento tradicional sobre eles – que consideram desenvolvido para os contratos de obra e prestação de serviço comum – com os parâmetros mais recentes elaborados pelos que versam sobre concessão de serviço público. E concluem que convivem hoje, de forma precária, e "a noção mais tradicional sobre equilíbrio econômico-financeiro não distingue claramente entre sistema de distribuição de riscos e critério para realização do equilíbrio econômico-financeiro".[21]

Entendemos que, ainda que precária a positivação no Direito Brasileiro do sistema de distribuição de riscos nas concessões de serviço público, especialmente nas concessões denominadas comuns, há que se partir dela para qualquer avanço de entendimentos que se faça – e é necessário fazê-lo o quanto antes, por força da larga utilização deste instituto na atualidade – por interpretação da Constituição da República e deste regime jurídico que ora temos positivado. A este âmbito devemos delimitar nossos entendimentos, sob pena de mergulharmos em outros – o que muitas vezes parece tentador, diante de tamanha precariedade no tratamento do tema e do número de questões concretas pululando. Todavia, tal enfrentamento, envolvendo aspectos (riscos) técnicos e econômicos, a demandarem soluções no campo do Direito, se vê a todo instante envolvido em teias políticas, o que nos aconselha sermos prudentes no confinamento de nossas indagações.

Ainda que entendamos obrigatória, nas concessões comuns de serviço público, a indicação expressa no contrato da matriz de riscos ordinários assumidos pelo concessionário, cabendo os demais, por isso que residuais, ao poder concedente (como imprescindível à segurança jurídica e à necessária estabilidade enquanto princípio da Teoria Geral dos Contratos e por se afigurar possível se cumprido o dever de planejamento), concluímos pela impossibilidade de atribuição dos riscos extraordinários ao concessionário – por mais tentador que nos seja o compartilhamento nas hipóteses decorrentes da aplicação da *teoria da imprevisão* ou, ainda, de caso fortuito ou força maior, nos moldes da Teoria Geral dos Contratos –, por força de dois dispositivos

---

21. Idem, p. 120.

da nossa Constituição: o *caput* do art. 175 e o inciso IV do seu parágrafo único, que, ao incumbirem ao Poder Público a *prestação de serviços públicos diretamente ou sob regime de concessão ou permissão*, mas sempre com a *obrigação de manter serviço adequado na forma da lei*, fatalmente excluíram tal possibilidade ao legislador.

Dessa limitação constitucional se pode inferir que cabe ao Estado, titular do serviço, manter sua adequada prestação, se a assumiu; e tal dever incumbe ao concessionário, se a ele atribuída. Porém, quando fatos imprevisíveis, *fato do príncipe*, *fato da Administração* ou fatos configuradores de caso fortuito ou de força maior ocorrerem – isto é, independentes da ação ou omissão do concessionário –, não cabe a este arcar com os ônus porventura decorrentes, pois não deve suportar os prejuízos aos quais não deu causa e pertinentes a atividade da qual não é titular.

Conforme podemos interpretar da Constituição da República, cabe ao titular do serviço público planejar e estruturar sua outorga, o que minimiza os riscos sem, contudo, eliminá-los, ante a complexidade e a longa duração que permeiam este tipo de ajuste, restando os mesmos, então, divididos entre as partes; porém, há limites constitucionais para tanto.

Assim, concluímos, por interpretação de nossa Constituição, que há dever de revisão contratual periódica nas concessões comuns de serviço público, por força do *princípio do planejamento* e da *obrigatoriedade de manutenção de serviço público adequado* – o que remete à necessidade de divisão de riscos mais precisa, sob pena de tornar inócua a revisão, ou mero procedimento gerador de impasses.

Com isto, entretanto, repisamos: não estamos afirmando ser possível juridicamente a repartição de riscos extraordinários, por não se coadunar com a previsão constitucional do art. 175. Mas, tão somente, que os contratos que têm por objeto concessões comuns de serviço público devem, em cada caso e o quanto for possível, trazer previsões e atribuições específicas de assunção pelo concessionário das conseqüências desfavoráveis advindas de atos ou fatos (riscos), por ser isto juridicamente possível, ante o dever de estruturação de toda e qualquer concessão por meio de sólido planejamento. A repartição referida *supra* faz-se possível a partir de interpretação conforme à Constituição da expressão doutrinária e legal "por sua conta e risco".

Esta repartição é juridicamente sustentável por força do dever de planejamento que incumbe ao Estado em toda sua atividade, sendo certo que a imprecisão ou vagueza contidas nas avenças de concessão, decorrentes do não cumprimento daquele dever, não podem ensejar sejam atribuídos ao concessionário prejuízos aos quais não deu causa, ainda que sejam considerados, em princípio, riscos ordinários, como a demanda de usuários, na medida em que ocorrerem por insuficiência ou ausência de adequado planejamento da concessão.

Por fim, cumpre relembrar que sem um planejamento nos moldes preconizados na presente tese, que contemple de forma clara e precisa a repartição de riscos nos contratos comuns de concessão de serviços públicos, a revisão ordinária fica comprometida, ante a falta de parâmetros para se efetuar este rebalanceamento do negócio.

Capítulo 5
REVISÃO PERIÓDICA OU ORDINÁRIA

5.1 Conceito. 5.2 Prazo. 5.3 Desequilíbrios contratuais a serem analisados. 5.4 Consequências do processo de revisão periódica. 5.5 Controle jurisdicional.

5.1 Conceito

A revisão periódica ou ordinária é o processo administrativo pelo qual se dá o acompanhamento contratual na concessão comum de serviço público, a fim de aferir se sua execução ocorre em consonância com o planejamento prévio, e do qual resulta a manutenção da equação econômico-financeira, por meio do seu restabelecimento periódico, se necessário.

Esta revisão periódica se impõe em face da singularidade do objeto e da dinâmica intensa de mutabilidade a que se sujeitam as concessões de serviço público, por envolverem inúmeras variáveis, conforme o serviço prestado.

A revisão contratual periódica ou ordinária na concessão comum de serviço público justifica-se a partir do dever constitucional de planejamento, pois todo planejamento remete à comparação entre o planejado e o executado, resultando, se necessário, no realinhamento da equação econômico-financeira, para sua obrigatória manutenção.

Resumidamente, podemos dizer: revisão pressupõe contrato, que, em regra, pressupõe licitação, que, por sua vez, pressupõe planejamento prévio e adequado do seu objeto, o qual, na concessão de serviço público, implica a adequada prestação deste, a ser mantida nos moldes legais, conforme constitucionalmente determinado.

O planejamento, contudo, tem caráter dinâmico, pois não se esgota no plano que dele resulta. Daí que qualquer atuação decorrente de planejamento exige revisão periódica.

Este processo administrativo de que estamos a cuidar objetiva um ato final e conclusivo – qual seja: o ato de *revisão*, consistente na *manutenção* da equação econômico-financeira, em termos jurídicos, quase sempre pelo seu necessário restabelecimento, resultante de uma série de atos administrativos sucessivos, encadeados lógica e juridicamente a partir da instauração até a fase final de deliberação. Na fase intermediária de instrução serão analisados os atos e fatos cuja ocorrência pode ensejar o desequilíbrio econômico-financeiro da avença.

Processo administrativo é instrumento de garantia dos administrados. E, assim sendo, cumpre seus dois objetivos fundamentais, bem sintetizados na lição de Sérgio Ferraz e Adilson Abreu Dallari:[1]

> (...) disciplinar, conferindo transparência e objetividade, os meios pelos quais a Administração Pública, por intermédio de seus agentes, toma decisões; e assegurar o respeito a todos os atributos da cidadania no relacionamento entre a Administração e os administrados, inclusive seus próprios agentes.

O processo administrativo pauta-se pelas normas jurídicas pertinentes, ou seja, pelos princípios e regras jurídicas que regulam esta espécie de processo.

Como estas revisões se dão no âmbito de contratos que versam sobre concessões de serviços públicos e estes se alocam no plano da competência atribuída constitucionalmente aos entes federativos, os processos administrativos de revisão contratual periódica sujeitar-se-ão, ademais, às normas que regulam os processos administrativos no âmbito dos entes federativos concedentes.

Dentre estas, cumpre-nos destacar, pela relevância e importância (tanto para conhecimento quanto para interpretação e colmatação de lacunas no sistema jurídico), alguns dos princípios jurídicos aplicáveis ao processo administrativo de revisão.

Para tanto – e sem qualquer pretensão de conseguirmos esgotar esta sistematização –, buscaremos extraí-los da Teoria Geral do Direi-

---

1. Sérgio Ferraz e Adilson Abreu Dallari, *Processo Administrativo*, 2ª ed., São Paulo, Malheiros Editores, 2007, p. 63.

to, da Constituição da República, da Lei Geral de Concessões. E apenas a título de paradigma adotaremos a Lei federal 9.784/1999, que, por se destinar a regular o processo administrativo no âmbito da Administração Pública Federal, é aplicável subsidiariamente ao processo de revisão quando for a União o poder concedente.

Temos, assim, inicialmente, o *princípio da segurança jurídica* a nortear os processos administrativos em geral, inclusive os de revisão de concessão, por consistir a segurança jurídica no objetivo último do Direito.

Na concessão e na sua revisão o que se busca é a estabilidade nas relações entre concessionário e usuários e concessionário e concedente – o que deve decorrer de minucioso planejamento, apto a operar certa previsibilidade quanto a eventos futuros e às consequências deles advindas.

Não bastasse consistir no objetivo maior do Direito, o princípio da segurança jurídica está, ainda, especificamente consagrado de forma implícita na Lei Geral como aplicável à revisão das concessões comuns de serviço público. Esta, em seu art. 23, IV, obriga a estarem previstas no contrato cláusulas relativas "aos critérios e procedimentos para o reajuste e a revisão das tarifas", além daquelas que determinem: "objeto, área e prazo" (art. 23, I); "modo, forma e condições de prestação do serviço" (art. 23, II); "critérios, indicadores, fórmulas e parâmetros definidores da qualidade do serviço" (art. 23, III); bem como os "direitos, garantias e obrigações do poder concedente e da concessionária, inclusive os relacionados às previsíveis necessidades de futura alteração e expansão do serviço e consequente modernização, aperfeiçoamento e ampliação dos equipamentos e das instalações" (art. 23, V).

Ao assim disporem, os dispositivos acima estão assegurando a estabilidade do processo de revisão, na medida em que previamente estipulam não só que no contrato seja determinado seu procedimento como, ainda, os direitos e deveres das partes (não só os do concedente e do concessionário, como também os dos usuários, com as balizas para a adequada prestação do serviço a que fazem jus constitucional e legalmente).

Ressaltamos que referidos parâmetros de adequada prestação do serviço público concedido, na verdade, já são de conhecimento assegurado aos interessados, desde o edital de licitação, conforme preconizam os incisos I e II do art. 18 da Lei nacional 8.987/1995.

A esse propósito, útil mencionar que o art. 9º da Lei 8.987/1995 também faz menção, ao assegurar que a tarifa do serviço público concedido será "preservada pelas regras de revisão previstas nesta Lei, no edital e no contrato".

Desta forma, não pode o poder concedente, no processo de revisão periódica, a pretexto de exercê-la, alterar os parâmetros do serviço público concedido, alegando mudanças ocorridas, no período decorrido, no setor da atividade concedida (custos, ganhos, tecnologia etc.) e na economia do País, ao ponto de resultar em nova concessão de serviço público.

Em síntese: não pode o concedente reinventar a concessão de serviço público no âmbito do processo de revisão, pois isto viola o princípio da segurança jurídica, além dos princípios da legalidade, boa-fé, moralidade e finalidade.

Neste sentido, podemos mencionar polêmica advinda de fatos no âmbito das concessões de rodovias federais e estaduais no País cujos primeiros "lotes" foram licitados na década de 90 do século passado. Em 2007, após a licitação de sete trechos rodoviários federais e de alguns trechos estaduais, foram obtidas tarifas significativamente menores que as dos contratos da década de 1990, ainda em vigor, os quais foram questionados pela imprensa e por órgãos de defesa do consumidor, na perspectiva do equilíbrio da equação econômico-financeira.

Surge, então, a seguinte indagação de caráter jurídico: existindo diferenças significativas entre o lucro auferido pelas concessionárias integrantes do primeiro e do segundo "lotes" de rodovias concedidas, seria juridicamente possível, no processo de revisão periódica, diminuir o lucro auferido pelas primeiras, com base nos princípios da modicidade tarifária e do equilíbrio econômico-financeiro?

Em estudo acerca da questão publicado na *RT* 877, de novembro/2008, Arnoldo Wald e Marina Gaensly[2] concluem que não, pelos seguintes motivos – que, resumidamente, transcrevemos:

---

2. Arnoldo Wald e Marina Gaensly, "Concessão de rodovias e os princípios da supremacia do interesse público, da modicidade tarifária e do equilíbrio econômico-financeiro do contrato", *RT* 877/25, São Paulo, Ed. RT, novembro/2008.

O primeiro é que, em matéria de rodovias, cada trecho concedido à exploração tem suas peculiaridades, que variam em função de vários fatores: desde a política adotada por cada poder concedente (que pode ou não exigir ônus de outorga, por exemplo), até a demanda específica por investimentos de cada rodovia (necessidade ou não, *v.g.*, de realização de obras complementares). Assim sendo, é extremamente imprecisa a simples comparação numérica entre valores do pedágio cobrado em cada trecho.

O segundo motivo, por sua vez, é de cunho estritamente jurídico. As concessões de serviços públicos, no regime constitucional em vigor, têm um caráter contratual inviolável. Isso significa que a alteração desses contratos só pode se dar nos casos e na forma previstos na lei ou no próprio instrumento, e não com base na simples invocação do princípio da modicidade tarifária ou na abstrata supremacia do interesse público. (...).

Ademais, ao lado desses conceitos, há também outras normas que precisam ser observadas e ponderadas, como os princípios da boa-fé, confiança, lealdade e moralidade administrativa, bem como a garantia constitucional do equilíbrio econômico-financeiro da concessão, que, como visto acima, ao invés de autorizar uma revisão dos contratos, como poderia se supor precipitadamente, garante, ao contrário, a preservação até o término da concessão das condições da proposta vencedora da licitação (dentre elas a taxa de rentabilidade).

De fato, na esteira do entendimento acima – que poderá analogamente ser aplicado a controvérsias similares envolvendo outros serviços públicos concedidos –, vislumbramos realidades fáticas bem diferentes a nortear cada contrato, além de particularidades de cada prestação contratada, impeditivas da simples comparação de valor do pedágio dividido por quilômetro.[3]

3. A comparação foi feita desta forma simples, entre os valores resultantes de uma divisão do preço do pedágio por quilômetro, ignorando a política adotada em cada trecho – principalmente a cobrança de outorga nos primeiros – e suas peculiaridades ensejadoras de demandas de investimento e de retornos financeiros diferentes, resultando, por exemplo, nos seguintes dados: Rodovia dos Bandeirantes em São Paulo, concedida na década de 90 do século passado, o usuário paga R$ 0,127 por quilômetro atualmente, enquanto na Fernão Dias, concedida em 2007, R$ 0,01 por quilômetro rodado (Arnoldo Wald e Marina Gaensly, "Concessão de rodovias e os princípios da supremacia do interesse público, da modicidade tarifária e do equilíbrio econômico-financeiro do contrato", cit., *RT* 877/13-15).

O ambiente em que se firmaram os contratos de concessão de rodovias, na década de 90, era o da retomada da utilização deste instituto em larga medida no País – portanto, com grau de risco muito maior; e, como sabido, o risco é sempre precificado (daí que, quanto maior o risco, maior a remuneração na atividade). Bem diferente do ambiente em que se firmam os atuais ajustes, em que há o beneficiamento pela diminuição dos riscos em razão dos conhecimentos técnicos, do mercado de trabalho e de fornecedores e da credibilidade financeira construídos a partir de então.

Ressaltamos, contudo, que o entendimento aqui apresentado não desprestigia o princípio da modicidade tarifária, que pode e deve ser buscada permanentemente em toda e qualquer concessão comum de serviço público. Este se deve fazer adequado, nos termos da lei, porém não consiste dita modicidade em um fim em si mesma, devendo ser harmonizada com outros elementos que integram a qualificação constitucional da prestação do serviço público (tais como generalidade e atualidade; e, ainda, com os demais princípios e garantias jurídicos, como o da *segurança jurídica* e da *manutenção do equilíbrio econômico-financeiro*).

Interpretando desse modo, não há óbice jurídico algum à revisão dos valores de pedágio nas concessões de rodovias da década de 90 do século passado, desde que existam fatos aptos a demonstrar tal necessidade, apurados em sede de revisão periódica. Sua obrigatoriedade mais uma vez se evidencia, por exemplo, no caso de ganhos obtidos pela concessionária a partir da renegociação dos custos de capital de terceiros, pois o que não se tolera juridicamente é a redução pela redução, com base na simples comparação de preços em contratos distintos e invocação abstrata da modicidade tarifária.

Aproveitando os mesmos dispositivos já acima mencionados, podemos apontar como norteador do processo de revisão o *princípio da legalidade*, que – tal qual o da segurança jurídica – é basilar ao Estado Democrático de Direito, regulando toda a ação administrativa. Desse modo, o concedente só pode fazer aquilo que a lei expressamente autoriza ou determina.

Assim sendo, o processo de revisão implica o cumprimento de todos os dispositivos constitucionais, legais e normativos, gerais e específicos, a ele aplicáveis – o que garante ao concessionário um procedimento nos termos da lei e do ordenamento jurídico como um todo, sob pena de provocação do Poder Judiciário para, nos termos constitucionais, efetuar o devido controle de legalidade.

A título de exemplo, podemos mencionar o art. 29, V, da Lei 8.987/1995, que dispõe ser incumbência do poder concedente "homologar reajustes e proceder à revisão de tarifas na forma desta Lei, das normas pertinentes e do contrato".

Do mesmo modo, os usuários podem questionar o não cumprimento do dever de atuação conforme a lei e o Direito, pois o resultado do processo de revisão os afeta diretamente, porque têm o direito constitucionalmente assegurado à prestação adequada do serviço público.

Para tanto, imprescindível o cumprimento de outro princípio jurídico constitucionalmente aplicável à atuação administrativa, o *princípio da publicidade*, que implica, no processo de revisão, a ampla acessibilidade às informações pertinentes à concessão de serviço público (inclusive os elementos componentes da sua equação econômico-financeira) a todos: concedente, concessionário, usuários ou quaisquer interessados.

Tanto assim que a Lei Geral de Concessões, em seu art. 7º, II, confere aos usuários o direito de "receber do poder concedente e da concessionária informações para a defesa de interesses individuais e coletivos", bem como, assegura a "qualquer pessoa a obtenção de certidão sobre atos, contratos, decisões ou pareceres relativos à licitação ou às próprias concessões" (art. 22).

Especificamente determina, ainda, o diploma normativo em questão, como cláusula essencial do contrato de concessão, a que faz exigência da "publicação de demonstrações financeiras periódicas da concessionária" (art. 22, XIV), além de garantir ao poder concedente o "acesso aos dados relativos à administração, contabilidade, recursos técnicos, econômicos e financeiros da concessionária", no exercício da fiscalização do serviço, a ser feita pelo órgão técnico do concedente ou por entidade conveniada e periodicamente, "por comissão composta de representantes do poder concedente, da concessionária e dos usuários" (art. 30), o que é essencial ao processo de revisão.

Este direito do concedente corresponde ao dever da concessionária insculpido no art. 31, V, da Lei 8.987/1995, que determina incumbir à concessionária permitir "aos encarregados da fiscalização livre acesso, em qualquer época, às obras, aos equipamentos e às instalações integrantes do serviço, bem como a seus registros contábeis".

Do mesmo modo, o art. 33 da Lei nacional 9.074/1995 determina que, "em cada modalidade de serviço público, o respectivo regulamento determinará que o poder concedente, observado o disposto nos arts. 3º e 30 da Lei n. 8.987, de 1995, estabeleça forma de participação dos usuários na fiscalização e torne disponível ao público, periodicamente, relatório sobre os serviços prestados".

Já, o *princípio da finalidade* se faz vital ao processo de revisão, por ser este integralmente norteado pelo dever constitucional de manutenção de prestação adequada do serviço público, nos moldes legalmente preconizados de contemplação da segurança, eficiência, atualidade, generalidade, regularidade, modicidade tarifária e cortesia, que consistem em direitos dos usuários (art. 7º, I, da Lei 8.987/1995).

Para tanto, dito processo visa à manutenção da equação econômico-financeira tal como inicialmente pactuada, configurando-se *desvio de finalidade* se, no curso do procedimento, o poder concedente utilizar o processo de revisão para obter fins de outros procedimentos, transformando-o em processo de intervenção na concessionária (art. 33 da Lei 8.987/1995), de caducidade (art. 38, § 2º, da Lei 8.987/1995), de apuração de faltas (art. 38, *caput*, da Lei 8.987/1995), de transferência da concessão (art. 27 da Lei 8.987/1995), ainda que se depare com motivos para tanto, pois deverá, nestas hipóteses, instaurar o específico devido processo legal.

Também pelo dever de realização desta específica finalidade é que justificamos o *princípio da oficialidade* nos processos de revisão da concessão, seja na periódica, quando desencadeada pela própria Administração, seja nos casos de revisão extraordinária, provocada pelo concessionário, pois, como leciona Maria Sylvia Zanella Di Pietro,[4] este princípio se revela pelo poder de iniciativa para instaurar o processo, na sua instrução e na revisão de suas decisões. Estas, por serem inerentes à Administração Pública, independem de expressa previsão legal e, ainda, na lição de Sérgio Ferraz e Adilson Dallari:[5]

---

4. Maria Sylvia Zanella Di Pietro, *Direito Administrativo*, 21ª ed., São Paulo, Atlas, 2008, p. 595.

5. Sérgio Ferraz e Adilson Dallari, *Processo Administrativo*, cit., 2ª ed., p. 108.

Uma vez deflagrado o processo – seja por quem for –, não pode ficar paralisado, pois isso corresponderia a deixar descurado, em estado latente, um interesse público. Há interesse público na decisão em si mesma, seja lá qual venha a ser.

O processo de revisão na concessão de serviço público deve ser, ainda, norteado pelos princípios da *boa-fé* e da *moralidade*. O primeiro deles, pertencente à Teoria Geral do Direito, deve nortear a conduta e a intenção tanto do concedente como do concessionário e dos usuários no processo de revisão, enquanto o da *moralidade*, constitucionalmente consagrado como aplicável à Administração Pública, sujeita os atos violadores de preceitos morais juridicizados ao crivo do Poder Judiciário.

Vale destacar aqui, por oportuno ao tema, o interessante posicionamento de Márcio Cammarosano no sentido de que, ao consagrar o princípio da moralidade, não equiparou a Constituição a moralidade administrativa à moral comum, como se toda a ordem moral tivesse sido juridicizada, conforme leciona:[6]

A moralidade administrativa tem conteúdo jurídico, porque compreende valores juridicizados, e tem sentido a expressão "moralidade" porque os valores juridicizados foram recolhidos de outra ordem normativa do comportamento humano: a ordem moral. Os aspectos jurídicos e morais se fundem, resultando na moralidade jurídica.

No processo de revisão devem ser observados todos os parâmetros de probidade, não se tolerando o enriquecimento ilícito do concessionário ou de qualquer agente público ou atuação de que resulte qualquer dano ao erário. De outro lado, a revisão não pode gerar qualquer empobrecimento do prestador do serviço.

Em suma, há que ser feita na exata medida para garantir a manutenção do equilíbrio econômico-financeiro. Não se pode, no procedimento de revisão, mudar a equação econômico-financeira tal qual constante na proposta inicial que embasou o contrato.

A observância destes parâmetros de moralidade vincula não somente o concedente e o concessionário, mas, ainda, os usuários do ser-

6. Márcio Cammarosano, *O Princípio Constitucional da Moralidade e o Exercício da Função Administrativa*, Belo Horizonte, Fórum, 2006, p. 113.

viço público, que esperam probidade e lealdade da Administração Pública na condução deste processo, a fim de que não sejam surpreendidos com resultados violadores da moralidade juridicizada.

Nesse diapasão, temos ainda o dever de busca da verdade no processo administrativo de revisão, pois seu resultado deve ser verdadeiro, a fim de que realmente seja assegurada a manutenção de prestação adequada do serviço público, com a observância da equação econômico-financeira dele resultante.

Deste modo, temos como de suma importância o *princípio da verdade material* na revisão da concessão, vez que, independentemente de serem os dados pertinentes trazidos aos autos pelo concessionário ou pelos usuários, deve o poder concedente buscar apurar, de forma real, todos os elementos inerentes ao equilíbrio econômico-financeiro do contrato, analisando, um a um, todos os fatos ocorridos no período contemplado e os eventuais desequilíbrios causados por eles.

Esta mesma busca deve funcionar na hipótese de revisão extraordinária, cujo processo normalmente é provocado pelo concessionário, que alega um desequilíbrio no contrato decorrente de evento imprevisível ou para o qual não concorreu (alteração unilateral e fato do príncipe).

Outros princípios inafastáveis do processo de revisão, por consistirem em garantias fundamentais, são o do *contraditório* e o da *ampla defesa*, que devem ser observados e promovidos pelo poder concedente não só em favor do concessionário, quanto também em prol dos usuários ou interessados que participem do processo de revisão.

O concessionário tem direito de discordar e esclarecer tudo quanto reputar pertinente, requerer produção de provas e perícias que julgar necessárias, na medida em que o resultado pode lhe ser desfavorável – tudo, enfim, para assegurar o equilíbrio da equação econômico-financeira.

Mas não basta que formalmente ocorram essas possibilidades mencionadas; há que se levar em conta, para a decisão final, todos os fundamentos de fato e de direito apresentados, bem como as provas juntadas e produzidas pelas partes, a fim de que se tenha, efetivamente, contraditório.

Com a mesma amplitude deve ser considerada a garantia de ampla defesa, que implica, para ser exercida, com a garantia de vista e cópia dos autos, possibilidade de apresentar alegações e documentos antes da decisão, análise deles e conhecimento da decisão, conforme se pode inferir do art. 3º da Lei 9.874/1999.[7]

Os usuários são titulares das mesmas garantias no processo de revisão, porque eles é que suportarão o ônus de eventual decisão pela majoração tarifária como forma de reequilibrar a equação econômico-financeira. Cabe ao poder concedente assegurar-lhes mecanismos de participação, como, por exemplo, a ciência do processo por meio de edital, consulta pública ou audiência pública.

Nunca é demais lembrarmos que, nesse sentido, a Lei Geral de Concessões traz como direito dos usuários de serviços públicos o de "receber do poder concedente e da concessionária informações para a defesa de interesses individuais ou coletivos" (art. 7º, II); ou seja, independentemente da ocorrência efetiva de ciência dos usuários no processo de revisão, podem eles espontaneamente nele se manifestar, na medida em que suportarão os eventuais ônus dele resultantes.

No processo de revisão devem ser apresentadas as razões de fato e de direito justificadoras não só do ato final decisório, como de todos os que forem expedidos no seu *iter* – salvo os de mera tramitação –, por força do *princípio da motivação* dos atos administrativos, implícito em nossa Constituição da República (art. 1º), dever inerente a qualquer Estado Democrático de Direito.

A motivação é verdadeiro instrumento de garantia dos administrados ao devido processo legal, bem como ao controle jurisdicional constitucionalmente assegurado pelo art. 5º, XXXV, de nossa Lei Maior, sem o qual não consegue ser efetivado. Nas revisões de concessão de serviço público, dadas a complexidade e a quantidade de variáveis a serem consideradas para o equilíbrio econômico-financeiro, faz-se imprescindível que, em face de concessionário e usuários, as decisões administrativas, especialmente as denegatórias, ostentem demonstração clara, suficiente e congruente dos motivos fáticos, técnicos e jurídicos, sob pena de nulidade.

---

7. Nesse sentido, v. decisão do STJ no RMS 2.539-1, publicada no *DJU* 10.10.1994, p. 27.138, cuja ementa transcrevemos: "Mandado de segurança – Recurso – Transporte coletivo – Exploração de linha de ônibus – Contrato de concessão – Alteração unilateral, pela Administração – Impossibilidade. A concessão dos serviços de transportes coletivos para exploração de linha de ônibus gera direitos e só pode ser alterada com observância do devido processo legal, assegurada ampla defesa".

Ante esta complexidade e a quantidade de elementos técnicos e fáticos que compõem uma concessão de serviço público, entendemos necessariamente aplicável ao seu processo de revisão o *princípio da instrumentalidade das formas*, pois não pode o concedente obstar à defesa de direitos. Deve, ao contrário, facilitar a participação necessária não só do concessionário, enquanto parte no contrato, como dos usuários.

Entendemos aplicável o *princípio da gratuidade* (art. 2º, XI, da Lei 9.784/1999) ao processo de revisão contratual de concessão de serviço público, na medida em que a atividade constante do seu objeto, embora concedida sua prestação ao particular, é de titularidade do Estado, que tem, portanto, o dever permanente de, no uso das prerrogativas legais, zelar pelo seu cumprimento *adequado*, não sendo cabível, portanto, a cobrança de taxas e emolumentos por ocasião deste processo de revisão, constitucional e legalmente obrigatório.

Como não poderia deixar de ser, há, por fim, o *princípio do duplo grau de jurisdição* a nortear o processo de revisão, para que possam o concessionário e os usuários se insurgir ante as decisões que reputem em desconformidade com o ordenamento jurídico ou com o interesse público.

Este princípio, geralmente previsto nas leis de processo administrativo,[8] tem raiz constitucional em nossa ordem jurídica, nos incisos XXXIV, "a", e LV do art. 5º da Constituição da República, que, ao assegurarem o "direito de petição aos Poderes Públicos em defesa de direitos ou contra ilegalidade ou abuso de poder" e o "contraditório e a ampla defesa, com os meios e recursos a ela inerentes", reconhecem o direito de não conformismo com uma única decisão, que não pode ter caráter de definitividade. Quem pede, espera uma atuação conforme o Direito; e, se não a obtém, presume-se assegurado o direito de revisão.

Há diversos motivos a fundamentar e tornar elementar este princípio, como inerência da garantia do devido processo legal: o fato de as decisões consistirem em atuações humanas, passíveis de falhas por desconhecimento, falta de acuidade, humores e dissabores, ou, mesmo, de desvios de conduta derivados de má-fé do agente, comprometendo, em qualquer das hipóteses, o resultado ou decisão do processo admi-

---

8. Como na Lei federal 9.784-1999, art. 2º, parágrafo único, X.

nistrativo. Este deve, assim, sujeitar-se à possibilidade de reexame, como medida de segurança, legalidade, independência e imparcialidade.

O reconhecimento do direito ao duplo grau de jurisdição, juntamente com a impossibilidade de exigência de prévio depósito ou caução para interposição de recurso administrativo, já foi reconhecido pelo STF nos RE 388.359, 389.383 e 390.513 e na ADI 1.976.[9]

Deste modo, os interessados no processo de revisão da concessão de serviço público têm a garantia de poder apresentar as argumentações que lhes aprouverem, em defesa dos seus direitos em instância recursal.

Surge, aqui, a seguinte indagação: quando efetuado o processo de revisão da concessão de serviço público por agência reguladora, caberá, após esgotada a instância recursal no âmbito deste ente, recurso perante o órgão do poder concedente ao qual o serviço público está afeto?

Entendemos que não, haja vista a competência para proceder à revisão ter sido legalmente atribuída ao ente regulador, que detém, além da especialidade técnica sobre a atividade, independência legal para exercer a competência administrativa sobre a mesma.

5.2 Prazo

O período em que se verifica o dever de revisão ordinária da concessão de serviço público será aquele determinado legalmente ou, não havendo lei, será determinado no contrato, em conformidade com o plano de outorga.

Na hipótese de omissão contratual quanto à periodicidade da revisão, caberá aditamento para sua previsão ou deverá ser realizada quando, reiteradas e sucessivas vezes, as normas de reajuste tarifário revelarem insuficiência para a manutenção do equilíbrio econômico-financeiro do contrato ou para a manutenção da adequada prestação do serviço.

Como sabido, o reajuste constitui, juntamente com a revisão extraordinária, meio de recomposição da equação econômico-financeira

---

9. STF, RE 389.383: "*Ementa:* Recurso administrativo – Depósito – §§ 1º e 2º do art. 126 da Lei n. 8.213/1991 – Inconstitucionalidade. A garantia constitucional da ampla defesa afasta a exigência do depósito como pressuposto de admissibilidade de recurso administrativo".

dos contratos administrativos em geral, que visa não somente a repor as perdas inflacionárias, por meio de atualização monetária, mas a adequá-la à variação dos custos dos insumos;[10] daí seu caráter periódico.[11] A previsibilidade do reajustamento decorre do fato de que é efetuado com base em índice geral ou setorial, previamente adotado em consonância com o serviço prestado.

Pelas mesmas razões acima expostas, faz-se o reajuste obrigatório nas concessões comuns de serviço público, cuja Lei Geral pátria determina a previsão, no edital e no contrato, de cláusula que contemple os critérios e procedimentos para reajuste das tarifas[12] – tratando-se, portanto, de tema atinente ao planejamento.

O reajuste difere da revisão, que, em regra geral nos contratos administrativos, decorre de eventos imprevisíveis, o que impossibilitaria atribuir-lhe periodicidade.

10. O art. 40, X, da Lei federal 8.666/1993 prevê como uma das cláusulas obrigatórias do edital a que indique o "critério de reajuste, que deverá retratar a variação efetiva do custo de produção, admitida a adoção de índices específicos ou setoriais, desde a data prevista para apresentação da proposta ou do orçamento a que essa proposta se referir, até a data do adimplemento de cada parcela". Enquanto o art. 55, III, do mesmo diploma legal determina como obrigatória nos contratos administrativos a cláusula que estabeleça "o preço e as condições de pagamento, os critérios, data-base e periodicidade do reajustamento de preços, os critérios de atualização monetária entre a data do adimplemento das obrigações e do efetivo pagamento".

11. Pela Lei do Plano Real, o prazo mínimo é de um ano, contado da data-limite para apresentação da proposta ou a do orçamento a que esta se referir, conforme o art. 3º, § 1º, da Lei 10.192/2001:

"Art. 3º. Os contratos em que seja parte órgão ou entidade da Administração Pública direta ou indireta da União, dos Estados, do Distrito Federal e dos Municípios serão reajustados ou corrigidos monetariamente de acordo com as disposições desta Lei, e, no que com ela não conflitarem, da Lei n. 8.666, de 21 de junho de 1993.

"§ 1º. A periodicidade anual nos contratos de que trata o *caput* deste artigo será contada a partir da data-limite para apresentação da proposta ou do orçamento a que essa se referir."

12. Lei 8.987/1995:

"Art. 18. O edital de licitação será elaborado pelo poder concedente, observados, no que couber, os critérios e as normas gerais da legislação própria sobre licitações e contratos e conterá, especialmente: (...) VIII – os critérios de reajuste e revisão da tarifa; (...)".

"Art. 23. São cláusulas essenciais do contrato de concessão as relativas: (...) IV – ao preço do serviço e aos critérios e procedimentos para o reajuste e a revisão das tarifas; (...)."

Cumpre ressaltar, nesse ponto, inclusive, que, diante da falta de aprofundamento de estudos acerca deste tipo de revisão nas concessões de serviços públicos em nosso País, tem sido comum a confusão conceitual entre *reajuste* e *revisão periódica ou ordinária* nos termos de contratos firmados, pois muitas vezes, por ocasião do processo de reajuste, busca o poder concedente realizar uma checagem geral nos elementos da equação econômico-financeira do contrato que consiste, realmente, em verdadeira revisão.

Por quê? Pela omissão contratual em prever a constitucional e legalmente obrigatória revisão periódica e pela fatal insuficiência de somente o reajuste de tarifa, realizado periodicamente em uma concessão de serviço público, dar conta de manter seu equilíbrio econômico-financeiro.

Parece-nos cristalino que, ante o longo prazo da concessão e sua dimensão, os critérios de reajuste não se revelarão suficientes nem mesmo para assegurar a manutenção do equilíbrio econômico-financeiro quanto aos custos dos insumos e à atualização monetária; daí a necessidade e a obrigatoriedade de revisão periódica, ainda que não prevista no contrato, a fim de realinhar a equação econômico-financeira, mantendo-a.

Tanto assim que, como bem adverte Jacintho Arruda Câmara,[13] no afã de tentar aproximar ao máximo o índice de reajuste da realidade decorrente da execução do contrato, têm sido realizadas verdadeiras revisões contratuais periódicas, equivocadamente denominadas de reajustes, a pretexto de aplicá-los em contratos de concessão comum de serviço público.

Ainda segundo este autor, em tais situações o dito reajuste do valor da tarifa, como deveria ser, acaba servindo de mecanismo pelo qual periodicamente são feitas avaliações concretas dos custos envolvidos na prestação do serviço público concedido, configurando verdadeira reavaliação do equilíbrio econômico-financeiro do contrato, na qual a alteração tarifária se dá em função dos custos efetivos de prestação de serviço. Cita como exemplo o que vem ocorrendo em algumas concessões de transporte coletivo municipal, que, ao adotarem um

13. Jacintho Arruda Câmara, *Tarifa nas Concessões*, São Paulo, Malheiros Editores, 2009, pp. 184-185.

sistema periódico de alteração de tarifas embasado em análise de planilhas apresentadas pelo concessionário, ao invés de índices ou fórmulas de reajuste, acabam realizando verdadeira revisão contratual.

Os equívocos acima referidos funcionam como um fator a mais para demonstrar a imprescindibilidade da revisão periódica nos contratos de concessão de serviços públicos, cuja raiz constitucional restou tratada especificamente no capítulo anterior.

Por ora, cumpre reafirmar que, embora ambos se prestem para a manutenção da equação econômico-financeira inicial por meio de sua recomposição, *reajuste* e *revisão* não se confundem, pois enquanto esta, quando *periódica*, consiste em uma investigação analítica geral do contrato acerca das distorções e dos impactos ocorridos em determinado período e, quando *extraordinária*, apura o desequilíbrio causado por fato imprevisível, ou previsível mas de consequências incalculáveis, o *reajuste* na concessão limita-se à tarifa, a mantê-la no decorrer do longo prazo de execução contratual.

Nunca é demais lembrar que nos contratos administrativos que têm por objeto concessão comum de serviço público a remuneração do contratado é muito mais complexa que nos demais contratos administrativos, não se restringindo, necessariamente, à tarifa cobrada dos usuários. Daí a maior amplitude da *revisão periódica*, que analisa a equação econômico-financeira como um todo, em todas as suas variáveis, rebalanceando o contrato; enquanto o *reajuste* se restringe à tarifa, a preservá-la ante a variação de seus insumos no período determinado, pela adoção de índices gerais ou setoriais.

Podemos dizer que a manutenção da equação econômico-financeira inicial ocorre por presunção no reajuste aplicado aos contratos administrativos, pois é efetivada por mera aplicação de índices.

Ocorre que nos contratos que têm por objeto concessão de serviço público, em virtude das especificidades deste tipo de ajustes, inclusive sua dependência de um plano, há que se averiguar, real e efetivamente, os custos, a tarifa e todos os demais elementos componentes da referida equação, caracterizando revisão periódica, que não se confunde com reajuste.

Considerando tudo o quanto exposto neste subitem e, ainda, que, por mais que se busque aproximar o índice de reajuste da realidade do objeto contratual, tal reajuste fatalmente se revelará insuficiente em determinado momento do prazo de concessão – ante a omissão contratual quanto à previsão de revisão periódica –, concluímos ser esta a oportunidade para sua realização inicial pelo concedente.

5.3 Desequilíbrios contratuais a serem analisados

O processo de revisão do contrato de concessão comum de serviço público deve ser instruído por rigorosa e detida análise de todas as variáveis que interessam ao seu equilíbrio econômico-financeiro, mesmo que seja para, ao final, constatar tão somente a ausência de impacto neste.

Deve funcionar como verdadeira varredura ou checagem de todos os itens do contrato, isto é, uma investigação item a item contratual, com apuração e análise dos atos e fatos ocorridos para aferir se, diante do prazo decorrido, impactaram, ou não, as condições originalmente avençadas com base na proposta elaborada na licitação.

Os atos e fatos analisados na revisão ordinária consistem em todos aqueles dados passíveis de produzir, como efeito jurídico, eventuais alterações da economia do contrato, capazes de repercutir no equilíbrio econômico-financeiro do contrato de concessão.

Desse modo, temos que os fatos que podem ensejar a recomposição nesta revisão são aqueles previsíveis e capazes de gerar gravames à equação econômico-financeira, considerados em sede de planejamento e no contrato respectivo.

Diferentemente dos fatos deflagradores de *revisão extraordinária*, são conhecidos e previsíveis, por serem capazes de gerar desequilíbrios contratuais passíveis de serem geridos em certo período – como, por exemplo, os investimentos da concessionária, mudança de tecnologia, receitas da concessionária, dentre outras variáveis da equação econômico-financeira.

A Administração Pública tem o dever de identificar os atos e fatos que a autorizam, enquanto poder concedente, a realinhar a equação econômico-financeira. Ou seja: deve identificar os fatos e atos que estão inseridos no *conceito de "risco"*, que interessam ou não à equação econômico-financeira do contrato. Isto é *planejamento da concessão de serviço público*, e implica a necessária investigação periódica da ocorrência de tais fatos e atos, sua análise de dimensão e impacto no equilíbrio contratual, como objeto de abordagem do processo de revisão ordinária.

Consistem, portanto, em *todo e qualquer evento capaz de alteração nas diversas variáveis que compõem a equação econômico-financeira e que decorrem ou não de ação ou omissão da concessionária.*

Aceitamos, entretanto, como medida excepcional, a possibilidade de recomposição do equilíbrio econômico-financeiro decorrente de fatos imprevisíveis na revisão periódica, vez que, ante ditos fatos, deve, em princípio, ser recomposta a equação imediatamente após sua ocorrência, em sede de revisão extraordinária, instaurando-se o competente processo administrativo para tanto.

Ocorre, contudo, que nem sempre se afigura faticamente possível a finalização deste processo com a celeridade desejável. Entendemos que nesses casos, da realização de revisão periódica, devem ser procedidas as necessárias equalizações, com isso se atingindo o propósito de realinhamento contratual, em cumprimento, ademais, do princípio da economia processual.

Para esta atividade de investigação da situação contratual, destacamos o dever legal da concessionária de permitir ao poder concedente, em qualquer tempo, livre acesso aos seus registros contábeis, às obras, aos equipamentos e às instalações (art. 31, V, da Lei 8.987/1995).

Este direito é assegurado tanto ao poder concedente, enquanto titular do serviço que é, quanto aos usuários, que têm direito à prestação adequada do serviço – o que inclui o direito de receber informações do concedente e da concessionária, para a defesa de direitos individuais e coletivos (art. 7º, I e II, da Lei 8.987/1995).

Do mesmo modo, o art. 30 do diploma legal garante, no exercício da fiscalização, acesso do poder concedente aos dados relativos a administração, contabilidade, recursos técnicos, econômicos e financeiros da concessionária, sendo certo que esta fiscalização será feita permanentemente pelo concedente e periodicamente, conforme previsto em ato normativo, por comissão composta de representantes da concessionária e dos usuários (além do concedente).

Ademais, são obrigatórias no contrato de concessão de serviço público cláusulas que obriguem à prestação de contas pela concessionária ao concedente, indicando a forma e o período, e que exijam a publicação de demonstrações financeiras periódicas.

Feitas estas observações de importância, temos que a presente revisão se dá, a nosso ver, sob três ângulos do contrato: (a) apuração dos custos da prestação do serviço no período; (b) ganhos de produtividade ou de eficiência na prestação do serviço; e (c) receitas obtidas conforme a política tarifária adotada.

No processo de revisão devem ser checados e analisados os *custos* envolvidos na prestação do serviço público adequado, como o impacto decorrente do pagamento pela outorga (se houver), o nível de investimentos exigidos e realizados, as despesas operacionais contabilizadas, os encargos legais incidentes sobre a atividade da concessionária e, ainda, os custos derivados da implementação de benefícios tarifários.

Referida análise deve ser feita item a item, considerando o impacto de cada um dos elementos componentes do custo no período avaliado.

Se houver pagamento pela outorga, avalia-se se não está onerando excessivamente o valor da tarifa, deliberando-se pela possibilidade e conveniência de sua redução ou eliminação, especialmente se não estiver destinado às obras de infraestrutura do serviço público.

Relativamente aos investimentos, analisa-se, em relação ao período, se demonstram suficiência à manutenção de prestação de serviço público adequado, especialmente quanto aos aspectos relativos à expansão do mercado e à ampliação e modernização das instalações vinculadas ao serviço.

Caso se revelem insuficientes, que sejam alinhados os investimentos ao patamar necessário, com o consequente reequilíbrio da equação econômico-financeira, seja por implicarem aumento dos encargos do concessionário em relação ao inicialmente pactuado, seja por decorrerem de insuficiência por omissão da concessionária. Deve, ainda, ser reequilibrada a equação contratual se referido aumento importar onerosidade excessiva à tarifa paga pelos usuários ou, ainda, ao subsídio arcado pelo concedente, hipótese em que caberá análise, inclusive, acerca da prorrogação do prazo, para manter a modicidade tarifária, desde que esteja contratualmente prevista tal possibilidade e se trate da última revisão periódica a ser realizada.

Nesse diapasão, destacamos os custos decorrentes das despesas operacionais da concessionária como um dos mais importantes elementos da equação econômico-financeira, a ser avaliado na revisão periódica.

Isto porque, como sabido, trata-se de custos gerenciáveis pelo concessionário e, por isso, viabilizadores dos modelos tarifários de regulação por incentivo, que, ao contrário do tradicional modelo de *fixação da tarifa pelo preço de custo do serviço* (*rate of return*),[14] busca criar incentivos para que as concessionárias reduzam seus custos, invistam em inovação, priorizem a qualidade – dentre outras melhorias operacionais.

Nestes modelos tarifários de regulação por incentivos, o ente ou órgão regulador, por intermédio de mecanismos recompensatórios, estimula a concessionária à eficiência empresarial, que resultará em maior lucro, advindo dos ganhos de eficiência ou produtividade.

Ditos *ganhos* poderão ser de duas espécies: *ganhos de produtividade ou eficiência* e *ganhos de redução com custos financeiros*.

Para apurar a ocorrência da primeira, deve ser feita uma avaliação da gestão empresarial de todos os fatores gerenciáveis vinculados à prestação, como, por exemplo, os operacionais (mão de obra, equipamentos, fornecedores, manutenção, atendimento, administrativos etc.), além da ocorrência daqueles advindos da eficiência tecnológica.

14. Nesse modelo, a fixação da tarifa se dá pelo preço de custo, ou seja, deve produzir a remuneração necessária a compensar custos diretos e indiretos, inclusive os investimentos necessários à ampliação do serviço, e a margem de lucros do concessionário.
   A solução que preconiza é: assegurar ao particular remuneração que permita a amortização dos seus investimentos, a compensação de seus custos e a obtenção de retorno satisfatório.
   Nesse modelo, generalizado em diversos Países, inclusive o Brasil, o poder concedente vincula os reajustes à variação dos custos necessários ao fornecimento das utilidades em que se traduz o serviço público.
   Crítica ao modelo: não assegura a observância da menor tarifa possível. O usuário estará arcando precisamente com os custos do concessionário, que pode estar obtendo lucros excessivos. Não há neste modelo qualquer mecanismo que assegure a ampliação da eficiência, a redução de custos ou a obtenção do melhor resultado possível.
   A Economia constatou que este sistema tende a incentivar a ineficiência e a transferir para o consumidor todas as consequências danosas derivadas da atuação insatisfatória do concessionário.
   Em suma, produz a transferência para o usuário de todos os custos excessivos, desnecessários ou equivocados realizados pelo prestador do serviço. Não há possibilidade de interferir sobre a estrutura empresarial do concessionário, para verificar se os custos são os menores possíveis (Marçal Justen Filho, *Teoria Geral das Concessões de Serviço Público*, São Paulo, Dialética, 2003, pp. 352, 353 e 357).

Na segunda espécie, há que se verificar a redução de custos financeiros, como, por exemplo, a renegociação de taxas referentes a financiamento, seguros e outros fatores de ordem financeira, obtidos seja em função das mudanças macroeconômicas ocorridas no período (maior estabilidade da economia no País, aumento do crédito, queda nas taxas de juro praticadas etc.), seja em virtude da atuação empresarial da concessionária que propiciou tais ganhos financeiros.

Assim, a avaliação dos *ganhos* no processo de revisão periódica impõe a apuração do resultado da atuação empresarial do concessionário, pois, embora não resultem tais ganhos necessária ou exclusivamente da gestão empresarial do concessionário, têm nela o maior potencial de ocorrência.

Por esta razão é que a modelagem mais antiga de custo pelo serviço vem cedendo passo à regulação por incentivos, dentre as quais destacamos o modelo definido como *tarifa-teto* (*price cap*),[15] adotado

15. No Brasil essa inovação foi salientada em documento intitulado *Concessões de Serviços Públicos no Brasil*, publicado e distribuído pela Presidência da República em abril/1995, em que se dizia: "(...) no que se refere à política tarifária para as novas concessões, será abandonada a regra de tarifação que garante uma remuneração fixa calculada com base nos custos totais incorridos – o que incentivava a ineficiência das empresas" (p. 21).
A Lei 8.987/1995, que disciplinou, em caráter nacional, as concessões de serviço público, adotou o esquema de *tarifa pelo preço*, em substituição ao de *tarifa pelo custo*, que consistia em fazer incidir uma remuneração sobre os custos da concessionária.
Esse esquema equivalia à administração contratada, que era prevista para obras e serviços no Decreto-lei 2.300/1986, em seu art. 9º, II, "c". O Projeto de Lei 1.491, do qual resultou a Lei 8.666/1993, manteve esse regime, no art. 10, II, "c". O dispositivo foi, porém, vetado pelo Presidente da República. Nas razões do veto dizia-se que o regime de administração contratada "envolve a assunção de elevadíssimos riscos pela Administração" e que "nesse regime de execução interessa ao contratado, que se remunera à base de um percentual incidente sobre os custos do que é empregado na obra ou serviço, tornar esses custos os mais elevados possíveis, já que, assim, também os seus ganhos serão maximizados". O Congresso Nacional tentou reintroduzir esse regime de execução ao aprovar o Projeto de Lei de Conversão 10, do qual resultou a Lei 8.883/1994. Mas ele foi novamente vetado. As razões do veto foram desarrazoadas, já que se partiu da presunção de má-fé por parte do contratado. Mas é inegável que o regime de administração contratada eliminava o risco do contratado.
Pouco após surgiu a Lei 8.987/1995, que aprovou a política tarifária nas concessões de serviço público, em cumprimento ao parágrafo único, III, do art. 175 da Constituição da República. E dispôs (art. 2º, III) que o serviço concedido seria exercido "por conta e risco" da concessionária.

nas concessões comuns de serviço público em nosso País pela Lei Geral, que, em seu art. 9º, *caput*, assim dispõe:

> Art. 9º. A tarifa do serviço público concedido será fixada pelo preço da proposta vencedora da licitação e preservada pelas regras de revisão previstas nesta Lei, no edital e no contrato.

Por este modelo, utilizado pela primeira vez em 1984 na privatização da *British Telecom*, o poder concedente, após as análises devidas, estima e estipula o valor máximo a ser cobrado pela tarifa, de modo que a concessionária possa cobrar valores inferiores pela prestação do serviço, no afã de aumentar o número de usuários e de ganhos.

Para tanto, contudo, deverá melhorar seu desempenho empresarial, na busca de maior eficiência, para reduzir custos, pois a prestação do serviço público deve manter-se adequada, nos moldes legal e contratualmente estabelecidos em conformidade com o plano de outorga, configurando, assim, em tais casos, risco do concessionário – o que leva à seguinte indagação: os eventuais ganhos de eficiência ou produtividade da concessionária, a quem aproveitam?

O conflito surge pelos seguintes motivos: se, por um lado, os referidos ganhos normalmente advêm da eficiência empresarial da concessionária, que assumiu os riscos do negócio – inclusive do insucesso e consequentes perdas –, por outro, trata-se de ganhos resultantes da exploração de serviço público, de titularidade estatal e sujeito a regime jurídico público, que institui como um de seus princípios a modicidade tarifária.

Fato é que, no que tange às concessões comuns de serviço público, embora a Lei Geral, ao estabelecer as diretrizes da política tarifá-

---

A nova lei dispôs, ainda, que: "Art. 9º. A tarifa do serviço público concedido será fixada pelo preço da proposta vencedora da licitação e preservada pelas regras de revisão previstas nesta Lei, no edital e no contrato".

Verifica-se que a Lei 8.987/1995, ao estabelecer a política tarifária das concessões de serviço público, abandonou o modelo anterior de *tarifa pelo custo*, para adotar o de *tarifa pelo preço*. O modelo de *tarifa pelo custo* correspondia, em linhas gerais, ao *contrato por administração*. A concessionária, juntamente com o poder concedente, calculava os custos totais incorridos e acrescentava uma remuneração, incidente sobre o valor apurado. No modelo de *tarifa pelo preço* a concessionária exerce o serviço "por sua conta e risco", como está explicitado no art. 2º, III, da Lei 8.987/1995 (Antônio Carlos Cintra do Amaral, "O reequilíbrio econômico-financeiro dos contratos de concessão de rodovias", *Revista do Advogado*, 2009).

ria, em cumprimento ao art. 175, parágrafo único, III, da Constituição da República, tenha abandonado o modelo anterior de *tarifa pelo custo*, para adotar o de *tarifa pelo preço*, deixou, contudo, de tratar desta questão, que, ainda assim, restou prevista em algumas leis setoriais, como a Lei Geral de Telecomunicações (Lei 9.472/1997) e a Lei do Setor de Energia Elétrica (Lei 9.427/1996), nos respectivos dispositivos, abaixo transcritos:

> Art. 108. Os mecanismos para reajuste e revisão das tarifas serão previstos nos contratos de concessão, observando-se, no que couber, a legislação específica. (...).
>
> § 2º. Serão compartilhados com os usuários, nos termos regulados pela Agência, os ganhos econômicos decorrentes da modernização, expansão ou racionalização dos serviços, bem como de novas receitas alternativas.
>
> § 3º. Serão transferidos integralmente aos usuários os ganhos econômicos que não decorram diretamente da eficiência empresarial, em casos como os de diminuição de tributos ou encargos legais e de novas regras sobre os serviços.
>
> Art. 14. O regime econômico e financeiro da concessão de serviço público de energia elétrica, conforme estabelecido no respectivo contrato, compreende: (...) IV – apropriação de ganhos de eficiência empresarial e da competitividade; (...).

Analisando o conflito, concluímos tratar-se de conflito aparente, pois na mesma previsão constitucional de serviço adequado, que prevê a modicidade tarifária como um dos princípios do serviço público, encontramos a solução. Isto porque na referida previsão também estão contempladas a eficiência, a atualidade, a generalidade e a cortesia como princípios regentes da prestação adequada de serviço público – o que leva à conclusão pelo compartilhamento dos ganhos da concessionária, pois, se forem apropriados na totalidade, para a modicidade tarifária, inexistirá estímulo à eficiência da concessionária, comprometendo estes outros vetores mencionados do serviço adequado.

Por outro lado, a apropriação total destes ganhos pelo concessionário não se coaduna com os vetores constitucionais supracitados, que investem o Estado na titularidade dos serviços públicos e impõem o dever de sua prestação adequada – o que inclui a modicidade tarifária, além da manutenção do equilíbrio econômico-financeiro. Tal equilíbrio inexiste quando há aumento excessivo da remuneração do concessionário em relação aos encargos assumidos, desfigurando-se a mantença das "condições efetivas da proposta", pelo lucro abusivo do concessionário em atividade pública (de que, portanto, não é titular).

Considerando a falta de disposição legal na Lei Geral e sopesando os princípios constitucionais acima citados e, ainda, o da livre iniciativa, entendemos como solução jurídica a ser adotada o compartilhamento dos ganhos de eficiência e produtividade, desde que em conformidade com a previsão no edital e no contrato, respectivamente.

Reitere-se: ante a ausência de previsão legal expressa, na Lei 8.987/1995, quanto à apropriação dos ganhos de eficiência e produtividade empresarial, a solução juridicamente possível há de ser extraída da Constituição e dos princípios gerais do Direito. E, pelos motivos acima explanados, tal solução é o compartilhamento de tais ganhos na proporção definida caso a caso no contrato, conforme os estudos de planejamento que o antecedem.

Nos casos em que a prestação se der no regime de competição, por exemplo, poderá ser apropriado percentual maior de ganhos pela concessionária, como estímulo à eficiência e compensação pelo risco maior assumido; enquanto naqueles em que não se afigurar possível tal regime poderia ser fixado percentual maior para apropriação pelos usuários, pela redução da tarifa. Em todo e qualquer caso, dependerá dos estudos prévios de planejamento da licitação e do consequente contrato.

Não vislumbramos como juridicamente válidas tanto as estipulações contratuais de apropriação integral dos ganhos em questão pelo concessionário quanto pelos usuários de determinado serviço público, por não se afigurarem extraíveis do texto constitucional estas interpretações, que não se coadunam com o tratamento nele conferido aos serviços públicos.

Por força do texto constitucional, entendemos que no contrato de concessão comum de serviço público há que se contemplar a modicidade tarifária sem sacrificar a livre iniciativa – o que deve ser analisado, sempre que possível, em sede de revisão periódica, pois: (a) serviço público é de titularidade do Estado; portanto não pode ser instrumento de lucro excessivo; (b) serviço público adequado é dever constitucional, e, nos termos legais, abarca a modicidade tarifária e a eficiência; (c) a equação econômico-financeira implica a equivalência entre encargos e remuneração, que desequilibra também quando o concessionário aumenta astronomicamente esta última em relação àqueles; (d) por assumir o risco ordinário do negócio nesta modelagem tarifária, e em respeito à livre iniciativa e ao ditame constitucional do serviço adequado, não se concebe juridicamente possível a apropriação integral dos ganhos pelos usuários, por desestimular a eficiência na sua prestação.

Neste sentido, aliás, o entendimento do TCU exarado no Acórdão 2.104/2008 do Plenário, que teve por objeto a *análise do 1º Estágio de acompanhamento da outorga de serviço público referente à concessão para restauração, manutenção, operação e aumento da capacidade de trechos rodoviários da BR-116 e da BR-324 no Estado da Bahia*. Ao tratar do seu subitem "4.2.3.10 – Da Modicidade Tarifária, do Reajuste e da Revisão Tarifária", destacou o TCU a possibilidade de ocorrência de ganhos de produtividade e decorrentes da eficiência tecnológica, de "redução dos custos, diminuição das despesas operacionais etc., que geram o aumento extraordinário da receita e/ou a redução de custos", para concluir que (p. 35):

> Nesses casos, a lucratividade do empreendimento será maior que aquela considerada justa para esse tipo de empreendimento. Assim, a apropriação por parte da Concessionária de todo o lucro adicional não condiz com o equilíbrio econômico-financeiro do contrato. Somente parte desse lucro caberia à Concessionária, como incentivo à eficiência. A outra parte deveria ser revertida para a modicidade tarifária, em conformidade com os preceitos da regulação por incentivos.

Repisamos, contudo, o entendimento de que esta possibilidade de compartilhamento deve ser prevista em contrato.

Resta saber, então, ante a falta de previsão legal, qual a solução jurídica quando, em sede de revisão periódica, são verificados ganhos de produtividade e eficiência pela concessionária sem que, contudo, o contrato disponha acerca do seu compartilhamento.

A questão é bem tormentosa, considerando todos os vetores constitucionais acima expostos. Porém, sopesando estes princípios, o da segurança jurídica e o do planejamento (determinante para o Poder Público), entendemos que sem estipulação contratual de compartilhamento os ganhos de eficiência ou produtividade devem ser apropriados pela concessionária, a quem contratualmente couberam os riscos da concessão.

Outra importante indagação relativa à falta de previsão contratual acerca dos ganhos econômicos que não advêm necessariamente da eficiência empresarial e da competitividade, como os decorrentes do desenvolvimento tecnológico, foi levantada por Benedicto Porto Neto,[16] que alcançou conclusão, com a qual concordamos, no sentido de que, em tais hipóteses, há que se considerar se a concessionária desenvolve, ela própria, determinada tecnologia para aperfeiçoamento da prestação do serviço.

Em casos afirmativos, sua postura está inserida na noção de eficiência administrativa, cabendo-lhe a apropriação dos ganhos advindos. Contrariamente, quando a tecnologia advém de terceiros, sem que a concessionária tenha concorrido para tanto, absorvendo-a aleatoriamente, devem reverter para a sociedade os benefícios decorrentes, cabendo recomposição do equilíbrio econômico-financeiro nas hipóteses em que tenha realizado investimentos para absorvê-la, tão somente para preservação da equação, pelo ressarcimento dos encargos suportados para aquisição da tecnologia empregada na prestação dos serviços.

Indagações e divergências interpretativas à parte, fato é que, ao estabelecer o denominado *regime de preços máximos*, cuja finalidade precípua é a eficiência na prestação do serviço e a modicidade tarifária, com vantagens para os usuários do serviço, o atual modelo de concessão comum do serviço público necessita de *revisão tarifária periódica* como instrumento regulatório do regime econômico e financeiro do contrato, mediante o qual se asseguram a prestação do serviço adequado e a manutenção do equilíbrio econômico-financeiro do contrato.

Por fim, temos que a instrução do processo de revisão abarca também a análise do resultado das *receitas* da concessão de serviço público no período, de modo a confirmar, ou não, a estabilidade da política tarifária implementada no contrato. Como sabido, a receita total do empreendimento deve cobrir os investimentos realizados (amortização), os custos operacionais para a prestação do serviço e os impostos devidos, além de gerar uma remuneração satisfatória ao nível de risco assumido.

---

16. Benedicto Porto Neto, *Concessão de Serviço Público no Regime da Lei 8.987/1995 – Conceitos e Princípios*, São Paulo, Malheiros Editores, 1998, p. 117.

Esta análise de conformação impõe-se pela amplitude e complexidade da política tarifária da concessão comum de serviço público, que transcende a mera fixação de tarifa, por não se reduzir, necessariamente, sua remuneração a esta fonte de receita, vez que também são possíveis, legalmente, receitas não tarifárias, conforme explanamos no Capítulo 2 do presente.

Esta razão, que leva à necessidade de ponderação de diversos fatores que envolvem uma específica prestação de serviço público a ser concedido, aliada ao fato de que será a política tarifária que disciplinará como se dará a remuneração do concessionário, em função dos encargos que assumirá, impõe o planejamento da concessão norteado pelos ditames constitucionais afetos ao tema, especialmente o direito dos usuários à prestação de serviço adequado, com destaque para a modicidade tarifária, e o direito à justa remuneração do concessionário.

Ora, como todo planejamento implica necessária verificação da execução do plano, tanto mais em contratos de longa duração que têm objeto peculiar, como é o caso, e, ainda, o dever constitucional de manutenção do equilíbrio econômico-financeiro inicial durante toda a vigência do contrato, impõe-se que seja analisada periodicamente, no processo de revisão, a estabilidade da política tarifária, por dela resultar a principal remuneração do concessionário na generalidade das hipóteses de concessão de serviços públicos.

Para tanto, devem ser analisados tanto as *receitas tarifárias* como as *receitas não tarifárias*, que se subdividem em *vinculadas à concessão* (fontes alternativas, complementares, acessórias) e *não vinculadas* (subsídios, projetos associados) como os atos e fatos supervenientes que causaram impacto no equilíbrio inicial.

Esta análise de receitas deve, então, avaliar como se encontram os específicos componentes – dentre os acima citados – que a integram, a fim de se recompor o equilíbrio econômico-financeiro ante as eventuais distorções ocorridas no período.

Dentre as receitas tarifárias deve ser analisado o comportamento, no período, de cada classe tarifária prevista no planejamento, quais sejam: os usuários em geral e os usuários que pagam tarifas diferenciadas.

Deve, assim, ser inicialmente investigado o percentual de inadimplência dos usuários em relação às estimativas obtidas em sede de planejamento, juntamente com os fatores que desencadearam percentual eventual e significativamente acima do projetado.

Na hipótese de uso de tarifa como meio de racionalização do uso do serviço público e contenção da demanda de usuários, a fim de que não seja comprometida sua continuidade, há que se verificar, ainda que seja medida decorrente de planejamento, se gerou queda significativa da demanda ou ganhos excessivos da concessionária.

Investigar-se-ão, ainda, na análise das receitas tarifárias, a fim de se equalizar o equilíbrio contratual pela incorporação na tarifa, as eventuais parcelas decorrentes da diferença de arrecadação proveniente do arredondamento da tarifa.

Quanto às receitas não tarifárias vinculadas à concessão, há que se verificar, no caso de receitas complementares ou acessórias, sua reversão à modicidade tarifária. O mesmo se diga em relação aos projetos associados, se existentes.

Já, em relação aos subsídios, se previstos no contrato, devem ser analisadas sua suficiência enquanto componente da equação econômico-financeira ante o período decorrido e as ocorrências nele compreendidas.

Ressaltamos, por oportuno, que para a realização da fase de instrução do processo de revisão periódica dos contratos de concessão de serviço público, supraexplanada, deve o poder concedente apresentar, de antemão, a metodologia a ser aplicada para análise dos custos, ganhos e receitas da concessionária, que singularizará a concessão.

Por fim, reforçamos a tese de que planejamento e revisão periódica da concessão comum de serviço público, além de deveres constitucional e legalmente consagrados, são imprescindíveis à viabilidade e ao êxito desta outorga – como sobejamente buscamos demonstrar no presente estudo –, bem como são indissociáveis entre si. Explicamos.

O planejamento, de per si, é dinâmico, isto é, não se esgota no plano, implicando necessária revisão periódica de toda e qualquer atividade que dele dependa, não só para verificar a execução do plano tal como delineado, como para adequá-lo em função das variações ocorridas decorrentes de fatos, como no caso da concessão de serviço público.

Já, a revisão periódica – e o processo de análise detalhada do resultado econômico da prestação do serviço no período que ela determina – só será efetivamente possível se, em planejamento prévio e adequado, forem estimados os atos e os fatos capazes de gerar efeitos econômicos desfavoráveis com a consequente previsão de quem deverá suportar juridicamente o ônus depreendido de cada variável desfavorável.

Contudo, a revelação, ao final do processo de revisão, de insuficiência de alguns elementos não significa, necessariamente, inexistência de planejamento ou planejamento insuficiente, vez que, como já afirmamos, em razão da complexidade do objeto e da longa duração da concessão de serviço público, não é possível esgotar a previsão e a alocação de todos os riscos em sede de planejamento; e, por ser este dinâmico, implica necessária revisão periódica de toda e qualquer atividade que dele dependa.

5.4 Consequências do processo de revisão periódica

A consequência maior do processo de revisão consiste na manutenção, em termos jurídicos, da equação econômico-financeira. Isto poderá ocorrer sem alteração das variáveis econômicas que a compõem – o que raramente ocorrerá – ou com modificação da dimensão relativa de cada variável – o que não raro se constata: daí definirmos a revisão periódica como mantenedora da equação econômico-financeira da concessão, pelo restabelecimento que efetiva.

Se a deliberação final do processo administrativo for pela desnecessidade de modificação da dimensão dos componentes da equação econômico-financeira para a manutenção do equilíbrio estabelecido, isso implica dizer que, uma vez analisadas detidamente todas as variáveis hábeis a provocar desequilíbrio na avença, este não se verificou, eis que restaram mantidas as condições do contrato, conforme preconiza o art. 10 da Lei 8.987/1995, na forma que interpretamos e expusemos no capítulo anterior.

Já, na hipótese provável de deliberação, na fase processual dispositiva, pela necessidade de reestruturação das variáveis da equação econômico-financeira, inclusive da tarifa, há que se analisar e determinar qual a extensão dos efeitos do ato de revisão que culminou nesta decisão, com base na análise dos atos e fatos apurados na instrução.

Importa ressaltar, aqui, que, ao resultar em *ato de revisão*, para manutenção do equilíbrio econômico-financeiro inicialmente avençado, o rebalanceamento da equação pode ocasionar tanto manutenção quanto majoração ou, ainda, diminuição do valor da tarifa, que representa seu exponencial mais marcante; daí ser com frequência denominada de *revisão tarifária* a *revisão periódica*.

De fato, o resultado do processo de revisão está sempre ligado à manutenção ou alteração da tarifa, que, nesta última hipótese, pode ser aumentada ou reduzida, em conformidade com a instrução do processo de revisão, onde se avaliam as alterações das dimensões de cada elemento da equação econômico-financeira, a fim de se obter a reestruturação necessária para sua manutenção tal qual efetivamente avençada inicialmente.

Por exemplo, no caso de resultar a redução de custos e aumento de ganhos, com previsão contratual de apropriação parcial pela tarifa, esta será revista para menos.

Importa frisar, sobretudo, que, qualquer que seja o resultado decorrente do processo de revisão periódica, enquanto realinhamento hábil à manutenção do equilíbrio econômico-financeiro da concessão comum de serviço público, deverá advir de procedimento que leve em consideração o dimensionamento dos custos e das receitas eficientes em função dos impactos sofridos no período – inclusive a dedução dos ganhos de produtividade e eficiência nos moldes contratualmente estabelecidos –, de modo a que contemplem a prestação adequada do serviço e o retorno, adequado às características peculiares deste objeto, sobre o capital investido no negócio.

Para tanto, deverão ser considerados, em sede de revisão periódica, os aspectos relevantes para a prestação adequada do serviço público na atualidade e em perspectiva futura, tais como os riscos, as potencialidades e as oportunidades de melhoria.

Devem ser ponderadas medidas garantidoras da atualidade da prestação, com absorção de novas tecnologias que surgirão no longo prazo de concessão, além daquelas já disponíveis no mercado, de modo a modernizá-la e, principalmente, a reduzir custos.

Serão, ainda, objeto de consideração medidas que visem à gestão eficiente da exploração do serviço público; que considerem os objetivos de universalização do serviço, bem como sua atualidade, sua funcionalidade e a transparência das regras de publicidade e comercialização, para assegurar aos usuários o exercício do direito de escolha.

Quanto ao equilíbrio econômico-financeiro, avaliar-se-ão os componentes em função das alterações significativas nas condições de exploração do serviço, de modo a realinhá-lo para que seja mantido, por meio da correção ou neutralização dos fatores onde houver impacto no período que o comprometa.

Por isso – repisamos –, faz-se necessário que o poder concedente explique a metodologia que incidirá na análise de cada elemento da equação econômico-financeira, pois é nela que aparece a singularidade de cada setor.

De todo o exposto acima decorrerá o consequente reposicionamento tarifário, para assegurar a manutenção do equilíbrio econômico-financeiro do contrato de concessão, que será preservado até a próxima revisão periódica, pela aplicação das regras de reajuste tarifário anuais.

5.5 Controle jurisdicional

O ato de revisão resultante do processo de revisão contratual da concessão comum bem como os demais integrantes desse procedimento sujeitam-se ao controle de legalidade do Poder Judiciário, por força do art. 5º, XXXV, da Constituição da República, que consagra a universalidade da jurisdição como princípio constitucional, sujeitando, portanto, toda a atividade administrativa.

Apesar de ser assente em nossa doutrina a possibilidade de controle jurisdicional dos atos administrativos, por força do mandamento constitucional *supra*, fato é que, com a introdução no Brasil da regulação, a partir da privatização das empresas estatais, e a retomada em patamares significativos da concessão de serviços públicos, surgiram questões ligadas ao tema quanto aos limites de atuação da função jurisdicional no exercício desse controle.

Tais questões decorreram do fato de que, com a privatização de estatais prestadoras de serviços públicos e a consequente concessão da sua prestação a particulares, optou o Estado Brasileiro, em grande parte, pela atuação indireta nesta seara, por meio da criação de entes outros, responsáveis pela fiscalização e regulação daquelas atividades, com autonomia e especialidade, que, assim, por força da lei instituidora, assumem a função de poder concedente.

Estes entes são autarquias denominadas de *agências reguladoras*, enquanto tais dotadas de autonomia e não sujeitas a subordinação hierárquica em relação aos órgãos do ente criador. Daí que suas decisões não são passíveis de revisão por estes, nem pelos demais entes reguladores.

Por força desta autonomia e da natureza técnica das matérias afetas à regulação e à fiscalização da prestação do serviço público a fim de se que seja realizada nos moldes constitucionais e legais de adequação, surge a indagação acerca da possibilidade de controle jurisdicional de matéria técnica, ou se a análise desta restaria blindada ao crivo do Poder Judiciário.

A questão demanda algumas observações, que sucintamente teceremos abaixo.

Inicialmente, ressaltamos que a autonomia das agências reguladoras, enquanto autarquias que são, concerne aos aspectos orçamentários, financeiros, técnicos, administrativos, de pessoal e de fiscalização, que servem de suporte para sua atuação especializada. Dita atuação sujeita-se aos princípios constitucionais do art. 37, *caput*, por serem as agências reguladoras integrantes da Administração Pública indireta, cujos atos devem observar os princípios de legalidade, impessoalidade, moralidade, publicidade e eficiência.

Destarte, o processo de revisão das concessões de serviço público e o ato de revisão resultante, independentemente de serem realizados pelo próprio Estado ou por agência reguladora, devem observar os princípios acima expostos, expressos na Constituição, além daqueles implicitamente contidos no seu texto.

Do mesmo modo, devem observar, respectivamente, os princípios jurídicos do processo administrativo e os requisitos de validade dos atos administrativos, como sujeito, motivo, finalidade, causa, formalização.

Além disso, impositivos, aqui, os princípios jurídicos do serviço público (regularidade, continuidade, eficiência, segurança, atualidade, generalidade, cortesia na sua prestação e modicidade das tarifas), além das diretrizes da política tarifária expressas na Lei Geral de Concessões, por determinação da Constituição da República (art. 175, parágrafo único, III e IV).

Desse modo, ainda que a atuação das agências reguladoras, na função de poder concedente, seja técnica, há que se submeter, do mesmo modo, aos limites instituídos pelo ordenamento jurídico, não se coadunando com este o entendimento de que, em razão da autonomia técnica, não seria possível o controle jurisdicional nesta seara.

Lembremos que a função exercida é função administrativa, que, enquanto função pública, é tipicamente exercida pelo Poder Executivo e consiste no dever-poder, conferido por lei, de realização do interesse público, em consonância com o ordenamento jurídico. Sujeita-se, portanto, a controle de legalidade pelo Poder Judiciário, na medida em que a CF garantiu, em seu art. $5^{\underline{o}}$, XXXV, que a lei não excluirá da apreciação do Poder Judiciário lesão ou ameaça a direito.

Resta clara, assim, a possibilidade de controle dos atos administrativos das agências reguladoras por parte do Judiciário, que, especificamente no processo de revisão, analisará a observância de todos os princípios e garantias jurídicas inerentes – dentre os quais destacamos, por oportuno, especialmente o da motivação das decisões, que será fundamental para avaliação da legalidade dos atos praticados quanto aos motivos, à finalidade e à causa.

Também no que tange ao ato resultante deste processo há a possibilidade de controle jurisdicional amplo, a fim de verificar se efetivamente atingiu os objetivos de manutenção da equação econômico-financeira e de manutenção da prestação adequada do serviço público, haja vista que o não atendimento de ambos implica violação de deveres constitucionais.

Nessa medida é que pode o Judiciário apurar a existência e a veracidade das informações que sustentam a revisão periódica, isto é, referentes aos itens da equação econômico-financeira analisados.

Isto porque o ato de revisão periódica resulta de um processo no qual são analisados os elementos componentes da equação econômico-financeira do contrato de concessão em face do surgimento de atos e fatos ocorridos no período e passíveis de causar desequilíbrio à referida equação, que deve ser recomposta sem prejuízo da manutenção da prestação de serviço público adequado, por força da Constituição da República.

Ora, na medida em que as decisões ou o resultado do processo de revisão importem o não atendimento do dever constitucional de manter a prestação adequada do serviço público, nos moldes legalmente estabelecidos, inclusive como direito dos usuários, tratar-se-á de questão de legalidade, de possível controle pelo Poder Judiciário.

Daí a essencialidade da motivação das decisões, pois só assim é possível demonstrar a existência dos motivos de fato e de direito justificadores do ato, o atendimento da sua finalidade e sua causa, especialmente daquele que versa sobre o reposicionamento tarifário resultante, como necessário para assegurar a manutenção do equilíbrio econômico-financeiro da concessão de serviço público.

Por outro lado, ante a complexidade dos elementos componentes da equação econômico-financeira da concessão de serviço público e, consequentemente, do processo de revisão periódica contratual, urge a necessidade de aparato do Poder Judiciário para efetuar o controle jurisdicional das concessões de serviço público.

Capítulo 6
REVISÃO EXTRAORDINÁRIA

6.1 Conceito. 6.2 Oportunidade. 6.3 Desequilíbrios contratuais a serem analisados. 6.4 Consequências do processo de revisão. 6.5 Controle judicial.

No presente e derradeiro capítulo a compor nosso trabalho, cumpre-nos observar que nele se trata de tema já extensamente versado na doutrina pátria e estrangeira, o que nos leva a uma abordagem com a necessária amplitude à temática do trabalho, porém sem maiores pretensões de caráter inovador.

Tal se justifica pelo fato de que, embora seja tema de obrigatório enfrentamento, por ser essencial à temática deste trabalho, ao mesmo tempo, esta espécie de revisão não integra seu núcleo central, que se erige sobre os pilares *planejamento*, *prestação adequada do serviço* e *revisão periódica*.

6.1 Conceito

Revisão extraordinária é o processo administrativo desencadeado por fatos imprevisíveis, previsíveis de consequências incalculáveis ou advindos da própria Administração Pública, concedente ou não, pelo qual se recompõe a equação econômico-financeira do contrato de concessão comum de serviço público, mantendo-a tal qual avençada.

Do mesmo modo que a *revisão periódica*, consiste em processo administrativo, porque objetiva um ato final e conclusivo, o ato de *revisão* ou de *restabelecimento para manutenção* da equação econômico-financeira, que resulta de uma série de atos administrativos encadeados sucessivamente a partir da instauração do procedimento até a fase final de deliberação, com a apuração, na fase de instrução, da ocorrência de desequilíbrio econômico-financeiro contratual a partir de fatos ou atos jurídicos.

E, ainda, enquanto processo administrativo, cumpre seus objetivos fundamentais e se sujeita às normas jurídicas pertinentes, isto é, aos princípios e regras jurídicas que regulam esta espécie de processo, especialmente aqueles aplicáveis ao processo administrativo de revisão, que destacamos no capítulo anterior e ora remetemos aos comentários.

A *revisão extraordinária* difere, contudo, da *revisão periódica*. Primeiramente porque, enquanto esta é realizada a prazo certo, determinado em contrato, aquela é válvula que dispara a qualquer tempo, desde que ocorra um dos motivos excepcionais (fatos imprevisíveis ou previsíveis de consequências incalculáveis, ou advindos da Administração Pública e para os quais o concessionário não tenha concorrido).

Nos motivos há a segunda diferença, pois enquanto a *revisão extraordinária* depende da ocorrência de situações excepcionais, a *ordinária* ocorre a prazo certo determinado em contrato, decorrente de motivos já previstos em sede de planejamento, por desencadearem desequilíbrios contratuais passíveis de serem administrados em certo período, vez que consistem em comportamento das variáveis integrantes da própria equação econômico-financeira da concessão, internas e inerentes ao contrato, portanto.

Outra diferença reside no fato de que, embora ambas sejam dever da Administração, a *revisão ordinária* ou *periódica* é dever de ofício realizado a prazo certo, enquanto a *extraordinária* é dever realizado de ofício ou a pedido da concessionária quando verificada a ocorrência do desequilíbrio contratual.

Do quanto exposto até aqui, cumpre-nos demonstrar que o que as separa radicalmente é o fato ou ato jurídico produtor do desequilíbrio, cujas consequências se tornam impeditivas à manutenção da equação econômico-financeira e à continuidade regular de prestação do serviço publico adequado, ensejando *revisão extraordinária*, porque o desbalanceamento ocorrido e verificado foi anômalo e extremamente oneroso para aguardar a revisão periódica, conforme a execução contratual.

Existem, por exemplo, alterações unilaterais que não ensejam revisão extraordinária e podem ser tratadas na revisão ordinária. Deste modo, podemos afirmar que é o grau de comprometimento do curso normal do contrato (daí que "extraordinária") que separa as categorias.

A *revisão ordinária* ou *periódica* é parte da execução contratual; portanto, não interessa para esse tipo de revisão a existência, ou não, de urgência, se há fato ou ato que vá gravemente comprometer, naquele momento, a continuidade da prestação do serviço público adequado, pois nestes casos impõe-se a realização de *revisão extraordinária*.

Na *revisão periódica* são analisados os atos ou fatos passíveis de impactar as variáveis componentes da equação econômico-financeira em grau menor que aqueles cuja ocorrência atinge o equilíbrio de forma tal, em grau demasiadamente elevado, a ponto de disparar o dever de imediata *revisão* (daí ser esta denominada de *extraordinária*), de modo a impor o imediato restabelecimento da equação econômico-financeira, sob pena de comprometimento da prestação do serviço público adequado nos termos legais.

Para realização de *revisão extraordinária*, portanto, não basta a mera ocorrência de atos ou fatos jurídicos que repercutam no equilíbrio econômico-financeiro da concessão: é preciso que causem desbalanceamento extremamente gravoso, de forma anômala e imprevisível ou com consequências imprevisíveis, diversamente da *revisão periódica*, realizada a prazo certo exatamente porque consiste em análise geral dos elementos componentes da equação econômico-financeira, de como se comportaram no período, em função dos atos ou fatos capazes de desequilibrá-los sem, contudo, comprometerem gravemente a execução da adequada prestação do serviço público – daí não existir o caráter de urgência.

6.2 Oportunidade

Diferentemente da *revisão periódica* ou *ordinária*, não há prazo nem período determinado para a realização da *revisão extraordinária*, que se impõe a qualquer tempo, desde que ocorra evento extraordinário capaz de desequilibrar onerosamente a equação econômico-financeira da concessão de serviço público, por força do art. 37, XXI, da Constituição da República.

Por determinação deste dispositivo constitucional, devem ser mantidas as condições efetivas da proposta do concessionário – o que significa que durante todo o prazo de duração da concessão de serviço público deverá ser mantida a equivalência inicial entre encargos e remuneração do concessionário, o que importa o direito do concessionário e o dever do concedente de realização do processo de revisão, para o restabelecimento da equação econômico-financeira, que ocorrerá a prazo certo (periódica) ou a qualquer tempo, nas hipóteses abaixo explanadas (extraordinária), tratadas na legislação.

Nunca é demais lembrar outro dispositivo constitucional a nortear também a realização da revisão extraordinária, qual seja, o art. 175, parágrafo único, IV, pelo qual há que se reequilibrar a concessão de serviço público sem prejuízo da mantença do serviço público adequado.

6.3 Desequilíbrios contratuais a serem analisados

Os desequilíbrios contratuais motivadores de revisão extraordinária na concessão de serviços públicos decorrem dos seguintes fatos jurídicos: alteração unilateral do contrato, fato do príncipe e fato da Administração (*álea extraordinária administrativa*) e, ainda, fatos imprevisíveis ou previsíveis porém de consequências incalculáveis (*teoria da imprevisão*), sujeições imprevistas (*álea extraordinária econômica*), caso fortuito e força maior.

Como já expusemos no Capítulo 1, no contrato de concessão comum de serviço público, além das *cláusulas econômicas* concernentes à equação econômico-financeira, existem *cláusulas regulamentares*, que, embora integrem o contrato, não têm caráter contratual, pois, por se referirem ao objeto contratual, são fixadas unilateralmente pelo poder concedente, que não perde sua titularidade ao concedê-lo, mantendo, assim, total disponibilidade sobre o mesmo.

Por meio das *cláusulas regulamentares*, o poder concedente determinará acerca da operacionalização do serviço público, do modo de sua prestação adequada, dentre outros aspectos atinentes à sua execução, de maneira a atender plena e satisfatoriamente aos usuários e, consequentemente, ao interesse público.

Ocorre que a concessão de serviço público exige sempre prazo de longa duração para amortização dos investimentos e o serviço público é altamente cambiante, em função do local e da época, sendo fatalmente necessárias alterações, a fim de melhor atender aos usuários e ao interesse público.

Ditas alterações podem decorrer dos mais diversos motivos, todos ligados à prestação adequada do serviço público, como as necessidades de expansão e atualização tecnológica. Serão feitas pelo poder concedente, que é o seu titular e a quem incumbe, constitucionalmente, o atendimento dessa atividade de interesse público na forma adequada,[1] cabendo-lhe o controle disto quando concedido, donde lhe compete legalmente o poder de *alteração unilateral* das cláusulas regulamentares, nos limites estabelecidos.

Em consonância com as determinações constitucionais supracitadas e as regras jurídicas modeladoras da prestação adequada do serviço e atribuidoras da prerrogativa de alteração unilateral à Administração Pública, há o dever-poder do Poder Público de prestar o serviço público adequado nos termos preconizados pela lei – o que implica o dever de realizar tudo que for necessário para tanto, inclusive alterações, que, nos casos de concessão do serviço, resultam em dever-poder de alteração unilateral pelo poder concedente.

Aliás, esta necessária mutabilidade contratual é a característica que singulariza ou peculiariza os contratos administrativos, porque permite instabilizar o vínculo inicialmente pactuado, para adaptá-lo à dinâmica cambiante do interesse público.

A esse respeito já asseverava, conclusivamente, Caio Tácito,[2] na década de 1960:

> Sempre que o Estado modificar, unilateralmente, os encargos do concessionário (regra de mutabilidade do contrato administrativo), é obrigado a compensar, mediante a revisão de tarifa ou sob forma de contribuição financeira direta, o abalo da parte econômica da concessão.

E é sob essa lógica de que ao princípio da *mutabilidade do contrato administrativo* corresponde a contrapartida da *manutenção do equilíbrio econômico-financeiro* inicial que se construiu o tratamento jurídico pátrio das concessões de serviço público.

---

1. Consoante o art. 175, *caput*, e seu parágrafo único, IV, da Constituição da República.
2. Caio Tácito, "O equilíbrio financeiro na concessão de serviço público", in *Temas de Direito Público*, vol. I, Rio de Janeiro, Renovar, 1997, p. 254.

Nele, o art. 9º, § 4º, da Lei 8.987/1995 expressamente consigna que, "em havendo alteração unilateral do contrato que afete o seu inicial equilíbrio econômico-financeiro, o poder concedente deverá restabelecê-lo, concomitantemente à alteração".

Nos §§ 1º e 2º do art. 6º do mesmo diploma legal também está inserida a prerrogativa de alteração unilateral do concedente, quando se confia a este definir *serviço adequado* e a *atualidade* como um dos seus elementos, a compreender "a modernidade das técnicas, do equipamento e das instalações e a sua conservação, bem como a melhoria e expansão do serviço". Por isso, são obrigatórias, tanto no edital (art. 18, VII) quanto no contrato, a cláusula que trate dos direitos e obrigações do concedente e da concessionária relativos às "previsíveis necessidades de futura alteração e expansão do serviço" (art. 23, V).

Por consistirem em adaptações necessárias à consecução do interesse público, aqui traduzido no cumprimento do dever constitucional de manutenção da prestação de serviço público adequado, não se afigura juridicamente possível a oposição ou resistência do concessionário e dos usuários, desde que tais alterações não modifiquem o objeto contratado, pois isto violaria o princípio da licitação, o da isonomia e o do equilíbrio econômico-financeiro.

A existência de limites a esta prerrogativa da Administração Pública é inerente à própria legalidade da atuação administrativa, que, se, por um lado, garante a possibilidade de alteração unilateral das condições de prestação do serviço, para que se mantenha adequada, ao mesmo tempo impede que seja a alteração de tal ordem a ponto de desfigurar o objeto, modificando-o completamente.

Em contrapartida, há o direito do concessionário à manutenção do equilíbrio econômico-financeiro inicial, ou seja, os impactos na equação contratual advindos da alteração unilateral devem ser analisados em processo de revisão extraordinária.

Nesse sentido há muito já se manifestou, expressamente, o STF em acórdão proferido no MS 17.957-DF,[3] impetrado pela Cia. Docas da Bahia em face do então Presidente da República, cuja ementa parcialmente transcrevemos:

---

3. Íntegra do julgado publicada na *RDA* 95/132, Rio de Janeiro, Fundação Getúlio Vargas/FGV, janeiro-março/1969.

Terrenos de marinha e acrescidos – Concessão de serviço público – Equilíbrio financeiro – Aprovação constitucional de decretos-leis. (...).

Na concessão de serviço público é lícita a modificação, pelo poder concedente, do funcionamento do serviço, desde que fique assegurado o equilíbrio financeiro do contrato.

Há, ainda, no âmbito do poder modificador unilateral da Administração Pública, o poder normativo do Estado enquanto legislador, capaz de gerar motivo apto a ensejar recomposição da equação econômico-financeira, porém de modo diverso à alteração unilateral, por consistir em medida geral expedida pelo Poder Público para a coletividade, que incide na equação econômico-financeira da concessão de serviço público, desequilibrando-a. Referimo-nos ao *fato do príncipe*.

Assim, enquanto a recomposição pela alteração unilateral do contrato tem natureza contratual, pois inserida dentre as denominadas *cláusulas exorbitantes* do contrato, a que decorre do *fato do príncipe* tem natureza extracontratual.

Como exemplo recorrente de *fato do príncipe*, a ensejar a revisão, para recomposição do equilíbrio econômico-financeiro da concessão de serviço público, temos a criação, por lei, de novas tarifas diferenciadas[4] ou de novos benefícios tarifários, isto é, que não foram contemplados em sede de planejamento, nem no edital e nem no contrato de concessão.

Isto porque nas hipóteses supracitadas há garantia legal expressa à revisão extraordinária, para recomposição do equilíbrio econômico-financeiro da concessão, no art. 35, *caput*, da Lei 9.074/1995, que assim dispõe:

> Art. 35. A estipulação de novos benefícios tarifários pelo poder concedente fica condicionada à previsão, em lei, da origem dos recursos ou da simultânea revisão da estrutura tarifária do concessionário ou permissionário, de forma a preservar o equilíbrio econômico-financeiro do contrato.

---

4. Por exemplo, em concessão de rodovias os usuários de caminhão passam a pagar tarifa maior em relação aos usuários de automóveis, e os usuários de motocicleta, anteriormente isentos, passam a pagar metade da tarifa básica do veículo de passeio.

Ademais, a garantia de revisão extraordinária, tendo por motivo o desequilíbrio causado por fato do príncipe, está na Lei Geral de Concessões, em hipótese prevista no seu art. 9º, § 3º, e expressa no art. 65, II, "d", e § 5º, da Lei 8.666/1993, aplicável subsidiariamente:

> Art. 9º. A tarifa do serviço público concedido será fixada pelo preço da proposta vencedora da licitação e preservada pelas regras de revisão previstas nesta Lei, no edital e no contrato.
>
> (...).
>
> § 3º. Ressalvados os impostos sobre a renda, a criação, alteração ou extinção de quaisquer tributos ou encargos legais, após a apresentação da proposta, quando comprovado seu impacto, implicará a revisão da tarifa, para mais ou para menos, conforme o caso.
>
> Art. 65. Os contratos regidos por esta Lei poderão ser alterados, com as devidas justificativas, nos seguintes casos: (...) II – por acordo das partes: (...) d) para restabelecer a relação que as partes pactuaram inicialmente entre os encargos do contratado e a retribuição da Administração para a justa remuneração da obra, serviço ou fornecimento, objetivando a manutenção do equilíbrio econômico-financeiro inicial do contrato, na hipótese de sobrevirem fatos imprevisíveis, ou previsíveis porém de consequências incalculáveis, retardadores ou impeditivos da execução do ajustado, ou, ainda, em caso de força maior, caso fortuito ou fato do príncipe, configurando álea econômica extraordinária e extracontratual.
>
> (...).
>
> § 5º. Quaisquer tributos ou encargos legais criados, alterados ou extintos, bem como a superveniência de disposições legais, quando ocorridas após a data da apresentação da proposta, de comprovada repercussão nos preços contratados, implicarão a revisão destes para mais ou para menos, conforme o caso.

Já, o *fato da Administração*, tal qual a *alteração unilateral*, também gera impacto no contrato administrativo pela Administração Pública contratante, no caso da concessão pelo denominado poder concedente. Contudo, dela difere por se tratar de medida irregular,[5] vez

---

5. Nesse sentido a precisa observação de Celso Antônio Bandeira de Mello ao asseverar que é o comportamento irregular, violador do contrato, que confere identidade ao denominado *fato da Administração* e serve para apartá-lo "com clareza do

que advinda do descumprimento de obrigação contratual pelo poder concedente, que, ao agir nesta qualidade, "viola os direitos do contratado e eventualmente lhe dificulta ou impede a execução do que estava entre eles avençado".[6]

Pelo mesmo motivo de irregularidade acima, e por advir do Poder Público enquanto contratante (poder concedente), o *fato da Administração* difere do *fato do príncipe*, derivado de regular exercício de competência estatal.

Podemos exemplificar como fato da Administração na concessão de serviço público, quando precedida pela execução de obra pública, o poder concedente atrasar a liberação do local, por insuficiência de planejamento prévio, retardando o início da prestação do serviço, causando desequilíbrio econômico-financeiro, por já comprometer, de antemão, a amortização dos investimentos no prazo projetado; ou, ainda, não efetuar as desapropriações necessárias à prestação do serviço no prazo hábil para tanto, conforme definido em planejamento.

Os exemplos acima evidenciam, mais uma vez, a importância do planejamento na concessão de serviço público e a imprescindibilidade de que seja realizado considerando adequada e criteriosamente sua viabilidade técnica e econômica, alicerçada em elementos factíveis e reais, extraídos e obtidos por meio de estudos que levem em conta as peculiaridades do específico serviço que se pretende conceder (região e local de prestação nos aspectos geográficos, econômicos, institucionais e até culturais; usuários do serviço e a própria estrutura e organização da Administração Pública concedente).

Arroladas as hipóteses supracomentadas, temos, ainda, na álea extraordinária, agora sob o aspecto de *álea econômica*, a *teoria da imprevisão* como garantia de revisão extraordinária dos contratos administrativos em geral; contudo, com âmbito de incidência significativamente maior naqueles que têm por objeto concessões de serviço público, em razão do longo prazo de duração destas.

---

fato do príncipe (ainda que ambos se distingam também por ser o fato do príncipe um comportamento alheio à posição contratual do Poder Público, ao passo que o fato da Administração eclode com o Poder Público se comportando na qualidade de contratante)" (*Curso de Direito Administrativo*, 29ª ed., São Paulo, Malheiros Editores, 2012, p. 661).

6. Celso Antônio Bandeira de Mello, *Curso de Direito Administrativo*, cit., 29ª ed., p. 661.

Nesse aspecto a lição de Caio Tácito:[7]

Embora aplicável a outros contratos administrativos, o terreno por excelência da teoria da imprevisão é a concessão do serviço público, cuja longa duração, associada à regra da continuidade do serviço, confere particular interesse à manutenção dinâmica do contrato.

Tanto assim, que foi em contrato desta espécie que primeiramente se consagrou sua aplicação aos contratos administrativos, com o aresto do Conselho de Estado francês de 30.3.1916, "Cia. de Gás de Bordeaux", no qual o Conselho de Estado decidiu em favor dessa companhia (*Cie. Générale d'Éclairage de Bordeaux*), pelo aumento do preço do gás fixado no contrato de concessão e pela fixação de uma indenização pelas perdas hauridas da alta do preço da matéria-prima de sua atividade, em virtude do substancial aumento do preço do carvão (de 35 Francos a tonelada em janeiro/1915 para 117 Francos em março/1916) devido aos transtornos ocasionados pela I Guerra Mundial ao transporte marítimo e terrestre.[8]

De acordo com a aplicação desta teoria – cujas origens remontam à cláusula *rebus sic stantibus* do Direito Romano[9] – aos contratos ad-

---

7. Caio Tácito, "O equilíbrio financeiro na concessão de serviço público", cit., in *Temas de Direito Público*, vol. I, p. 209.

8. M. Long e outros, *Les Grands Arrêts de la Jurisprudence Administrative*, 11ª ed., Paris, Dalloz, 1996, p. 176, *apud* José Anacleto Abduch dos Santos, *Contratos de Concessão de Serviços Públicos – Equilíbrio Econômico-Financeiro*, Curitiba, Juruá, 2004, pp. 171-172.

9. Em comentário a decisão exarada na década de 1940 em processo administrativo que tramitou junto ao então Ministério do Trabalho, Indústria e Comércio, Lúcio Bittencourt trouxe interessante e oportuno histórico sobre a cláusula *rebus sic stantibus*, no qual afirma que, "embora não a encontremos no Direito Romano, ela constituía, já então, uma regra moral da escola dos estoicos, remontando a Sêneca e a Cícero, que, respectivamente, registraram em suas obras 'não terei cometido infidelidade, se todas as coisas não permanecerem no mesmo estado em que se encontravam no momento da obrigação' e *'a alteração dos tempos e circunstâncias leva à alteração das obrigações'*.

"Dita cláusula – que se encontrava nítida nos escritos de Graciano e de Bartolomeu de Brescia – acabou sendo enunciada definitivamente por Bartolo e seus discípulos como: *contractus qui habent tractum successivum et dependentiam de futura rebus sic stantibus intelliguntur*, em estudos da glosa civil em combinação com a canônica, passando, a partir de então, ao Direito Internacional.

"Posteriormente houve um retorno à velha doutrina romana da intangibilidade dos contratos, consagrada com o advento do Código Napoleão, que estatuiu, no seu

ministrativos, a superveniência de fatos imprevistos e anormais, que onerem excessivamente o contrato e independam das partes, gera sua revisão extraordinária.

Deste modo, temos que o estado de imprevisão indenizável deve ser *anormal*, *imprevisto* e *intolerável*, como asseverou Caio Tácito.[10] Caso contrário não configuraria álea extraordinária, pois:

> A álea econômica é, por natureza, extraordinária, excedente aos riscos normais admitidos pela natureza do negócio. Os fenômenos da instabilidade econômica ou social (guerras, crises econômicas, desvalorização da moeda) são as causas principais do estado de imprevisão, tanto pela importância do impacto de seus efeitos, como pela imprevisibilidade de suas consequências. (...).
>
> A imprevisibilidade não se refere, necessariamente, ao elemento perturbador em si mesmo, mas aos seus efeitos que ultrapassam a razoável previsão humana.
>
> O fato gerador da imprevisão deve ser independente da vontade do beneficiário. A condição de exterioridade é absoluta e necessária em relação ao concessionário, que não terá concorrido, por ato próprio, para o evento perturbador. (...).
>
> O ponto saliente da teoria da imprevisão compreende, contudo, o estado de fato gerado pela incidência dos fatores negativos enumerados.

---

art. 1.134, a máxima de que os contratos constituem lei entre as partes. Essa máxima, contudo, decaiu com as mutações sociais e econômicas que transformaram o Estado em todos os meridianos políticos do mundo, em razão da I Guerra Mundial e do Conselho de Estado da França. Este Conselho, 'vendo-se em dificuldades para resolver equitativamente os casos que se submetiam aos tribunais, no tocante aos serviços de utilidade pública, exumou a antiga ideia da cláusula *rebus sic stantibus* (...)', consagrando-a no aresto da Cia. de Gás de Bordeaux e generalizando-a em situações análogas, até que houvesse seu reconhecimento legislativo com a Lei Faillot, em 1918.
"(...). Em verdade, numa época em que a própria lei é mutável por excelência, alterando-se frequentemente para adaptar-se aos novos reclamos sociais, não se conceberia fosse mantida, íntegra e inatingida, a regra da imutabilidade do contrato, por simples amor ao conservantismo (...). A aplicação da cláusula *rebus sic stantibus* tem justamente o efeito de tirar à relação contractual esse caráter anacrônico, de um todo definitiva e rigidamente estabelecido pela convenção das partes, e transformá-la em um *fato orgânico* susceptível de desenvolvimento e adaptação em consequência de fatos novos" ("A cláusula *rebus sic stantibus* no direito administrativo", *RDA* II-II/812-823, Rio de Janeiro, Departamento de Direito Administrativo do Serviço Público, 1945).

10. Caio Tácito, "O equilíbrio financeiro na concessão de serviço público", cit., in *Temas de Direito Público,* vol. I, pp. 209-210.

É mister que, sob o guante de circunstâncias anômalas e inconcebíveis, a estrutura financeira da concessão (como dos demais contratos que forem cogitados) se encontre gravemente ferida, de tal modo que se instaure uma *situação extracontratual*.

Ressaltamos que entendemos como fatos imprevisíveis, ou previsíveis de consequências incalculáveis, aptos a justificar a aplicação da *teoria da imprevisão* às concessões comuns de serviço público, aqueles insuscetíveis de planejamento prévio e adequado pelo poder concedente,[11] pois, se resultarem desta circunstância, os desequilíbrios contratuais devem ser analisados em sede de revisão periódica, para correção das distorções na equação contratual, por insuficiência do plano.

Nesse passo, surgiram, recentemente, questionamentos acerca do cabimento de revisão extraordinária, pela invocação da teoria da imprevisão, por efeitos da crise econômica mundial que se iniciou no final da década de 2000, com reflexos desdobrados no tempo.

Analisando especificamente os contratos a que se reporta o tema deste estudo, entendemos que sim, para a recomposição da equação econômico-financeira desequilibrada por fatos decorrentes da grave crise, na medida em que restar comprovado que são fatos imprevisíveis, alheios à vontade das partes, e geram desequilíbrio econômico significativo (como, por exemplo, a explosão de preços de certos insumos ou dos combustíveis), inevitável a *revisão extraordinária*.

Neste sentido, destacamos marcante julgado do STJ, publicado no *DJU* de 2.12.2002, de relatoria do então Ministro Luiz Fux, no qual restou reconhecida a aplicação da teoria da imprevisão e do fato do príncipe em razão da súbita desvalorização do Real em face do Dólar norte-americano, decorrente de medidas adotadas pelo Governo Federal para coibir a inflação, cuja ementa transcrevemos:

> Contrato administrativo – Equação econômico-financeira do vínculo – Desvalorização do Real – Janeiro de 1999 – Alteração de cláusula referente ao preço – Aplicação da teoria da imprevisão e fato do príncipe.
> 1. A novel cultura acerca do contrato administrativo encarta, como nuclear no regime do vínculo, a proteção do equilíbrio econômico-financeiro do negócio jurídico de direito público, assertiva que se infere

---

11. José Anacleto Abduch dos Santos, *Contratos de Concessão de Serviços Públicos – Equilíbrio Econômico-Financeiro*, cit., 2004.

do disposto na legislação infralegal específica (arts. 57, § 1º, 58, §§ 1º e 2º, 65, II, "d", e 88, §§ 5º e 6º, da Lei n. 8.666/1993).

Deveras, a Constituição Federal, ao insculpir os princípios intransponíveis do art. 37 que iluminam a atividade da Administração à luz da cláusula *mater* da moralidade, torna clara a necessidade de manter-se esse equilíbrio, ao realçar as "condições efetivas da proposta".

2. O episódio ocorrido em janeiro de 1999, consubstanciado na súbita desvalorização da moeda nacional (Real) frente ao Dólar norte-americano, configurou causa excepcional de mutabilidade dos contratos administrativos, com vistas à manutenção do equilíbrio econômico-financeiro das partes.

3. Rompimento abrupto da equação econômico-financeira do contrato – Impossibilidade de início da execução com a prevenção de danos maiores (*ad impossibilia nemo tenetur*).

4. Prevendo a lei a possibilidade de suspensão do cumprimento do contrato pela verificação da *exceptio non adimpleti contractus* imputável à Administração, *a fortiori*, implica admitir sustar-se o "início da execução" quando desde logo verificável a incidência da "imprevisão" ocorrente no interregno em que a Administração postergou os trabalhos – Sanção injustamente aplicável ao contratado, removida pelo provimento do recurso.

5. Recurso ordinário provido.

Com a mesma finalidade de reequilíbrio econômico-financeiro do contrato por variação cambial, porém com efeito inverso, também fora aplicada a teoria da imprevisão em julgado do TCU, Decisão 464/2000, cuja ementa e parte do voto do Relator, Min. Walton Alencar, transcrevemos:

Representação formulada por equipe de auditoria do TCU – Possíveis irregularidades na CBTU – Celebração de contrato contendo previsão de reajuste com base na variação cambial do Dólar norte-americano – Regime de administração contratada – Desvalorização cambial elevada – Restabelecimento do equilíbrio econômico-financeiro – Conhecimento – Procedência parcial – Determinação – Contrato – Licitação internacional – Formalização em moeda estrangeira – Reajuste com base na variação cambial – Análise da matéria.

(...) sob o ponto de vista legal, não há óbice ao reajuste pela variação cambial contemplado no contrato firmado pela Cia. Brasileira de Trens Urbanos/CBTU.

Todavia, sob o aspecto econômico, não há negar que, em virtude da desvalorização cambial, ocorrida no início de 1999, o valor em Reais recebido pela contratada elevou-se substancialmente, sem que os seus custos, essencialmente vinculados a insumos nacionais, aumentassem na mesma proporção, haja vista que o maior custo incorrido pela contratada é com pessoal, que tem sua remuneração fixada em Reais.

Isso configura alteração imprevisível e inevitável na esfera econômica, estranha à vontade das partes, que acarretou distorção entre o valor recebido e os encargos suportados pela contratada, em benefício desta, e, de outra parte, na mesma proporção, a imposição de ônus excessivo à contratante, o que enseja a aplicação da teoria da imprevisão (*rebus sic stantibus*).

Ressalte-se que essa teoria, albergada pela atual Lei de Licitações, no seu art. 65, inciso II, alínea "d", pode ser empregada tanto em favor do contratado quanto em favor do contratante.

Aliás, como exemplo de aplicação da teoria da imprevisão em benefício da Administração Pública pode ser citado o Decreto n. 2.399/1997, que, em virtude da estabilização da economia e da necessidade de expurgar dos preços contratados a expectativa de inflação, determinava que os órgãos e entidades da Administração Federal promovessem a reavaliação dos instrumentos contratuais em vigor, objetivando a redução dos preços aos níveis daqueles atualmente praticados no mercado para o mesmo bem ou serviço.

Ademais, não se diga que a manutenção do reajuste cambial não acarreta nenhum prejuízo à CBTU, em virtude de os recursos serem provenientes do BIRD, pois para pagar esse financiamento será necessário maior desembolso de moeda nacional do que o previsto originalmente.

Assim, entendo pertinente expedir recomendação à entidade para que promova renegociação do contrato no sentido de adequá-lo à nova realidade cambial.

Nessa ou em outras hipóteses que abarca, a *teoria da imprevisão* tem o condão de funcionar como garantia à estabilidade objetivada pelos contratos em geral.

No que tange especificamente àqueles que têm por objeto concessão comum de serviço público, funciona a teoria como um divisor entre as *áleas ordinária* e *extraordinária*, por garantir tal divisão, na medida em que, se não fosse prevista como desencadeadora de revisão extraordinária, restaria a álea econômica embutida nos riscos ordinários assumidos pelos concessionários, o que implicaria preços maiores decorrentes de maiores riscos, pois, além dos riscos normais do empreendimento, assumiria o particular os imprevisíveis.

Pela razão acima, aliada ao interesse público existente na concessão de serviço público, que impõe sua continuidade dentre outros elementos obrigatórios à prestação adequada e, finalmente, pelo seu caráter restaurador daquilo que fora ajustado inicialmente no contrato, é que nosso ordenamento jurídico expressamente prevê, de forma ampla, esta garantia, no art. 65, II, "d", da Lei 8.666/1993, aplicável subsidiariamente à Lei 8.987/1995.

Cumpre-nos, ainda, ressaltar que os desequilíbrios contratuais abrangidos pela *teoria da imprevisão* diferem daqueles advindos do *fato do príncipe* e do *fato da Administração*, porque resultam de acontecimento alheio à ação ou omissão da Administração Pública, ao passo que nestes últimos resultam claramente do comportamento desta, seja por medida geral dela advinda, que incide no contrato (fato do príncipe), seja pelo ato ilícito advindo do comportamento irregular que pratica na posição jurídica de concedente (fato da Administração).

Diferem, ainda, tais casos das hipóteses de *caso fortuito* e de *força maior*, porque estes, além de imprevisíveis e alheios à pessoa e à vontade das partes – no que se assemelham às hipóteses de imprevisão –, impedem a execução do contrato (enquanto nestas últimas a execução, ainda que seja excessivamente mais onerosa, não é impossível).

Ocorre, contudo, que nem sempre as hipóteses de *caso fortuito* e *força maior* resultarão em impedimento absoluto e definitivo da execução contratual – como no caso de destruição ou inundação total da infraestrutura necessária à prestação do serviço público –, podendo, por vezes, afigurarem-se temporárias, como no caso de greve.[12]

---

12. Acerca desta dupla noção de *caso fortuito* e *força maior* já tratava André de Laubadère em sua obra *Traité Théorique et Pratique des Contrats Administratifs* (t. II, Paris, LGDJ, 1956, pp. 43-48), ao afirmar que, primeiramente entendidas como "impossibilidade absoluta de executar o contrato" – o que as diferenciaria dos fatos

Nestas últimas hipóteses de impedimentos transitórios, quando causadores de desequilíbrio econômico-financeiro, há motivo para revisão extraordinária, em conformidade com nosso ordenamento jurídico, enquanto nas demais (impedimentos absolutos) há rescisão contratual.

É o que se infere por interpretação sistemática da legislação específica das concessões comuns de serviço público, da Lei Geral de Licitações e Contratações (aplicável subsidiariamente às concessões de serviço público, por força do art. 124 da Lei 8.666/1993[13]) e da Constituição da República.

O art. 78, XVII, da Lei 8.666/1993 prevê como um dos motivos de rescisão dos contratos administrativos "a ocorrência de caso fortuito ou de força maior, *regularmente comprovada, impeditiva da execu-*

---

contidos nas noções de *imprevisão*, que somente tornariam mais onerosa e mais difícil a execução –, posteriormente ganharam uma segunda noção pelo Conselho de Estado francês, extraída no aresto de 1932, "Tramways de Cherbourg", conferindo-lhe nova aplicação, própria ao direito administrativo. No original:
"La force majeure est un événement *indépendant de la volonté des contractants et imprévisible*, qui *empêche de manière absolue* l'exécution de l'ensemble ou d'une des obligations contractuelles. (...).
"*La double notion de la force majeure*. Jusqu'en 1932, la notion de force majeure dans les contrats administratifs était une et correspondait à ce qu'est la même notion en droit privé.
"Il n'en est plus de même depuis le célèbre arrêt dit des '*Tramways de Cherbourg*' (...).
"Dans cet arrêt, le Conseil d'État a fait de la notion de force majeure une application nouvelle dans laquelle *la condition d'irrésistibilité n'est plus exigée*. Il a dégagé ainsi une seconde notion de la force majeure, propes celle-ci au droit administratif (...).
"Cette second notion de la force majeure se trouve réalisée lorsqu'un événement extérieur et imprévisible bouleverse d'une manière définitive l'équilibre du contrat administratif, mais sans qu'il soit ici nécessaire que cet événement rende absolument impossible l'exécution du contrat. L'adoption de cette seconde notion de la force majeure a été provoquée par le souci du Conseil d'État d'éviter d'appliquer à des tels cas la théorie de l'imprévision. (...).
"En définitive, il faut, depuis la jurisprudence de l'arrêt de 1932, distinguer dans les contrats administratifs deux modalités de la force majeure: d'une part la force majeure insurmontable, fait justificatif de l'inexécution; d'autre part la force majeure surmontable mais bouleversant définitivement l'équilibre contractuel, motif de résiliation judiciaire."
13. "Art. 124. Aplicam-se às licitações e aos contratos para permissão ou concessão de serviços públicos os dispositivos desta Lei que não conflitem com a legislação específica sobre o assunto."

ção do contrato" (grifos nossos), ao mesmo tempo em que, no seu art. 65, II, "d", prevê a possibilidade de alteração dos mesmos, por acordo entre as partes, "para restabelecer a relação que as partes pactuaram inicialmente entre os encargos do contratado e a retribuição da Administração para justa remuneração da obra, serviço ou fornecimento, objetivando a manutenção do equilíbrio econômico-financeiro inicial do contrato, na hipótese de sobrevirem (...), ou ainda, em caso de força maior, caso fortuito ou fato do príncipe, configurando álea econômica extraordinária e extracontratual".

Este último dispositivo legal efetiva a garantia do equilíbrio econômico-financeiro, cuja manutenção foi contemplada de forma ampla na CF, em seu art. 37, XXI, além de que, em relação aos contratos de concessão de serviço público, há ainda o dever estatal de manter sua adequada prestação, por força do art. 175, parágrafo único, IV, da CF, nos termos da legislação pertinente, já reiteradamente aduzidos ao longo deste estudo.

Destarte, as hipóteses de *caso fortuito* e *força maior* consistem em *eventos da Natureza ou humanos imprevisíveis, inevitáveis e alheios à vontade e ao comportamento da concessionária e do concedente, capazes de impedir, definitiva ou temporariamente, a execução contratual, no caso, da concessão comum de serviço público.*

Diferem, assim, das hipóteses abarcadas na *teoria da imprevisão*, porque, apesar de imprevisíveis,[14] inevitáveis, supervenientes e alheios à vontade e ao comportamento das partes, têm natureza e origem diferentes, por consistirem em impedimentos materiais advindos da Natureza ou da ação humana, enquanto aqueles primeiros são de natureza financeira, e, ainda, pelo fato de não impedirem em absoluto a execução contratual, o que frequentemente ocorre nas hipóteses de *caso fortuito* e *força maior*.

Temos, ainda, nas concessões de serviço público que impliquem realização de obra as denominadas *sujeições imprevistas*, como a descoberta de um lençol freático, a ocasionar sua *revisão extraordinária*, para restabelecimento da equação econômico-financeira, desbalancea-

---

14. Lembre-se que, em conformidade com a Lei 8.666/1993, assemelham-se à imprevisibilidade as circunstâncias previsíveis mas de consequências incalculáveis – ou seja, o fato é previsível mas as consequências advindas não, e a elas não se consegue resistir.

da por encargo maior, resultante de aumento de custos por força de obstáculo material de ordem técnica que se verificou posteriormente ao contrato.

Consistem, então, tais sujeições nas *dificuldades de ordem material supervenientes ao contrato, ocasionadoras de desequilíbrio contratual, por elevarem os encargos do concessionário*.[15]

Deste modo, podem ser *imprevistas* tanto por não serem passíveis de previsão em sede de planejamento da concessão (por mais rigoroso e suficiente que este tenha sido, com estudos técnicos específicos e aprofundados, haja vista que a descoberta de tal sujeição afigura-se possível somente em sede de execução) como também por planejamento inadequado e genérico, cabendo apuração de responsabilidade.

Num e noutro caso, o motivo da imprevisão não altera o fenômeno: a descoberta se dá no curso da concessão. Contudo, ante o fato de que consiste numa realidade que confronta a inviabilidade do projeto básico, exigindo alteração unilateral para melhor adequá-lo ao interesse público, mantém forte vínculo com o planejamento, porque não é possível imaginar que os estudos e os custos das obras de infraestrutura vinculados à prestação do serviço público sejam demasiadamente genéricos, revelando a insuficiência do projeto básico.

Por isso, quanto melhor o planejamento da concessão de serviço público, menor a possibilidade de encontrar *sujeições imprevistas*, evitando, assim, a ocorrência de revisões extraordinárias, embora esta seja uma realidade que a Administração Pública, tecnicamente, está sujeita a enfrentar, queira ou não, para dar cumprimento ao contrato.

---

15. Segundo Georges Vedel, "difficultés d'ordre *matériel* que les parties ne pouvaient prévoir et qui font peser une charge grave et anormale sur l'entrepreneur (par exemple rencontre d'une nappe d'eau insoupçonnée dans le creusement d'un tunnel)" (*Droit Administratif*, 6ª ed., Paris, PUF, 1976, p. 258).
E, na lição de André de Labaudère, "dans l'exécution des contrats administratifs (...) surviennent des difficultés matérielles d'un caractère absolument anormal, qui n'ont pu raisonnablement entrer dans les prévisions des parties au moment de la conclusion du contrat et qui rendent plus onéreuse l'exécution de celui-ci, ces sujétions exceptionnelles ouvrent à l'entrepreneur un droit à être intégralement indemnisé sous la forme d'un relèvement du prix du marche" (*Traité Théorique et Pratique des Contrats Administratifs*, t. III, Paris, LGDJ, 1956, p. 9).

6.4 Consequências do processo de revisão

A consequência jurídica advinda do processo de revisão consiste na manutenção, em termos jurídicos, da equação econômico-financeira. Isto pode ocorrer por meio da sua recomposição, se necessário, em razão de restar comprovada, na sua instrução, distorção em variável ou em variáveis que a compõem, afetadas por um dos motivos extraordinários expostos *supra*, ou, ao contrário, pela sua inalteração, em virtude de restar comprovada ausência de impacto nestes elementos.

Destarte, todos os itens analisados acima, se constatada sua ocorrência e os efeitos de agravamento econômico na concessão de serviço público, ensejam a revisão contratual extraordinária, para recomposição da sua equação econômico-financeira, sob pena de se instaurar outra consequência: a de o concessionário pedir rescisão contratual, por violação da garantia de manutenção do equilíbrio econômico-financeiro da concessão de serviço público durante todo seu prazo de duração.

Dita recomposição se dará, então, pelo reposicionamento tarifário; por alguma espécie de criação ou aumento de subsídio; ou, ainda, se for possível, por fontes complementares ou acessórias de receitas; pela suspensão do pagamento de outorga, se houver; como também pela prorrogação do prazo de duração, se prevista no edital e no contrato tal possibilidade; ou, por fim, pelo pagamento de indenização ao concessionário dos prejuízos que regularmente comprovar, conforme as peculiaridades da concessão e os vetores legais balizadores da prestação adequada do serviço público.

Neste passo, cumpre-nos ressaltar que, em conformidade com o tratamento conferido pelo nosso ordenamento jurídico à garantia do equilíbrio econômico-financeiro, as consequências jurídicas, em termos de recomposição, têm na revisão extraordinária maior amplitude que no Direito Francês.

Isto porque pelo nosso ordenamento jurídico, nas hipóteses em que forem verificados quaisquer dos motivos expostos no item acima, consequentemente deverá ser integralmente recomposta a equação econômico-financeira da concessão de serviço público,[16] por meio de reestruturação de uma ou mais variáveis que a compõem, feita em

---

16. Conforme demonstrado no decurso deste trabalho, especialmente nos seus Capítulos 2 e 4.

total observância dos elementos que legalmente definem o dever constitucional de manutenção da prestação adequada de serviço público e que redundam, assim, no integral restabelecimento referido.

Com isto, temos que a álea ordinária do concessionário no Brasil abrange menos riscos que na França, na medida em que não abarca as variações usuais de preços, nem as medidas de ordem geral exaradas pelo Poder Público que afetem economicamente toda a coletividade, e não exclusivamente o concessionário, como naquele País,[17] onde só fatos imprevisíveis ou excepcionais, que causem elevado grau de desequilíbrio à equação econômico-financeira, são considerados como álea econômica:[18]

A álea econômica na França concerne aos riscos derivados de situações anômalas, excepcionais e imprevisíveis – como crises econômicas, bloqueio econômico, desvalorização da moeda pelo Governo ou até acidentes naturais, tais um terremoto, uma grande inundação – que afetam violentamente o equilíbrio da equação e levariam à ruína do concessionário. Os prejuízos derivados de tais acontecimentos configuradores da álea econômica são, de acordo com a doutrina e jurisprudência francesas, *partilhados* entre o concedente e o concessionário. Em relação a eles é que se invoca a teoria da imprevisão.

Para proteger o concessionário nos casos de álea administrativa e álea econômica são invocadas as teorias do fato do príncipe e a teoria da imprevisão, supramencionada. A primeira é aplicável no caso de álea administrativa e a segunda na hipótese de álea econômica, ainda que se deva reconhecer que o campo de abrangência de cada uma destas teorias não é objeto de concordância unânime entre os doutrinadores franceses.

De fato, no Direito Francês, embora a ocorrência de fato do príncipe leve à indenização total do desequilíbrio econômico-financeiro causado pelo poder concedente, os atos nela enquadrados, além de terem caráter lícito, devem advir somente do poder concedente para tal consequência, conforme preleciona a doutrina francesa, conquanto existam divergências quanto aos atos ou medidas que ensejam a aplicação da teoria do fato do príncipe (e, consequentemente, a indenização integral,

---

17. Celso Antônio Bandeira de Mello, *Curso de Direito Administrativo*, 29ª ed., São Paulo, Malheiros Editores, 2012, p. 755.

18. Idem, ibidem.

vez que esta não ocorre quando os atos ou fatos gravosos ao equilíbrio econômico-financeiro levam à aplicação da teoria da imprevisão).[19]

Assim, no Direito Francês o fato do príncipe, diversamente da teoria da imprevisão, resulta na recomposição integral dos gravames, desde que reunido certo número de condições: imputação à coletividade pública contratante, caráter de imprevisibilidade da medida gravosa e natureza da mesma.[20]

No Direito Brasileiro, embora não exista unanimidade na doutrina relativamente à definição do fato do príncipe quanto ao ato gravo-

---

19. André de Laubadère, em seu *Traité Théorique et Pratique des Contrats Administratifs* (cit., t. III, pp. 32-33) demonstrou ter sido espancada pelo Conselho de Estado, em 4.3.1949, "Ville de Toulon", qualquer dúvida ou divergência anteriormente existente naquele País acerca da amplitude da teoria do fato do príncipe, ao firmar entendimento no sentido de que as intervenções passíveis de ensejar sua aplicação limitam-se àquelas advindas do poder concedente, ao mesmo tempo em que demonstra divergências existentes quanto à natureza das medidas passíveis de serem englobadas como invocadoras da teoria, ao arrolar uma série de exemplos de medidas gerais, individuais ou materiais advindas do Poder Público capazes de afetar a execução de um contrato administrativo, tornando mais onerosa a execução de seu objeto, para ponderar que "toutes ces mesures ne donnent pas lieu uniformément à l'application de la théorie du fait du prince. Il convient donc de rechercher, sur la base des solutions jurisprudentielles, quels types d'interventions ouvrent au cocontractant droit à indemnisation intégrale. Cette recherche est difficile. La jurisprudence est sans doute abondante mais elle est aussi très complexe et il est souvent difficile soit d'interpréter exactement la portée de certains arrets soit de dégager de leur rapprochement une synthèse présentant une valeur incontestable de systematization du droit positif (p. 35).

No mesmo sentido, de se restringir a aplicação da teoria, para recomposição integral dos prejuízos, às medidas gravosas advindas do concedente, citamos Marcel Waline: "(...) le concéssionaire a droit à l'équation financière de son contrat. Si donc l'équilibre des droits et charges se trouve rompu par le fait, même légitime, du concedant, toute surchage imposée au concéssionnaire doit être compensée par une indemnité équivalente. Pour qu'il y a fait du prince dans une concéssion de service public, il faut que la mésure génératrice du préjudice ait été prise par l'autorité concédante. (...). Il faut, d'autre part, que la mesure aggrave les charges du concessionnnaire d'une façon imprévue au contrat (...). Lorsque ces conditions sont réunies, l'indemnité est due pour la totalité du préjudice dont il est justifié" (*Précis de Droit Administratif*, Paris, Montchrestien, 1969, p. 494).

E Georges Vedel: "Il faut donc supposer que le 'fait du prince' émane de la personne morale qui a conclu le contrat. Mais il faut tout de suite écarter l'hypothèse ou la personne publique contractante a agi dans l'exercise des prérogatives qu'elle tient soit des stipulations contractuelles soit du régime de puissance publique applicable au contrat" (*Droit Administratif*, cit., 6ª ed., pp. 257-258).

20. André de Laubadère, *Traité Théorique et Pratique des Contrats Administratifs*, cit., t. III, p. 29.

so advir somente da entidade contratante ou de qualquer entidade federativa,[21] reputamos tratar-se de mera questão doutrinária, haja vista que, num e noutro caso, a consequência jurídica é idêntica: manutenção da equação econômico-financeira, pela recomposição integral dos prejuízos ocasionados, no que difere do Direito Francês.

Isto porque nas hipóteses da álea econômica onde se aplica a teoria da imprevisão, esta se dá com o partilhamento dos prejuízos entre concedente e concessionário, em conformidade com a doutrina e a jurisprudência francesas.[22]

21. Lúcia Valle Figueiredo faz referência à divergência na conceituação do fato do príncipe, posicionando-se com base na distinção feita por Marienhoff entre *fato do príncipe* e *responsabilidade contratual do Estado*, onde afirma que aquele pressupõe uma norma geral emanada de qualquer autoridade pública, para concluir no sentido de que, "se o Estado provocar o desbalanceamento do contrato por atitudes tomadas diretamente por ele, Estado, deverá haver o ressarcimento" (*Curso de Direito Administrativo*, 9ª ed., São Paulo, Malheiros Editores, 2008, p. 541).

Sem se referir expressamente à questão, Hely Lopes Meirelles parece compartilhar do mesmo entendimento citado, ao definir o *fato do príncipe* como "toda determinação estatal, positiva ou negativa, geral, imprevista e imprevisível, que onera substancialmente a execução do contrato administrativo" (*Direito Administrativo Brasileiro*, 38ª ed., São Paulo, Malheiros Editores, 2012, p. 251).

Com entendimento diverso Diógenes Gasparini, que, acerca da questão, assim se posicionou: "Nos Países federados, como é o nosso, o fato do príncipe somente se configura se o ato ou fato provier da própria Administração Pública contratante. Se o ato tiver outra origem, os inconvenientes que causar serão resolvidos pela teoria da imprevisão" (*Direito Administrativo*, 14ª ed., São Paulo, Saraiva, 2009, p. 737).

Na mesma esteira de entendimento Maria Sylvia Zanella Di Pietro, para quem, "no Direito Brasileiro, de regime federativo, a teoria do fato do príncipe somente se aplica se a autoridade responsável pelo fato do príncipe for da mesma esfera de governo em que se celebrou o contrato (União, Estados e Municípios); se for de outra esfera, aplica-se a teoria da imprevisão" (*Direito Administrativo*, 21ª ed., São Paulo, Atlas, 2008, p. 264).

Sem expressamente se manifestar sobre a divergência, Celso Antônio Bandeira de Mello parece comungar do entendimento de que só cabe invocar a teoria do *fato do príncipe* quando o ato gravoso emana da autoridade contratante, pois adota a definição de Francis-Paul Bénoît, para quem o fato do príncipe contempla os "'atos jurídicos e operações materiais, tendo repercussão sobre o contrato, e que foram efetuados pela coletividade que celebrou o contrato, mas agindo em qualidade diversa da de contratante'" (*Curso de Direito Administrativo*, cit., 29ª ed., pp. 657-658).

22. "Lorsque des circonstances indépendantes de la volonté du cocontractant et imprévisibles lors de la conclusion du contrat administratif viennent en bouleverser l'économie sans pour autant rendre impossible son exécution et entraînent un déficit pour le cocontractant, celui-ci, tout en demeurant strictment tenu de poursuivre l'éxécution de ses obligations, a droit à ce que l'Administration contractante vienne

Destarte, a proteção jurídica à garantia de manutenção do equilíbrio econômico-financeiro em nosso País é bem mais ampla que na França, de onde se originou.

É o que extraímos em interpretação sistemática do ordenamento jurídico pátrio, a partir da dicção constitucional contida no inciso XXI do art. 37 (que estatui, para as contratações da Administração Pública direta e indireta, "cláusulas que estabeleçam obrigações de pagamento, mantidas as condições efetivas da proposta") e no art. 175, *caput*, e parágrafo único, IV (que determina a titularidade do serviço público ao Estado e a manutenção de sua adequada prestação, nos termos legalmente estatuídos).

Ademais, essa ampla proteção conferida pela Constituição se reproduz na Lei 8.987/1995, cujos arts. 9º, *caput*, e § 2º, 18, VIII, e 23, IV, asseguram a revisão e o reajuste na concessão de serviço público, e o art. 9º, § 3º, a revisão nas hipóteses de alteração ou extinção de quaisquer tributos (ressalvados os impostos sobre a renda) ou encargos legais, após a apresentação da proposta, quando comprovado seu impacto na equação contratual.

l'aider à surmonter la dificulté survenue en prenant à sa charge une partie du déficit provoqué par ces circonstances. Telle que l'on vient de la definir, l'imprévision prend done place dans la théorie générale des incidents survenus en cours d'éxecution du contrat et ouvrant au cocontractant des droits indemnitaires. (...)
"Une fois déterminée la charge extracontractuelle, le juge du contrat doit fixer les parts respectives que doit supporter chacune des deux parties. Trois idées dominent cette dernière opération:
"(1) Le cocontractant doit toujours supporter une partie de la charge extracontractuelle; l'indemnisation n'est jamais qu'une aide apportée par l'Administration. (...). Ce principe de partage différencie, en ce qui concerne leurs conséquences indemnitaires, la théorie de l'imprévision et celle du fait du prince, laquelle, on l'a vu, comporte une indemnisation intégrale; c'est pourquoi, lorsque dans une même affaire les deux théories sont invoquées. Le Conseil d'État distingue soigneusement les conséquences de chacune d'elles.
"(2) Pratiquement le juge ne laisse à la charge du cocontractant qu'une très faible partie du déficit; c'est généralement 90% de celui-ci qui est mis à la charge de la collectivité publique, quelquefois un peu moins.
"(3) Pour déterminer le pourcentage de répartition, le juge, par une 'interprétation raisonnable du contrat', tient compte d'éléments divers, tels que les efforts faits par le cocontractant pour surmonter ses difficultés ou à l'inverse ses négligences, la situation générale de l'enterprise, la stabilisation économique, la mauvaise volonté de l'Administration" (André de Labaudère, *Traité Théorique et Pratique des Contrats Administratifs*, cit., t. III, pp. 72 e 127-128).

Deste modo, temos no ordenamento jurídico pátrio a garantia do equilíbrio econômico-financeiro aos contratantes em geral contemplada de forma ampla, inclusive nas concessões comuns de serviço público – o que não significa dizer, contudo, que o empresário esteja, por isso, isento de riscos, pois sofrerá as perdas de atuação ineficiente, decorrente de imprudência, negligência ou de imperícia na sua atuação no empreendimento. Incorre ele, assim, nos riscos inerentes a qualquer negócio, chamados de *riscos ordinários*, que, inclusive, nas concessões de serviço público são maiores que nos demais contratos administrativos.

Entretanto, a álea ordinária do concessionário, em conformidade com nosso ordenamento jurídico, é mais restrita, e, portanto, mais benéfica a ele, quando comparada àquela tutelada pelo Direito Francês.

Ao fim e ao cabo da análise das consequências advindas da ocorrência de atos ou fatos ensejadores de desequilíbrios contratuais na concessão de serviço público, temos no Direito Francês, de onde se origina sua sistematização,[23] e no Direito Brasileiro um ponto em comum: a garantia jurídica de manutenção do seu equilíbrio econômico-financeiro.

Não importam a natureza jurídica nem o fato gerador do desequilíbrio, pois a característica de mutabilidade contratual elevada, aliada às áleas administrativa e econômica, todas reconhecidas pelo Direito pátrio e pelo Direito Francês, caracterizam limitação dos riscos do concessionário, ou seja, limitam a concepção original da expressão "por conta e risco do concessionário", utilizada para definir o instituto.

Por fim, temos a ressaltar, como consequência do *caso fortuito* ou de *força maior* na concessão de serviço público – regida pelo princípio da continuidade –, a liberação do particular das suas obrigações, ou seja, o direito de interromper a execução do serviço sem que possa sofrer sanções do poder concedente por isso, nas hipóteses que configurarem impedimento absoluto e definitivo da execução contratual.

É o que se infere do art. 78, XVII, da Lei 8.666/1993, que, ao tratar dos motivos de rescisão dos contratos administrativos, prevê como um deles "a ocorrência de caso fortuito ou de força maior, regularmente comprovada, *impeditiva da execução do contrato*" (grifos nossos); e também do § 2º do art. 79 do mesmo diploma legal, que

---

23. No dizer de Caio Tácito: "fonte eminente da teoria dos contratos administrativos" ("O equilíbrio financeiro na concessão de serviço público", cit., in *Temas de Direito Público*, vol. I, p. 213).

prevê como consequência, desde que não haja culpa do contratado, o ressarcimento dos prejuízos que regularmente comprove bem como a devolução da garantia, os pagamentos devidos pela execução contratual até a data de rescisão e, ainda, dos custos de desmobilização.

6.5 Controle judicial

Por força do art. 5º, XXXV, da Constituição da República, caberá também amplo controle jurisdicional de legalidade do processo de revisão extraordinária e do ato de revisão dele resultante para, no exercício deste controle, verificar o Poder Judiciário se foi observado o mandamento constitucional de manutenção da equação econômico-financeira da concessão de serviço público, sem prejuízo de cada elemento legal caracterizador de outro dever constitucional, qual seja, o de mantença do serviço público adequadamente prestado.

Para tanto, urge serem motivadas todas as decisões nele tomadas, inclusive o ato final resultante, como formalização demonstradora da lisura desse processo administrativo, cujo procedimento deve também observar todos os princípios jurídicos que lhe são próprios, além daqueles norteadores da atuação administrativa do Poder Público, sob pena de nulidade.

Deverá, ainda, o Poder Judiciário, no âmbito do exercício da sua competência constitucional, decidir não só sobre a legalidade do ato resultante do processo de revisão que denega o pleito de reequilíbrio contratual feito pela concessionária como, ainda, acerca do seu cabimento, ante a irregular denegação ou, mesmo, omissão do poder concedente em fazê-lo.

Na hipótese de o poder concedente, no exercício da prerrogativa de alteração unilateral das cláusulas regulamentares da concessão de serviço público, extrapolar os lindes de sua competência, por acabar ensejando modificação completa do objeto, ou, ainda, deixar de recompor integral ou parcialmente a equação econômico-financeira afetada, caberá o controle do Poder Judiciário.

Entendemos cabível também o controle de legalidade do Poder Judiciário na concessão comum de serviço público na hipótese de alteração unilateral que não resulte na adequada prestação do serviço público, por consistir esta em dever constitucional, cujos parâmetros balizadores, legalmente definidos na Lei 8.987/1995, devem ser observados durante toda a avença, por meio das necessárias adequações ao longo do seu período, sob pena de violação aos ditames constitucionais e legais.

No caso de ocorrência de *fato do príncipe* deve ser também recomposta a equação econômico-financeira para preservá-la, na íntegra, tal qual pactuada inicialmente, conforme asseguram especificamente a Lei 8987/1995 (art. 9º, § 3º) e expressamente a Lei 8.666/1993 (art. 65, II, "d"), aplicável subsidiariamente às concessões comuns.

Com base neste motivo e em face de *fato da Administração*, conforme nosso entendimento, foi exercido o controle jurisdicional em concessão de transporte aéreo, como se vê da decisão[24] do STJ em processo no qual se discutia pedido de indenização formulado por VARIG S/A em face da União Federal em decorrência do rompimento do equilíbrio econômico-financeiro motivado pelo congelamento do valor das tarifas neste setor, por medidas de política econômica ("Plano Cruzado", instituído pelo Decreto-lei 2.284/1986), e por serem insuficientemente fixadas pelo poder concedente em relação aos custos.

Referida decisão manteve o entendimento do Tribunal de Justiça, em favor da concessionária, quanto à ruptura do equilíbrio econômico-financeiro, conforme os termos da ementa, cujo trecho transcrevemos abaixo:

> Administrativo – Processual civil – Contrato de concessão de serviços de transporte aéreo – Ação indenizatória – Congelamento de tarifas – Intervenção do Ministério Público – Facultatividade – Inclusão de novos elementos periciais – Perquirição sobre lucros cessantes – Impossibilidade – Súmula n. 7 do STJ – Honorários advocatícios – Redução.
>
> (...).
>
> VI – Em verdade, a pretensão é de se infirmar uma realidade exaustivamente comprovada no processo, qual seja, a de que os prejuízos teriam sido causados pela imposição do congelamento das tarifas aéreas num ambiente de custos não controlado.
>
> Rememore-se que idêntico questionamento apresentou-se nesta Casa de Justiça na ação indenizatória aludida no REsp n. 32.534-DF, a qual foi definitivamente solucionada no STF quando do julgamento do RE n. 183.180-4-DF.

Ademais, temos ainda a revisão extraordinária como dever legal decorrente de *fato do príncipe* na hipótese de criação de novos be-

---

24. REsp 628.806-DF, *DJU* 21.2.2005.

nefícios tarifários cujo custeio, necessário para manutenção do equilíbrio econômico-financeiro da concessão, embora esteja assegurado no art. 35, norma de caráter nacional, da Lei 9.074/1995, tem, por vezes, ensejado a provocação do controle jurisdicional, objetivando reequilíbrio econômico-financeiro.

A título ilustrativo mencionamos a ADI 3.767-4-DF, proposta pela Associação Nacional das Empresas de Transporte Urbano em face do art. 39 da Lei federal 10.741/2003 (Estatuto do Idoso), na qual se buscou, alternativamente, o reconhecimento de omissão parcial do artigo, para que fosse declarada inconstitucional sua incidência em relação àquelas empresas até a edição de lei nacional dispondo sobre o regime de compensações da gratuidade nela assegurada, ou que fosse declarada sua inconstitucionalidade por afronta aos arts. 37, XXI, 175 e 195, § 5º, da Constituição da República, cujo resultado deu pela improcedência, nos termos da seguinte ementa:

Ementa: Ação direta de inconstitucionalidade – Art. 39 da Lei n. 10.741, de 1.10.2003 (Estatuto do Idoso), que assegura gratuidade dos transportes públicos urbanos e semiurbanos aos que têm mais de 65 anos – Direito constitucional – Norma constitucional de eficácia plena e aplicabilidade imediata – Norma legal que repete a norma constitucional garantidora do direito – Improcedência da ação. 1. O art. 39 da Lei n. 10.741/2003 (Estatuto do Idoso) apenas repete o que dispõe o § 2º do art. 230 da Constituição do Brasil. A norma constitucional é de eficácia plena e aplicabilidade imediata, pelo quê não há eiva de invalidade jurídica na norma legal que repete os seus termos e determina que se concretize o quanto constitucionalmente disposto. 2. Ação direta de inconstitucionalidade julgada improcedente.

A decisão fundamentou-se na existência do art. 230, § 2º,[25] da Constituição da República, que o art. 39 da Lei 10.741/2003[26] repete.

---

25. "Art. 230. A família, a sociedade e o Estado têm o dever de amparar as pessoas idosas, assegurando sua participação na comunidade, defendendo sua dignidade e bem-estar e garantindo-lhes o direito à vida.
"(...).
"§ 2º. Aos maiores de 65 (sessenta e cinco) anos é garantida a gratuidade dos transportes coletivos urbanos."
26. "Art. 39. Aos maiores de 65 (sessenta e cinco) anos fica assegurada a gratuidade dos transportes coletivos públicos urbanos e semiurbanos, exceto nos serviços seletivos e especiais, quando prestados paralelamente aos serviços regulares."

Contudo, no que tange ao direito à manutenção do equilíbrio econômico-financeiro a decisão reafirmou como termo inicial da gratuidade a promulgação da Constituição de 1988, que a instituiu, assim gerando duas situações: (a) outorgas firmadas antes da Constituição certamente não contemplaram dita gratuidade em sua equação econômico-financeira, merecendo revisão, para recompô-la; (b) outorgas firmadas após a Constituição já deveriam prever na sua proposta tal gratuidade, por ser constante de norma de eficácia imediata, não sendo o Estatuto do Idoso apto a afetá-la.

Nesse sentido, cumpre ressaltar, ainda, que produz ato ilegal o concedente quando o expede com base em lei que previu criação de novo benefício tarifário no curso de execução da concessão sem, contudo, prever a devida compensação pela perda de receita do concessionário, por violação do art. 35 da Lei 9.074/1995, que condiciona tal possibilidade "à previsão, em lei, da origem dos recursos ou da simultânea revisão da estrutura tarifária do concessionário ou permissionário, de forma a preservar o equilíbrio econômico-financeiro do contrato".

Quanto à ocorrência de *fato da Administração*, por consistir em evento ocasionado por atuação irregular da Administração Pública enquanto contratante – no caso, enquanto poder concedente –, cabe também amplo controle jurisdicional. Tal se justifica ainda pelo fato de que nestes casos, além da violação de dever contratual, há também, no caso de concessão de serviço público, inexecução do plano de outorga consubstanciado no contrato, o que certamente implicará a impossibilidade de manter a prestação adequada do serviço, pela ruptura do equilíbrio econômico-financeiro.

Como exemplo de exercício deste controle em concessão de serviço público temos o REsp 598.728-RJ, interposto pelo Estado do Rio de Janeiro contra acórdão exarado pelo TJRJ em processo no qual se discutiu litígio entre aquele ente e a concessionária Opportrans Concessão Metroviária S/A. O litígio em questão envolveu cláusula expressa do contrato de concessão metroviária celebrado entre ambos afirmando que a concessionária não se responsabilizaria por quaisquer débitos de natureza civil, comercial, tributária, trabalhista, previdenciária ou de qualquer outra natureza decorrentes de atos ou fatos ocorridos em data anterior à tomada de posse dos serviços pela concessionária, sendo certo que todas as obrigações referidas até aquela posse eram de exclusiva responsabilidade do concedente (que, na hipótese de quaisquer demandas ajuizadas, se viessem a ser deferidas penhoras, arrestos ou bloqueio de bens ou direitos da concessionária ou, ainda, na hipótese de gravame sobre quaisquer receitas da concessionária, em 24 horas do recebimento do aviso substituiria a garantia).

Entretanto, com a propositura de inúmeras ações dessa natureza e de inúmeras penhoras realizadas nas bilheterias da concessionária, recusou-se aquele ente federativo a assumir tal responsabilidade, alegando, em juízo, nulidade das respectivas cláusulas contratuais, por força de o art. 100 da Constituição da República lhe impedir o pagamento do débito judicial em burla ao princípio do precatório, bem como ser impossível substituir as garantias, por serem impenhoráveis os bens públicos.

Ante os argumentos da concessionária no sentido de que, a persistir o descumprimento do contrato pelo Estado, seria colocado em risco seu cumprimento – ou seja, a prestação adequada do serviço metroviário –, verificou o Judiciário sua procedência, em razão do vulto dos valores penhorados, bem como a verossimilhança do direito alegado pelo contrato, pela lei estadual que autorizava o resgate pelo Estado do Rio de Janeiro das obrigações da Cia. do Metropolitano do Rio de Janeiro/"Metrô" e pela própria admissão do débito por aquele Estado, determinando, assim, que o mesmo cumprisse em 24 horas a obrigação de fazer assumida no contrato de concessão, reequilibrando-o.

Essa decisão foi mantida pelo STJ, que, em voto vencedor do Min. José Delgado, não conheceu do recurso especial.

Ora, o caso concreto aqui exposto só evidencia a relação planejamento/revisão, pois difícil de entender a conduta do Estado do Rio de Janeiro, uma vez que, ao invocar a nulidade das cláusulas contratuais, admite falha no planejamento da concessão, pois, enquanto poder concedente, estruturou, ele próprio, a outorga do serviço, com a inserção de tais cláusulas que lhe estipulam obrigação de fazer, à qual se recusa, onerando significativamente os encargos da concessionária, em total desbalanceamento da equação econômico-financeira e causando o risco de inviabilizar a adequada prestação do serviço, por verdadeiro *fato da Administração*.

CONCLUSÕES

O instituto da concessão de serviço público a particulares, bastante utilizado no Estado Liberal, retoma papel de destaque a partir dos anos 80 do século passado, quanto à sua utilização em patamares significativos, ante o colossal déficit financeiro e de infraestrutura acumulado por diversos Estados ocidentais.

Em que pese a se tratar da retomada de um antigo instituto, fato é que, com isto, surgiram diversos questionamentos em torno do tema em nosso País, a partir da década de 1990, com a execução do Programa Nacional de Privatizações, levando-nos a concluir pela necessidade e utilidade de estudos gizadores de seus contornos jurídicos atuais em nosso ordenamento, a partir da sua interpretação na Constituição da República.

Com isto, conceituamos a *concessão de serviço público*, legalmente denominada de "comum", como *o instituto pelo qual o Poder Público transfere a outra pessoa a prestação de um serviço público, para que o exerça em nome próprio, por sua conta e sob a obrigatória indicação contratual específica e detalhada da matriz de riscos que deverá assumir, em conformidade com as condições constitucionalmente estabelecidas, remunerando-se exclusiva ou predominantemente pela exploração do serviço, sob a garantia contratual da manutenção do equilíbrio econômico-financeiro*. E alcançamos as seguintes conclusões:

1. O equilíbrio econômico-financeiro, consistente na *relação de equivalência, estabelecida no momento da celebração dos contratos administrativos, entre os encargos assumidos pelo contratado e a correspondente retribuição pecuniária a que faz jus*, tem a garantia de sua manutenção assegurada pelo Direito pátrio (art. 37, XXI, da CF), em contrapartida à mutabilidade destes contratos por força dos princípios do interesse público, da lealdade e da boa-fé.

2. A política tarifária consiste na *liberdade conferida por lei ao poder concedente para disciplinar e estabelecer como serão feitos a remuneração e o custeio em uma concessão de serviço público, por meio de opções políticas resultantes de prévio e adequado planejamento, feitas dentro dos lindes legais e dos princípios jurídicos gerais e especificamente estabelecidos.*

3. Deve levar em conta, portanto, os encargos necessários para a prestação adequada de serviço público e os meios legais para a justa remuneração do concessionário, em conformidade com as especificidades do caso concreto e as diretrizes gerais estabelecidas pela Lei 8.987/1995 – o que impõe o planejamento prévio e suficiente.

4. O planejamento adequado e suficiente deve ser hábil a sustentar a outorga do serviço público, por estimar a prestação adequada, a política tarifária, o prazo de duração e a equação econômico-financeira, de modo a demonstrar sua viabilidade técnica e econômica; daí ser obrigatória sua realização prévia na concessão de serviço público.

5. Dita obrigatoriedade infere-se do art. 5º da Lei Geral de Concessões, cujo ato motivador, a que se refere, nada mais é que o *plano de outorga* da concessão, ato final resultante de planejamento, por implicar necessários estudos e análises prévias acerca da sua viabilidade técnica e econômica. Consiste, assim, no *procedimento administrativo que engloba um conjunto de estudos que têm por fim estabelecer, de forma concreta, o modo de atendimento da prestação de um serviço público outorgado em certo período de tempo.*

6. Planejamento e plano são, contudo, essenciais ao êxito da atividade administrativa e inerentes à Administração Pública, que deles nunca prescindiu. Daí nossa Constituição, em diversas passagens, trazer o planejamento como princípio jurídico a ela aplicável. Dito princípio também está contido na Lei Geral de Concessões, quando condiciona a outorga à publicação, prévia ao edital, do ato motivador da sua conveniência, caracterizando seu objeto, área e prazo – o que implica prévio e necessário planejamento, cujo plano resultante norteará todas as fases da outorga: licitação, contrato e execução.

7. O planejamento prévio, contudo, não importa a eliminação de riscos futuros verificados na concessão, porém sua falta ou insuficiência certamente potencializarão a ocorrência de número elevado de revisões contratuais, na medida em que ocorrem imprecisões e o surgimento de diversas situações passíveis de afetar o necessário equilíbrio econômico-financeiro.

8. Deste modo, o planejamento adequado serve de norte às revisões contratuais futuras, periódicas e extraordinárias, que se fazem necessárias na concessão de serviço público em face da singularidade apresentada por esta espécie de contrato administrativo, em função de seu objeto, e reconhecida pela Constituição da República no art. 175, parágrafo único, I, que lhe atribui *caráter especial*.

9. A revisão, enquanto categoria jurídica no contexto da concessão comum de serviço público, resulta da própria CF, art. 175, que fundamenta em todos os seus dispositivos o dever de sua realização periódica ou extraordinariamente pelo Poder Público, na medida em que lhe atribui a titularidade do serviço público, obrigando-o a manter sua adequada prestação, que consagra como direito dos usuários, além de traçar a política tarifária para tanto.

10. O dever de revisão das concessões de serviço público, juntamente com sua classificação em *periódica* e *extraordinária* – diverso do dos demais contratos administrativos –, também resulta cristalino da Lei Geral de Concessões, especialmente pela dicção dos seus arts. 6º e 9º, que preveem, respectivamente, a prestação de serviço adequado e a revisão nesta espécie de contrato, pois quem quer o alcance dos fins necessariamente tem que assegurar os meios. Daí que, embora não estejam expressamente consignados, sobressaem claramente da interpretação da Constituição da República (e da Lei Geral) a classificação mencionada e o dever de revisão periódica.

11. Da supracitada classificação destacamos a revisão *periódica*, por ser a *extraordinária* espécie já há algum tempo assegurada pelo ordenamento jurídico e sedimentada na doutrina, além de ser aplicável à generalidade dos contratos administrativos. Ao passo que aquela se impõe aos contratos que têm por objeto concessão de serviço público, vez que estes (dada a singularidade de seu objeto, que os torna de *caráter especial*, por força da Constituição da República) pressupõem prévio planejamento e consequente revisão periódica para a manutenção da prestação adequada do serviço e do equilíbrio econômico-financeiro, os quais, em função do longo prazo contratual, não podem depender das revisões extraordinárias.

12. Dita classificação impõe aprofundamento de estudos para identificar riscos ordinários em relação àqueles abarcados na álea extraordinária, a fim de que se proceda às revisões periódicas – o que importa seja adequadamente interpretada a expressão "por sua conta e risco", legalmente usada para definir o instituto.

13. Entendemos que esta expressão, usada desde a origem do instituto para defini-lo e atualmente debatida na doutrina especializada (onde por vezes é rechaçada, pela sua origem), mantém sua utilidade, por não encerrar contradição alguma, carecendo tão somente de ser interpretada conforme a Constituição, a fim de que dê conta de solucionar as demandas específicas no âmbito das concessões de serviço público (pela identificação prévia, em sede de planejamento, e consequente previsão contratual de quais os riscos a serem alocados na álea ordinária e na extraordinária, em consonância com os limites constitucionalmente atribuídos).

14. Ditos limites são os valores consagrados pela Constituição, especialmente a prestação adequada do serviço, como direito dos usuários e dever do Estado, e a manutenção da equação econômico-financeira, que impõem o dever de planejar e, consequentemente, de periodicamente rever a execução da outorga do serviço. De modo que não se afigura juridicamente possível, em nosso ordenamento, definir os riscos do particular concessionário como aqueles suportados por particulares no exercício de atividade livre no domínio econômico, pois não atuará o concessionário com a mesma desenvoltura ante o regime jurídico de direito público que rege a avença e confere prerrogativas ao concedente.

15. Destarte, vislumbramos juridicamente possível, a partir da interpretação sistemática do texto constitucional, divisão mais precisa entre as áleas da concessão comum de serviço público, a fim de aclarar quais os desequilíbrios, delas advindos, que devem ser suportados por uma ou outra parte, a partir da catalogação, no contrato, dos riscos ordinários específicos àquela prestação, respeitados os ditames constitucionais, minimizando impasses futuros, por ser isso de fundamental importância na realização das necessárias revisões.

16. Não se trata, contudo, de tarefa fácil, vez que o regime jurídico das concessões comuns não trata especificamente da questão, limitando-se a demonstrar, superficialmente, a divisão de áleas. Mas é tarefa urgente, tendo em vista a insuficiência da teoria clássica, por ser genérica. Isso nos levou ao entendimento de que, por ser a concessão de serviço público instituto que, pela relevância da atividade que enseja, torna o concessionário alvo de intervenção estatal muito forte, cabe maior responsabilidade, pelos ônus decorrentes dos riscos que enseja, ao Estado, na medida em que a atividade, embora desempenhada pelo particular, deve ser por ele amoldada em sede de planejamento (que delineará os parâmetros em que se viabilizará a outorga, para sua adequada prestação), de modo que juridicamente impossível a simples atribuição genérica de *riscos ordinários* ao concessionário.

17. Deste modo, esta divisão mais clara e precisa se impõe, sob pena de tornar inócuas as necessárias revisões, que se apresentam, inclusive, como dever periódico nas concessões de serviço público, por força dos deveres de planejamento e prestação adequada do serviço, que não se coadunam com a visão liberal genérica e simplista de atribuição dos riscos ao concessionário, vez que a Constituição da República, ao incumbir ao Estado a prestação dos serviços públicos, direta ou indiretamente, determinou fosse mantida a adequada prestação – o que tornou determinante o dever de planejar e de rever periodicamente a outorga da prestação.

18. Este dever de planejamento resulta em um plano que, ao definir a viabilidade da outorga, acaba repassando responsabilidade ao concedente quanto aos riscos da concessão, na medida do que foi previsto em sede de planejamento, conforme o caso concreto, observados os ditames e limites constitucionais. Isto porque, apesar de terem sido objeto de planejamento, se ainda assim se verificam determinados riscos, em razão da insuficiência daquele, devem ser atribuídos ao concedente, eis que o concessionário não lhes deu causa (pelo contrário, obteve consequência desfavorável).

19. No acima exposto fundamentamos a conexão planejamento/ prestação adequada do serviço/revisão periódica, necessária para aferir se fielmente executado o plano, ou caso contrário, ou ainda se insuficiente, para que se proceda aos necessários ajustes e à recomposição do equilíbrio econômico-financeiro na concessão de serviço público.

20. Nessa mesma linha de raciocínio hermenêutico, entendemos juridicamente impossível na concessão comum de serviço público a repartição dos riscos extraordinários entre concedente e concessionário, por força de dois dispositivos constitucionais: o art. 175, *caput*, e o inciso IV de seu parágrafo único, que interpretamos excluírem tal possibilidade ao legislador pátrio.

21. Assim, a revisão periódica na concessão comum de serviço público se define a partir do dever constitucional de planejamento, pois todo planejamento remete à comparação entre o planejado e o executado, resultando, se necessário, no realinhamento da equação econômico-financeira, para sua obrigatória manutenção.

22. Consiste a revisão periódica no *processo administrativo pelo qual se dá o acompanhamento contratual na concessão comum de serviço público, a fim de aferir se sua execução ocorre em consonância com o planejamento prévio, e do qual resulta a manutenção da equação econômico-financeira, por meio do seu necessário restabelecimento periódico.*

23. Funciona tal revisão como uma varredura dos itens do contrato, efetuando-se a análise do seu comportamento no período, ensejando a consequente manutenção, em termos jurídicos, do equilíbrio econômico-financeiro inicial.

24. A periodicidade da revisão ordinária deve ser determinada por lei ou especificamente no contrato que tem por objeto a concessão de serviço público, cabendo aditamento para sua previsão nas hipóteses de omissão ou, mesmo, quando os reajustes tarifários se revelarem insuficientes para a manutenção do equilíbrio econômico-financeiro ou da prestação adequada do serviço público.

25. Concluímos nosso trabalho com o posicionamento no sentido de que planejamento e revisão periódica da concessão comum de serviço público, além de deveres constitucional e legalmente consagrados, são imprescindíveis à viabilidade e ao êxito desta outorga, considerando a obrigatoriedade de prestação adequada do serviço público; razão pela qual são indissociáveis entre si.

26. O planejamento, de per si, é dinâmico, isto é, não se esgota no plano, implicando necessária revisão periódica de toda e qualquer atividade que dele dependa, não só para verificar a execução do plano tal como delineado, como para adequá-lo em função das variações ocorridas decorrentes de atos e fatos – como no caso da concessão de serviço público, na qual devem ser mantidas sua adequada prestação bem como a equação econômico-financeira inicial.

CONCLUSÕES

27. A revisão periódica, por sua vez – e o processo de análise detalhada do resultado econômico da prestação do serviço no período que ela determina –, só será efetivamente possível se, em planejamento prévio e adequado, forem estimados os atos e os fatos jurídicos capazes de gerar efeitos econômicos desfavoráveis e com a consequente previsão de quem deverá suportar juridicamente o ônus derivado de cada variável desfavorável.

28. Em qualquer das formas de revisão na concessão de serviço público caberá o controle jurisdicional de legalidade com base no art. 5º, XXXV, da Constituição da República – o que enseja, ante a singularidade dos contratos que as preveem, aparato técnico do Poder Judiciário para tanto.

29. Desta forma, como conclusão final, reiteramos o dever constitucional de a prestação adequada de serviço público exigir como antecedente o dever – também constitucional – de planejamento suficiente; o que, por sua vez, remete ao consequente dever constitucional de revisão periódica, para manutenção daquela prestação e do equilíbrio econômico-financeiro contratual, como tônica do regime jurídico pátrio da revisão na concessão comum de serviço público.

REFERÊNCIAS BIBLIOGRÁFICAS

ALESSI, Renato. *Instituciones de Derecho Administrativo*. t. I, trad. da 3ª ed. italiana. Barcelona, Bosch, Casa Editorial, 1960.

ALMEIDA, Fernando Dias Menezes de. "Mecanismos de consenso no direito administrativo". In: ARAGÃO, Alexandre Santos de, e MARQUES NETO, Floriano de Azevedo (coords.). *Direito Administrativo e seus Novos Paradigmas*. Belo Horizonte, Fórum, 2008.

ARAGÃO, Alexandre Santos de. *Direito dos Serviços Públicos* 2ª ed. Rio de Janeiro, Forense, 2008.

——————, e MARQUES NETO, Floriano de Azevedo (coords.). *Direito Administrativo e seus Novos Paradigmas*. Belo Horizonte, Fórum, 2008.

AUBY, Jean Marie, e DUCOS-ADER, Robert. *Droit Administratif*. 2ª ed. Paris, Librairie Dalloz, 1970.

BANDEIRA DE MELLO, Celso Antônio. "A estabilidade dos atos administrativos". *RTDP* 48/77-83. São Paulo, Malheiros Editores, 2004.

——————. *Natureza e Regime Jurídico das Autarquias*. São Paulo, Ed. RT, 1968.

——————. "Concessão de serviço público. Reestruturação do sistema tarifário. Equilíbrio econômico-financeiro. Obrigação de indenizar". *RTDP* 38/140-146. São Paulo, Malheiros Editores, 2002.

——————. "Contrato administrativo – Equilíbrio financeiro – Indenização". *RDA* 177. Rio de Janeiro, FGV, 1999.

——————. "Contratos administrativos: fundamentos da preservação do equilíbrio econômico-financeiro". *RDA* 211. Rio de Janeiro, FGV, 1998.

——————. *Curso de Direito Administrativo*. 29ª ed. São Paulo, Malheiros Editores, 2012.

——————. *Discricionariedade e Controle Jurisdicional*. 2ª ed., 11ª tir. São Paulo, Malheiros Editores, 2012.

——————. "Garantias ofertáveis por concessionário para obtenção de financiamento". *RTDP* 17/54-58. São Paulo, Malheiros Editores, 1997.

——————. *O Conteúdo Jurídico do Princípio da Igualdade*. 3ª ed., 21ª tir. São Paulo, Malheiros Editores, 2012.

―――――. "Obra pública a custo zero (instrumentos jurídicos para a realização de obras públicas a custo financeiro zero). *RTDP* 3/32-41. São Paulo, Malheiros Editores, 1993.

―――――. *Prestação de Serviço Público e Administração Indireta*. São Paulo, Ed. RT, 1975.

―――――. "Reversão dos bens na concessão". *RTDP* 7/7-15. São Paulo, Malheiros Editores, 1994.

―――――. "Serviço público e poder de polícia: concessão e delegação". *RTDP* 20/21-28. São Paulo, Malheiros Editores, 1997.

BANDEIRA DE MELLO, Oswaldo Aranha. "Aspecto jurídico-administrativo da concessão de serviço público". *RDA – Seleção Histórica*. Rio de Janeiro, Renovar, 1991.

―――――. "Contrato de direito público ou administrativo". *RDA* 88. 1967.

―――――. "Natureza jurídica da concessão de serviço público". *Revista da Faculdade de Direito de Porto Alegre* II. Ano III. 1951.

BASTOS, Celso Ribeiro. *Curso de Direito Constitucional*. 22ª ed. São Paulo, Malheiros Editores, 2010.

BITTENCOURT, Lúcio. "A cláusula *rebus sic stantibus* no direito administrativo". *RDA* II-II. Rio de Janeiro, Departamento Administrativo do Serviço Público, 1945.

BITTENCOURT, Marcus Vinicius Correa. *Controle das Concessões de Serviço Público*. Belo Horizonte, Fórum, 2006.

BLANCHET, Luiz Alberto. *Concessão e Permissão de Serviços Públicos*. 2ª ed. Curitiba, Juruá, 2001.

CÂMARA, Jacintho Arruda. *Tarifa nas Concessões*. São Paulo, Malheiros Editores, 2009.

CAMMAROSANO, Márcio. *O Princípio Constitucional da Moralidade e o Exercício da Função Administrativa*. Belo Horizonte, Fórum, 2006.

CASSAGNE, Juan Carlos, e RIVERO YSERN, Enrique (dirs.). *La Contratación Pública*. 1ª ed. Buenos Aires, Hamurabi, 2006.

CAVALCANTI, Themístocles. *Tratado de Direito Administrativo*. 5ª ed., vol. II. Rio de Janeiro, Livraria Freitas Bastos, 1964.

CINTRA DO AMARAL, Antônio Carlos. *Conceito de Serviço Público Passível de Concessão ou Permissão*. Comentários ns. 11 e 12 (disponível em *www.celc.com.br*, 2000).

―――――. *Concessão de Serviço Público*. 2ª ed. São Paulo, Malheiros Editores, 2002.

―――――. *Licitação e Contrato Administrativo – Estudos, Pareceres e Comentários*. Belo Horizonte, Fórum, 2006.

——————. "O reequilíbrio econômico-financeiro dos contratos de concessão de rodovias". *Revista do Advogado.* 2009.

COSTA, Maria D'Assunção. "Prorrogação dos contratos de concessão – Aspectos gerais". *RDPE* 25. Ano 7. Belo Horizonte, 2009.

COUTO E SILVA, Almiro do. "Princípios da legalidade da Administração Pública e da segurança jurídica no Estado de Direito contemporâneo". *RDP* 84. São Paulo, Ed. RT, 1987.

——————. "Privatização no Brasil e o novo exercício de funções públicas por particulares. Serviço público à brasileira?". *RDA* 230. Rio de Janeiro, 2002.

——————. "Problemas jurídicos do planejamento". *Revista da Procuradoria-Geral do Estado/RPGE.* Porto Alegre, 2004.

——————. "Responsabilidade do Estado e problemas jurídicos resultantes do planejamento". *RDP* 63. São Paulo, Ed. RT, 1983.

DAL POZZO, Augusto Neves, e OLIVEIRA, José Roberto Pimenta (coords.). *Estudos sobre o Marco Regulatório de Saneamento Básico no Brasil.* Belo Horizonte, Fórum, 2011.

DALLARI, Adilson Abreu. "Concessão de serviço público – Garantias exigíveis dos proponentes – Legislação aplicável". *RTDP* 16/84-96. São Paulo, Malheiros Editores, 1996.

——————, e FERRAZ, Sérgio. *Processo Administrativo.* 2ª ed. São Paulo, Malheiros Editores, 2007.

DEQUECH, Luciano, e SIMÃO, José Fernando. *Direito Civil.* 5ª ed. São Paulo, Premier Maxima.

DEVOLVÉ, Pierre, LAUBADÈRE, André de, e MODERNE, Franck. *Traité des Contrats Administratifs.* 2ª ed., t. 1. Paris, LGDJ, 1983.

DI PIETRO, Maria Sylvia Zanella. "Concessões de serviços públicos". *Boletim de Licitações e Contratos/BLC* março/2006. São Paulo, NDJ.

——————. *Direito Administrativo.* 21ª ed. São Paulo, Atlas, 2008.

——————. *Parcerias na Administração Pública: Concessão, Permissão, Franquia, Terceirização, Parceria Público-Privada e Outras Formas.* 5ª ed. São Paulo, Atlas, 2005.

—————— (coord.). *Direito Regulatório – Temas Polêmicos.* Belo Horizonte, Fórum, 2003.

DIEZ, Manuel María. *Derecho Administrativo.* t. III. Buenos Aires, Editorial Bibliográfica Argentina, 1967.

DINIZ, Maria Helena. *Direito Civil Brasileiro.* 18ª ed., 2º vol. ("Teoria Geral das Obrigações"). São Paulo, Saraiva, 2003.

DUCOS-ADER, Robert, e AUBY, Jean Marie. *Droit Administratif.* 2ª ed. Paris, Librairie Dalloz, 1970.

ENTERRÍA, Eduardo García de, e FERNÁNDEZ, Tomás-Ramón. *Curso de Derecho Administrativo*. 5ª ed., vol. I. Madri, Civitas, 1990.

ESTEVES, Daniel Santa Bárbara. "Os riscos nas concessões de uso de potenciais hidráulicos para produção independente de energia elétrica". *RDPE* 25. Ano 7. Belo Horizonte, 2009.

ESTORNINHO, Maria João. *A Fuga para o Direito Privado*. Coimbra, Livraria Almedina, 1996.

FARIA, Daniela Cordeiro. *Discricionariedade e Apreciações Técnicas da Administração Pública*. Dissertação apresentada e aprovada na PUC/SP, sob orientação da professora Dinorá Grotti. 2005.

FERNÁNDEZ, Tomás-Ramón, e ENTERRÍA, Eduardo García de. *Curso de Derecho Administrativo*. 5ª ed., vol. I. Madri, Civitas, 1990.

FERRAZ, Sérgio. "Extinção dos atos administrativos: algumas reflexões". *RDA* 231. Rio de Janeiro, Renovar, 2003.

—————, e DALLARI, Adilson Abreu. *Processo Administrativo*. 2ª ed. São Paulo, Malheiros Editores, 2007.

FERRAZ JR., Tércio Sampaio. *Introdução ao Estudo do Direito. Técnica, Decisão, Dominação*. São Paulo, Atlas, 1996.

FERREIRA, Luiz Tarcísio Teixeira. *Parcerias Público-Privadas – Aspectos Constitucionais*. Belo Horizonte, Fórum, 2006.

FIGUEIREDO, Lúcia Valle. "A equação econômico-financeira do contrato de concessão. Aspectos pontuais". *Revista Eletrônica de Direito Administrativo Econômico* 7. Salvador, Instituto Brasileiro de Direito Público, 2006 (disponível em *http://www.direitodoestado.com.br*).

—————. *Curso de Direito Administrativo*. 9ª ed. São Paulo, Malheiros Editores, 2008.

—————. "O devido processo legal e a responsabilidade do Estado por dano decorrente do planejamento". *RDA* 206. 1996.

—————. "Planejamento, direito tributário e segurança jurídica". *RTDP* 12/11-15. São Paulo, Malheiros Editores, 1995.

FRANÇA, Vladimir da Rocha. "Conceito de contrato administrativo". *RTDP* 41/116-122. São Paulo, Malheiros Editores, 2005.

FRANCO SOBRINHO, Manoel de Oliveira Franco. *Contratos Administrativos*. São Paulo, Saraiva, 1981.

FREITAS, Juarez. *Discricionariedade Administrativa e o Direito Fundamental à Boa Administração Pública*. 2ª ed. São Paulo, Malheiros Editores, 2009.

—————. *O Controle dos Atos Administrativos e os Princípios Fundamentais*. 4ª ed. São Paulo, Malheiros Editores, 2009.

—————. *Estudos de Direito Administrativo*. 2ª ed. São Paulo, Malheiros Editores, 1997.

GAENSLY, Marina, e WALD, Arnoldo. "Concessão de rodovias e os princípios da supremacia do interesse público, da modicidade tarifária e do equilíbrio econômico-financeiro do contrato". *RT* 877. São Paulo, Ed. RT, novembro/2008.

GASPARINI, Diógenes. *Curso de Direito Administrativo*. 14ª ed. São Paulo, Saraiva, 2009.

GONÇALVES, Pedro. *A Concessão de Serviços Públicos*. Coimbra, Livraria Almedina, 1999.

GONZÁLEZ PÉREZ, Jesús. *El Principio General de la Buena-Fe en el Derecho Administrativo*. 2ª ed. Madri, Civitas, 1989.

GORDILLO, Agustín. *Tratado de Derecho Administrativo*. 7ª ed., t. I. Belo Horizonte, Del Rey/Fundación de Derecho Administrativo, 2003; 5ª ed., t. II ("La Defensa del Usuario y del Administrado"). Belo Horizonte, Del Rey/Fundación de Derecho Administrativo, 2003.

GRAU, Eros. "Licitação e prestação de serviços públicos – Privatização e fornecimento de gás por tarifa diferenciada". *RTDP* 20/119-124. São Paulo, Malheiros Editores, 1997.

—————. *Planejamento Econômico e Regra Jurídica*. São Paulo, Ed. RT, 1977.

—————. "Princípio da equivalência e o equilíbrio econômico e financeiro dos contratos". *RDP* 96. São Paulo, Ed. RT, 1990.

GROTTI, Dinorá Adelaide Musetti. "A experiência brasileira nas concessões de serviços públicos". In: SUNDFELD, Carlos Ari (coord.). *Parcerias Público-Privadas*. 2ª ed. São Paulo, Malheiros Editores, 2011.

—————. *O Serviço Público e a Constituição Brasileira de 1988*. São Paulo, Malheiros Editores, 2003.

—————. "Regime jurídico das telecomunicações: autorização, permissão e concessão". *RDA* 224. Rio de Janeiro, 2001.

GUEDES, Armando Manuel de A. Marques. *A Concessão (Estudo de Direito, Ciência e Política Administrativa)*. Coimbra, Coimbra Editora, 1954.

GUIMARÃES, Fernando Vernalha. "A repartição de riscos nas parcerias público-privadas". *RDPE* 6. Ano 6. Belo Horizonte, 2008.

—————. "O custeio do serviço público: a concessão patrocinada como via à implementação de tarifas sociais". *RDPE* 25. Belo Horizonte, janeiro-março/2009.

HERRERA, Alejandra. *Introdução ao Estudo da Lei Geral de Telecomunicações do Brasil*. São Paulo, Singular, 2001.

JUSTEN FILHO, Marçal. *Teoria Geral das Concessões de Serviço Público*. São Paulo, Dialética, 2003.

KELSEN, Hans. *Teoria Pura do Direito*. 6ª ed. São Paulo, Martins Fontes, 2000.

LABAUDÈRE, André de. "O poder da Administração para impor unilateralmente alterações nas cláusulas dos contratos administrativos". *RDA* 37. 1954.

_____. *Traité Élémentaire de Droit Administratif*. 5ª ed., vol. II. Paris, LGDJ, 1970.

_____. *Traité Théorique et Pratique des Contrats Administratifs*. ts. II e III. Paris, LGDJ, 1956.

_____, DEVOLVÉ, Pierre, e MODERNE, Franck. *Traité des Contrats Administratifs*. 2ª ed., t. 1. Paris, LGDJ, 1983.

MARQUES NETO, Floriano de Azevedo. "Aspectos jurídicos da comercialização de energia elétrica". *RTDP* 41/156-173. São Paulo, Malheiros Editores, 2003.

_____, e ARAGÃO, Alexandre Santos de (coords.). *Direito Administrativo e seus Novos Paradigmas*. Belo Horizonte, Fórum, 2008.

MAZAGÃO, Mário. "Subsídios para o estudo da teoria da concessão de serviços públicos". In: *Estudos de Direito Administrativo*. Lisboa, Ática, 1974.

MEDAUAR, Odete. "A figura da concessão". In: MEDAUAR, Odete (coord.). *Concessão de Serviço Público*. São Paulo, Ed. RT, 1995.

MEIRELLES, Hely Lopes. *Direito Administrativo Brasileiro*. 38ª ed. São Paulo, Malheiros Editores, 2012.

MENEZELLO, Maria D'Assunção Costa. *Agências Reguladoras e o Direito Brasileiro*. São Paulo, Atlas, 2002.

MODERNE, Franck, DEVOLVÉ, Pierre, e LAUBADÈRE, André de. *Traité des Contrats Administratifs*. 2ª ed., t. 1. Paris, LGDJ, 1983.

MORAES, Alexandre de (org.). *Agências Reguladoras*. São Paulo, Atlas, 2002.

MORAES, Luíza Rangel de, WALD, Alexandre de M., e WALD, Arnoldo. *O Direito de Parceria e a Lei de Concessões*. 2ª ed. São Paulo, Saraiva, 2004.

MOREIRA, Egon Bockmann. "Riscos, incertezas e concessões de serviços públicos". *RDPE* 20. Ano 5. Belo Horizonte, 2007.

MOREIRA NETO, Diogo de Figueiredo. *Mutações do Direito Administrativo*. 2ª ed. Rio de Janeiro, Renovar, 2001.

OLIVEIRA, José Roberto Pimenta. "O planejamento do serviço público de saneamento básico na Lei 11.445/2007". In: DAL POZZO, Augusto Neves, e OLIVEIRA, José Roberto Pimenta (coords.). *Estudos sobre o Marco Regulatório de Saneamento Básico no Brasil*. Belo Horizonte, Fórum, 2011 (pp. 223-263).

OLIVEIRA, Roberto Guena (coord.). *Avaliação do Equilíbrio Econômico-Financeiro dos Contratos de Concessão de Rodovias*. São Paulo, FIPE/USP, 2001.

ORTIZ, Gaspar Ariño. "El equilibrio financiero del contrato administrativo". In: CASSAGNE, Juan Carlos, e RIVERO YSERN, Enrique (dirs.). *La Contratación Pública*. 1ª ed. Buenos Aires, Hamurabi, 2006.

PEREZ, Marcos Augusto. *O Risco no Contrato de Concessão de Serviço Público.* Belo Horizonte, Fórum, 2006.

PINHEIRO, Renata Neiva. "Componentes financeiros nos processos de reajuste e revisão tarifária". *Fórum de Contratação e Gestão Pública* 77/57-72. Ano 7. Belo Horizonte, 2008.

PORTO NETO, Benedicto. *Concessão de Serviço Público no Regime da Lei 8.987/1995 – Conceitos e Princípios.* São Paulo, Malheiros Editores, 1998.

————. "Contratos celebrados pela Administração Pública – Ampliação do papel do acordo de vontades entre as partes". *Revista Zênite de Licitações e Contratos/ILC* 180. Curitiba, Zênite, fevereiro/2009.

PRADO, Lucas Navarro, e RIBEIRO, Maurício Portugal. *Comentários à Lei de PPP/ Parceria Público-Privada – Fundamentos Econômico-Jurídicos.* 1ª ed., 2ª tir. São Paulo, Malheiros Editores, 2010.

REALE, Miguel. "Direito e planificação". *RDP* 24. São Paulo, Ed. RT.

RIBEIRO, Maurício Portugal, e PRADO, Lucas Navarro. *Comentários à Lei de PPP/ Parceria Público-Privada – Fundamentos Econômico-Jurídicos.* 1ª ed., 2ª tir. São Paulo, Malheiros Editores, 2010.

RIVERO YSERN, Enrique, e CASSAGNE, Juan Carlos (dirs.). *La Contratación Pública.* 1ª ed. Buenos Aires, Hamurabi, 2006.

ROCHA, Carmen Lúcia Antunes. *Estudo sobre Concessão e Permissão de Serviço Público no Direito Brasileiro.* São Paulo, Saraiva, 1996.

ROCHA, Sérgio Diniz. *O Equilíbrio Econômico-Financeiro nas Parcerias Público-Privadas.* Monografia vencedora do 2º Concurso STN de Monografias. Rio de Janeiro, 1997.

SANTOS, José Anacleto Abduch dos. *Contratos de Concessão de Serviços Públicos – Equilíbrio Econômico-Financeiro.* Curitiba, Juruá, 2004.

SILVA, José Afonso da. *Curso de Direito Constitucional Positivo.* 35ª ed. São Paulo, Malheiros Editores, 2012.

SIMÃO, José Fernando, e DEQUECH, Luciano. *Direito Civil.* 5ª ed. São Paulo, Premier Maxima.

SOUTO, Marcos Juruena Villela. *Desestatização, Privatização, Concessões, Terceirizações e Regulação.* 4ª ed. Rio de Janeiro, Lumen Juris, 2002.

————. *Direito Administrativo das Concessões.* Rio de Janeiro, Lumen Juris, 2004.

————. *Direito Administrativo das Parcerias.* Rio de Janeiro, Lumen Juris Editora, 2005.

SOUZA, João Carlos Lopes de. "Política tarifária e encargos do poder concedente". In: MEDAUAR, Odete (coord.). *Concessão de Serviço Público.* São Paulo, Ed. RT, 1995.

SUNDFELD, Carlos Ari. "Recomposição do equilíbrio econômico-financeiro da concessão de distribuição de energia elétrica". *RTDP* 42/126-141. São Paulo, Malheiros Editores, 2003.

────────── (coord.). *Direito Administrativo Econômico*. 1ª ed., 3ª tir. São Paulo, Malheiros Editores, 2006.

──────────. *Parcerias Público-Privadas*. 2ª ed. São Paulo, Malheiros Editores, 2011.

TÁCITO, Caio. "O equilíbrio financeiro na concessão de serviço público". In: *Temas de Direito Público*. vol. I. Rio de Janeiro, Renovar, 1997.

──────────. "Reforma do estatuto de concessões de serviço público". In: *Temas de Direito Público*. vol. I. Rio de Janeiro, Renovar, 1997.

──────────. "Subsídio tarifário em permissão de transporte coletivo". In: *Temas de Direito Público*. vol. II. Rio de Janeiro, Renovar, 1997.

TEIXEIRA, José Horácio Meirelles. "Permissão e concessão de serviço público", *RDP* 6. São Paulo, Ed. RT.

TOJAL, Sebastião Botto de Barros. "Controle judicial da atividade normativa das agências reguladoras". In: MORAES, Alexandre de (org.). *Agências Reguladoras*. São Paulo, Atlas, 2002.

VEDEL, Georges. *Droit Administratif*. 6ª ed. Paris, PUF, 1976.

WALD, Arnoldo, e GAENSLY, Marina. "Concessão de rodovias e os princípios da supremacia do interesse público, da modicidade tarifária e do equilíbrio econômico-financeiro do contrato". *RT* 877. São Paulo, Ed. RT, novembro/2008.

WALD, Arnoldo, MORAES, Luíza Rangel de, e WALD, Alexandre de M. *O Direito de Parceria e a Lei de Concessões*. 2ª ed. São Paulo, Saraiva, 2004.

WALINE, Marcel. *Précis de Droit Administratif*. Paris, Éditions Montchrestien, 1969.

WALTENBERG, David. "O direito da energia elétrica e a ANEEL". In: SUNDFELD, Carlos Ari (coord.). *Direito Administrativo Econômico*. 1ª ed., 3ª tir. São Paulo, Malheiros Editores, 2006.

ZANCANER, Weida. *Da Convalidação e da Invalidação dos Atos Administrativos*. 3ª ed. São Paulo, Malheiros Editores, 2008.

ZOCKUN, Carolina Zancaner. *Da Intervenção do Estado no Domínio Social*. São Paulo, Malheiros Editores, 2009.

* * *

00556

GRÁFICA PAYM
Tel. (011) 4392-3344
paym@terra.com.br